AF240938

ESSAI

SUR

RICHARD SIMON

ET

LA CRITIQUE BIBLIQUE AU XVIIᵉ SIÈCLE

PAR

HENRI MARGIVAL

Agrégé de l'Université.

PARIS

MAILLET, LIBRAIRE

129ᵇⁱˢ, RUE DE LA POMPE, 129ᵇⁱˢ

1900

ESSAI SUR RICHARD SIMON

ET

LA CRITIQUE BIBLIQUE AU XVIIe SIÈCLE

ESSAI

SUR

RICHARD SIMON

ET

LA CRITIQUE BIBLIQUE AU XVIIe SIÈCLE

PAR

HENRI MARGIVAL

Agrégé de l'Université.

—————

PARIS

MAILLET, LIBRAIRE

129bis, RUE DE LA POMPE, 129bis

—

1900

TABLE DES MATIÈRES

ERRATA

Page 17, en note, *lire :* ne put avoir lieu, immédiatement du moins, avant sa prêtrise (Paris, 20 septembre 1670)...

Page 39, ligne 4, *lire :* c'est en s'inspirant de l'exemple et des leçons des traducteurs juifs, que le maronite Abraham Excellensis, ignorant...

Page 121, ligne 12, *lire :* contre le Dogmatisme.

INTRODUCTION

L'œuvre de Richard Simon n'a pas seulement contre elle quelques-uns des plus éloquents anathèmes qui aient été entendus dans notre langue. Ce n'est même pas assez qu'une défiance persistante se soit attachée au nom du hardi chercheur, soit parmi les esprits timides qui ne peuvent concevoir une certaine liberté de spéculation religieuse sans y associer l'idée des pires dérèglements, soit encore parmi des esprits rigoureux qui n'admettent pas qu'on ait contre soi l'autorité dans des matières où l'autorité, semble-t-il, doit toujours avoir le dernier mot. Il faut bien en convenir : trop de grec et trop d'hébreu nuisent à ces savants ouvrages, d'autant qu'on y chercherait en vain, comme dans les travaux d'érudition du xvie siècle, ces digressions humoristiques, ces éclats de gaîté ou ces virulentes incartades qui révèlent parfois si curieusement la personnalité de l'auteur. Et le bel avantage encore pour « le père de la critique » d'avoir suscité après lui cette immense production d'écrits, sous lesquels, depuis lors, en Allemagne et en Angleterre, ainsi qu'en France, plient de plus en plus les rayons de nos bibliothèques! Si l'on ne va pas à la postérité « avec tant de volumes », comment ne risquerait-on pas de la décourager, quand on laisse après soi une si encombrante lignée de contradicteurs ou de disciples? Et quel lecteur, même le plus intrépide, voyant reculer le terme de cette longue enquête qui, depuis plus de deux siècles, se poursuit sur la Bible ne serait tenté, en ne les lisant pas, de se venger de ces *Histoires critiques* qui l'ont si malencontreusement ouverte ?

Et cependant en dépit, à moins que ce ne soit peut-être à cause de ces raisons mêmes, quelques-uns sans doute n'estimeront pas un tel sujet trop indigne d'attirer et de retenir la curiosité. Aussi bien les persécutions dont l'aventureux critique fut toute sa vie la victime, comme aussi la haute probité scientifique de son œuvre, et même enfin l'immensité de la littérature qu'il a provoquée ne sont pas, au moins pour tout le monde, des motifs de laisser tomber dans l'oubli le nom de R. Simon. Si l'on ajoute qu'une partie notable de l'œuvre de Bossuet ne peut pas ne pas recevoir de cette étude une utile lumière, si l'on se rend compte encore de l'intérêt non moins actuel que donne aux travaux du vieil exégète le développement récent des sciences bibliques, on ne croira pas, en étudiant à la fin d'un siècle de critique, l'origine même de la critique biblique, égarer trop son attention. Peut-être après cela néanmoins certains seront-ils tentés de renvoyer aux érudits cette épineuse matière. Qu'ils veuillent considérer un instant quelle place occupe l'œuvre de R. Simon dans notre histoire religieuse et littéraire, ce qui l'a précédé, dans quel milieu elle a paru, quelles conséquences plus ou moins immédiates elle a emportées : ils jugeront ensuite s'il est dans tout notre passé scientifique beaucoup de sujets d'un intérêt plus captivant et aussi plus général.

I

Que la critique biblique soit née en France avec R. Simon, c'est ce que tout le monde accepte aujourd'hui comme une vérité banale, et c'est pourtant ce qui semblerait fait pour exciter la plus vive surprise. Qu'on y réfléchisse en effet. S'il est un pays où la science de l'Écriture eût des chances de voir le jour, ce pouvait bien être telle contrée de l'Europe que l'on voudra, ce n'était pas assurément la France.

Nul n'ignore, par exemple, de quelle curiosité ardente et passionnée la Bible fut l'objet dans toutes les classes de la société anglaise, depuis le jour où Cranmer en répandit partout la fruste, mais énergique, traduction. A dater de cette année 1536, l'Angleterre devient par excellence on peut le dire, le pays biblique. Ce ne sont pas seulement les rudes *yeomen*, c'est le *mob* turbulent des villes et des faubourgs qui subit avec docilité l'ascendant de la puissante théologie hébraïque. Quand le sceptique Blount leur dit en face : « Nos gens ne tiennent plus au christianisme que par les œufs de Pâques et les oies grasses de Noël », personne qui ne s'amuse du trait d'*humour*, mais qui, se rendant au prêche, ne serre en même temps avec componction sa Bible sous son bras. Quant aux esprits cultivés, pour devenir les ardents et opiniâtres disciples du *Livre*, ils n'ont besoin ni d'être de pieux orthodoxes, de zélés défenseurs de la révélation, comme Clarke, Boyle ou Newton ; ni même de joindre au tour d'imagination des mystiques l'austérité morale des ascètes, comme un Milton ou un Bunyan. Que ce soient de discrets et prudents philosophes, habiles à tourner les questions épineuses, empressés à fuir les controverses irritantes, comme Locke et ses amis, les partisans du Christianisme raisonnable ; que ce soient encore de ces hardis déistes qui ont si profondément imprégné de leur esprit l'Allemagne de Frédéric II et de Lessing aussi bien que la France de Voltaire et de Diderot ; que ce soient même enfin, comme Swift ou Warburton, des gens d'Église se donnant le plaisir raffiné de miner secrètement l'édifice dont on les croit le plus ferme soutien, il n'en est pas un parmi eux qui, non content de régler une fois ses comptes avec la Bible, n'en fasse visiblement la suprême affaire de sa vie, en même temps que la plus diligente de ses études. Et cependant, on aura beau tordre et presser pamphlets ou apologies, plaidoyers pour ou contre les prophéties et les miracles, discussions incroyablement minutieuses de tous les préceptes mosaïques ou évangéliques, on n'en extraira pas le moindre atome de cette science si différente de leur théologie ou de leur morale, et qui s'appelle la critique biblique.

On sait de même si, en Allemagne, depuis les jours de Luther, aucun livre fut plus passionnément lu et médité que l'Écriture. Ce n'est pas seulement la vie religieuse du peuple allemand, c'est son tour d'imagination et sa littérature, c'est, mieux encore, sa langue même que modifia soudain la Bible du moine réformateur, lorsque selon le mot de Heine « ébranlant les vieux arceaux gothiques, sa voix fit fuir les corbeaux de la cathédrale de Worms ». Dès lors, c'est de la Bible que s'inspirera pendant deux siècles le meilleur de la poésie allemande, ces lieds religieux qui laisseront une impression si ineffaçable sur l'âme populaire; c'est vers la Bible que convergeront les opiniâtres efforts de ses savants; et c'est encore de l'influence de la Bible que porteront plus tard témoignage quelques-unes des œuvres les plus caractéristiques de son génie. Est-ce la littérature d'Israël, est-ce la littérature de l'Allemagne qu'on a tenté de définir quand on a opposé le vague et ardent idéalisme du génie biblique au rationalisme scientifique de l'esprit grec? Et cependant, si l'Allemagne peut aujourd'hui se faire honneur de la plus large part de contribution à l'immense travail de la critique, ce n'est pas chez elle, tout le monde en est d'accord, une science indigène. Elle n'a fait que suivre infatigablement une voie que d'autres lui avaient tracée.

Il n'est pas jusqu'à l'Italie où rien n'eût paru plus légitime et plus naturel que l'éclosion du génie critique. La renaissance de l'exégèse n'était-elle pas à attendre du pays qui avait le plus fait pour le réveil de la pensée dans les ordres les plus divers? Qu'on ne croie pas aussi bien que la Bible y fût un livre rigoureusement scellé par le pouvoir spirituel, ni même par la dédaigneuse indifférence des politiques ou des lettrés. Qu'on ne s'imagine pas surtout, parce qu'il a plu à tel cardinal de l'école de Machiavel de lancer aux chercheurs désintéressés, en même temps qu'aux croyants convaincus, l'insolent défi de sa fameuse maxime : *Mundus vult decipi, ergo decipiatur*, que le grand nombre, aussi parfaitement désabusé, n'ait jamais pu tenir une exégèse sérieuse ou simplement sincère que pour la plus naïve des illusions. De même que le rationalisme exégétique n'a eu nulle part de plus hardis représentants que Celio et Fauste Socin, de même que le rabbinisme moderne n'a pas eu de plus minutieux investigateur que Léon de Modène, il n'est pas, parmi les exégètes catholiques, au témoignage de R. Simon luimême, de nom plus autorisé que celui de Sixte de Sienne. Et, si les idées hébraïques sur Dieu et sur l'âme n'ont été nulle part approfondies comme dans l'école de Padoue, au temps de Pomponace, nul n'a mieux connu la tradition exégétique que ce type accompli des cardinaux lettrés, l'Italien Sadolet.

Quelle fut en France, au contraire, l'incuriosité générale des esprits pour l'étude de la Bible, c'est ce qu'il est à peine possible d'exagérer. Dans cette terre bénie de la scolastique, ce n'est pas en effet l'exégèse qu'il faut s'attendre à voir fleurir. Sortis des bancs de l'Université de Paris, docteurs, savants, moralistes en emporteront peut-être une dialectique, une méthode, un certain esprit; ils n'y auront pas puisé la seule chose qu'on n'y ait jamais enseignée, la science de l'Écriture étudiée pour elle-même et en elle-même. Aussi, s'il y a une littérature à qui la Bible soit étrangère, il faut l'avouer, c'est la nôtre. Ce qu'on trouve de souvenirs bibliques dans nos chefs-d'œuvres depuis Jean de Meung jusqu'à Rabelais, c'est peut-être quelque facétie sur la pomme et le serpent, ou le nom hébreu de la bouteille oraculaire, la divine Bacbuc. Il y a bien nombre de textes de saint Paul dans ce chef-d'œuvre de spéculation abstraite et métaphysique qu'est l'*Institution chrétienne* de Calvin, mais qui ne sait que c'est là beaucoup moins affaire d'exégèse que de théologie, pour ne pas dire de scolastique? L'immense majorité est de l'avis de Montaigne : il est ridicule de voir tracasser par un courtaud de boutique « le saint livre des mystères de notre créance », et ce que tous les bons esprits considèrent après lui comme le type idéal de la vie religieuse, la véritable Cité de Dieu sur la terre, c'est cette île de Dioscoride, dont le peuple, selon les *Essais*, fréquente assidument les églises, observe avec rigueur les jeûnes et les fêtes, paye exactement la dîme au clergé, mais de la religion qu'il suit avec tant de fidélité, n'entend pas seulement le premier mot. Que ce soit là entendre comme il faut le respect des Saintes Lettres, à la bonne heure, et nous voulons bien, malgré son inquiétant sourire, nous en rapporter là-dessus aux protestations de Montaigne; mais qu'un tel état d'esprit ait précédé immédiatement parmi nous le soudain éveil de la science biblique, c'est ce qui ne saurait assez causer d'étonnement.

Mais, dira-t-on, n'est-ce pas précisément parce qu'il lui manqua toujours en France d'être un livre populaire, que la Bible a pu, beaucoup plus tôt que partout ailleurs, devenir objet de spéculation savante? N'est-ce pas parce que l'exégèse n'était jamais sortie des écoles, et que le vulgaire n'en avait connu que les applications morales ou mieux encore les parodies burlesques, qu'elle a pu d'emblée se faire si hardiment scientifique, sans verser comme ici dans le sarcasme, ni tomber comme là dans un vague moralisme? N'est-ce pas enfin parce qu'elle était plus libre qu'ailleurs de préoccupations théologiques, que l'étude de l'Écriture a pu se constituer comme une science autonome et poser ses audacieuses questions? Rien n'est plus juste assurément et il faut bien reconnaître que l'œuvre critique de R. Simon n'aurait jamais pu se concevoir et s'élaborer sans un ensemble de circonstances qui la préparèrent. Mais qui ne voit en même temps que, pour profiter de certaines dispositions de l'esprit public, l'œuvre du savant initiateur n'en fut pas moins une création personnelle, empreinte de ce genre d'individualité si marquée qui caractérise les découvertes du génie? Certains éléments de critique existaient épars et confus : les beaux travaux de Maldonat et de Bonfrère, les recherches d'André Maès et de Louis Cappel sont là pour en témoigner. C'est R. Simon qui les a organisés, animés d'une vie supérieure, élevés à la plus haute puissance démonstrative et scientifique. Ainsi, il s'est trouvé doter la France d'une forme originale d'activité scientifique qui, on peut bien le dire, n'y aurait jamais brillé sans lui. De tous les adversaires, au surplus, que lui a suscités son entreprise, nul n'en a contesté la nouveauté. Peut-être même, est-ce le seul mérite que lui ait jamais reconnu Bossuet : on devine si c'était à son avantage.

Les historiens de notre littérature ont regretté plus d'une fois que la Bible n'ait pas exercé sur l'ensemble de nos chefs-d'œuvre ce genre d'austère et noble influence qu'il est si facile de constater chez les nations voisines. Il est sûr, en effet, qu'une certaine gravité majestueuse fait quelque peu défaut à beaucoup de nos plus grands écrivains. Doués de tout ce qui peut faire le charme de la vie mondaine, ils n'ont peut-être pas également ce qu'il faut pour rivaliser avec de hauts et purs esprits dans l'austère contemplation du Dieu biblique « régnant solitaire sur la conscience et sur la nature ». Armés de l'esprit d'analyse le plus aigu et le plus subtil qui fut jamais, il leur

manque en général le vaste regard synthétique qui découvre à quelques-uns la suite de la religion et l'enchaînement des empires. Si c'est la lecture assidue de la Bible
qui pouvait leur donner ce sens trop souvent absent, corriger leur légèreté, tempérer leurs facultés d'analyse,
déplorons qu'ils ne se soient pas rendus plus familiers
avec la Genèse et les prophètes. Mais peut-être sera-t-il
permis de penser que d'avoir créé de toutes pièces la
science de la critique biblique, ce n'est pas à tant de
désavantages une méprisable compensation. Si l'on songe
que cette science, après deux siècles, se trouve être la
plus féconde de toutes les formes de la spéculation scientifique en quelque ordre que ce soit, et que, de
toutes les branches des connaissances humaines, il n'en
est aucune qui puisse rivaliser pour le nombre et l'importance des productions avec l'humble genre de
recherches institué par l'exégète français, on hésitera
peut-être à traiter d'aussi haut que Bossuet et à supprimer d'un trait dans notre histoire littéraire ce qu'il appelait dédaigneusement les *minuties* et les *chicanes* de la
critique.

II

Si l'on compare l'œuvre de R. Simon, non plus seulement avec ce qui la précède, mais avec ce qui l'entoure et
en constitue en quelque manière le cadre historique, on
n'est pas frappé d'un moins surprenant contraste. Il n'est
pas un seul ouvrage, fûssent-ce les premiers écrits de Montesquieu ou de Voltaire, qui tranche davantage sur la
littérature religieuse du xviiᵉ siècle.

Qu'on n'aille pas croire toutefois qu'en sa qualité de
critique, R. Simon soit, comme par définition, l'antagoniste d'une littérature fondée essentiellement sur l'idée

de tradition. Les Histoires critiques n'ont en réalité rien de révolutionnaire. C'est l'auteur lui-même qui ne cesse de le déclarer. « La critique, dit-il, a pour objet d'édifier, et non pas de détruire ». Loin d'attaquer la tradition, il reproche même aux théologiens de son temps de ne pas assez la respecter. Ils n'en donnent, en effet, selon lui, une idée ni assez haute ni assez large. Pour eux, la tradition, c'est l'enseignement des maîtres contemporains ou immédiatement antérieurs : le passé lointain, les origines premières échappent totalement à leurs regards. Pour R. Simon au contraire, il n'y a de tradition digne de curiosité scientifique que celle qui remonte bien avant dans l'histoire. Ce n'est pas assez encore. Ce que les apologistes chrétiens du xviie siècle défendent sous le nom de tradition, c'est un ensemble de thèses théologiques auxquelles leur paraît liée sans doute la vie religieuse de leur temps, mais dont toute leur éloquence ne réussit pas toujours à dissimuler la sécheresse et l'abstraction. On n'est impunément ni de Port-Royal, ni même de Navarre. En décrivant les vicissitudes de la pensée juive ou chrétienne au cours des siècles, ce n'est pas une nomenclature plus ou moins complète de définitions orthodoxes, c'est le principe même et la substance de la vie religieuse dans l'humanité que met au jour le pénétrant érudit. Et quelle apologie plus durable et plus efficace que cette simple et véridique histoire des formes de la Révélation et des sources primitives de la croyance ?

Telle est encore, en effet, la portée de la critique simonienne. Ses principes n'éclairent pas seulement le passé; ils projettent une vive lumière sur la théologie de ses contemporains. On sait de quelle ardeur les Bossuet et les Pascal, les Nicole et les Huet, La Bruyère lui-même et Massillon se sont portés à la démonstration de la vérité chrétienne. On peut dire qu'ils n'ont pas connu de sujet plus digne de leurs méditations et de leurs travaux. Or, à quelque profondeur qu'ils aient creusé ce problème, à quelque degré d'exactitude qu'ils en aient serré les données, et, si l'on veut, déterminé la solution, que de questions n'ont-ils pas laissées en suspens, et, par suite combien d'objections n'ont-ils pas soulevées du côté de leurs habituels contradicteurs?

Celui-ci, sans exclure les preuves traditionnelles de l'ancienne apologétique donne une importance capitale à un argument tenu jusque-là pour très secondaire : c'est à savoir l'accord de l'Ancien et du Nouveau Testament, ou la suite ininterrompue d'une même religion à travers le monde. Mais, cet accord même, étant admis, ne peut-il s'expliquer que par un miracle démonstratif de la divinité du Christianisme ? et comment ce « rapport des deux Testaments » qui n'était qu'une formule d'exégèse allégorique dans Origène, puis une théorie accessoire du système de la Cité de Dieu dans saint Augustin, en est-il venu à prendre tout à coup une valeur apodictique chez Bossuet et à démontrer l'intervention surnaturelle de la Providence en faveur de l'Eglise ? Celui-là, déplaçant à son tour le centre de l'apologétique chrétienne, la fait reposer essentiellement sur la nécessité du dogme de la chute originelle pour expliquer les contradictions de la nature humaine. Mais sans examiner si le problème est exactement posé ou s'il ne comporte pas encore quelque autre solution, comment n'être pas frappé de voir, saint Augustin mis à part, la tradition chrétienne, sinon la Bible même, rester presque entièrement étrangère à cette conception ? Et si l'on n'en a que plus d'admiration pour la puissance inventive du génie dialectique de Pascal, comment nier que cette solution élégante et hardie ne soulève dans l'histoire religieuse au moins autant de difficultés qu'elle en résout ? Quant à la partie purement traditionnelle de cette apologétique, l'argument dit des prophéties n'y perd sans doute rien de son ancienne importance et peut-être même Bossuet, Pascal et Du Guet l'ont-ils développé avec une prédilection jusqu'alors bien rare. Mais qui ne sait quelles questions de toute nature provoque l'examen des nombreux textes prophétiques invoqués dans leurs apologies? Et si manifestement ces apologistes eux-mêmes sont incompétents à traiter ces problèmes philologiques où historiques, qui ne voit que le dernier mot doit être cherché ailleurs, dans des écrits qui, pour être moins éloquents, n'en sont pas pour cela moins décisifs? Toutes ces preuves enfin, les théologiens ne les produisent qu'à titre de miracles, et c'est un certain total de faits miraculeux qui constitue en somme la démonstration chrétienne. Mais cet argument même, en le supposant porté par Pascal à toute la précision désirable, ou traité dans l'œuvre de Bossuet avec toute l'ampleur qu'il comporte, a-t-il été, dans les diverses théologies de ce temps, mis à l'abri des objections historiques qu'il soulève? Et de quel droit faire porter tout l'édifice théologique sur l'unique fondement de la foi aux miracles, si l'on n'a préalablement pesé les témoignages qui nous les font connaître, défini le genre de créance dont ils ont été d'abord l'objet, recherché dans quelles conditions ils ont pu prendre une valeur dialectique, et, de simples prodiges, devenir tout à coup des « signes » et des arguments. Que R. Simon ait résolu tous ces problèmes et tant d'autres que fait naître l'apologétique du xviie siècle, c'est ce qui n'entrera assurément dans l'esprit de personne, mais il les a du moins posés, mieux encore, il a tracé la meilleure méthode pour les résoudre et, s'il n'a pas été lui-même à l'abri de toute erreur, il nous a livré, avec les procédés de sa critique, les meilleurs moyens pour le corriger lui-même, moins encore toutefois que les théologiens de son temps.

Ainsi l'œuvre de R. Simon, on peut hardiment le dire, juge la littérature religieuse du xviie siècle. Elle fait plus,

elle la rajeunit en lui ouvrant une voie toute nouvelle. Le
système apologétique, que représentent si admirablement Bossuet et Pascal, avait, il faut bien en convenir, un
caractère essentiellement empirique. C'était, reproduite
avec plus d'éclat et à la fois plus de vigueur, l'argumentation religieuse qui avait eu déjà, auprès de telle ou telle
génération, la bonne fortune de réussir, et, si l'on y ajoutait quelque argument nouveau, c'est uniquement en vue
du succès que l'éloquence religieuse se flattait d'en obtenir sur un auditoire approprié. Les démarches de la critique simonienne sont évidemment tout autres. Mais
quand il expose avec la précision de la science, la série
des manifestations de la pensée religieuse depuis les
rédacteurs anonymes du Pentateuque jusqu'aux plus
récents des commentateurs de la Bible, qui oserait dire
que cette sincère et minutieuse enquête n'atteint pas plus
sûrement le même but, et que la puissance démonstrative
qu'elle doit recéler en elle-même n'est pas autrement à
l'épreuve du temps, à l'abri même des vicissitudes théologiques? La brillante apologétique de ses contemporains
avait encore pour caractère d'être en quelque manière
extérieure à la religion même, étant composée d'arguments
proprement extrinsèques et laissant intacte la question
substantielle et intime de la valeur de la Bible et de la
Tradition. R. Simon, allant dès l'abord au fondement
même de la croyance chrétienne, entreprend de chercher
dans la seule histoire, mais dans l'histoire complète de la
Révélation biblique continuée par la Tradition ecclésiastique, la solution des problèmes que le dogmatisme ne
peut trancher. Quelle noble confiance, autrement persuasive que les argumentations les plus subtiles, dans le pouvoir de la Vérité! et comme il apparaît en définitive
combien Bossuet était mal fondé à lui reprocher d'affaiblir alternativement l'Écriture par les Pères et les Pères
par l'Écriture, à moins que l'exposé scientifique des faits

ne soit tenu pour une atteinte à la foi ! Enfin la théologie de ses illustres contemporains forme, on le sent bien partout, comme un cycle fermé : un certain nombre de miracles doit déterminer l'adhésion, et c'est à en faire le dénombrement exact que se réduit le plus ordinaire procédé de démonstration. R. Simon voit dans l'histoire religieuse quelque chose de plus souple et de plus complexe. Ce que Bossuet voulait bien lui accorder à propos du dogme de l'immortalité de l'âme chez les Hébreux, à savoir que les vérités révélées sont nécessairement proportionnées à l'intelligence qui les reçoit, il l'étendait à l'ensemble de la révélation, et ne se lassait pas d'en montrer, en même temps que l'origine toute divine, le développement toujours contingent et humain. Sans doute, ce n'était pas là une démonstration achevée et rigoureuse, telle qu'on s'imagine assez communément une apologétique. Ce n'était qu'une méthode de spéculation religieuse, mais cette méthode étant fondée sur les principes mêmes de la science, sur les règles les plus incontestables de la critique, ou pour mieux dire de la raison, devait certainement un jour aboutir, peu importe au prix de quelles recherches et après combien de transformations de la pensée religieuse. Homme de foi antique, R. Simon savait que le christianisme a du temps devant lui pour résoudre de tels problèmes ; penseur d'esprit très moderne, il pouvait se dire aussi qu'en de telles matières l'essentiel après tout n'est pas d'atteindre le but, mais d'y marcher.

III

Dans le grand ouvrage que Bossuet composa contre R. Simon et qui fut comme le dernier effort de son éloquence en même temps que le testament de sa pensée, la *Défense de la Tradition et des SS. Pères* on a cru découvrir plus d'un souvenir, sinon même certaines imitations de l'art des *Provinciales*. Il ne paraît pas douteux, au surplus, que le grand orateur ne se soit flatté d'appliquer avec un succès égal, à la défense de la Tradition, les mêmes procédés de dialectique que Pascal avait employés à la défense de la morale. Seulement, on peut se demander si le triomphe que les *Provinciales* ont remporté sur la casuistique, ce n'est pas ici en définitive la critique qui l'a remporté sur la théologie de la *Défense*. Les casuistes, dit-on, se sont vus depuis les attaques de Pascal, contraints de se réfugier dans le roman ou dans le drame : les critiques, après les anathèmes de Bossuet, n'ont pas, qu'on sache, fait plus mauvaise figure dans tous les genres où la méthode de R. Simon leur avait ouvert des voies.

Dans l'ordre littéraire et historique tout d'abord, on ne s'étonnera pas de voir citer pour leur longue et féconde influence les travaux du grand exégète. On sait que bien souvent rien n'intéresse plus la littérature que les ouvrages qui n'en sont pas. C'est précisément le cas des *Histoires critiques*. On peut chercher longtemps parmi les œuvres dont l'analyse emplit nos manuels d'histoire littéraire, avant d'en trouver une qui ait eu une portée égale, et par la méthode qu'elle a instituée, et par l'esprit qui la pénètre, et par les chefs-d'œuvre qui dans ces derniers temps surtout s'en sont plus ou moins directement inspirés. Certes, il ne saurait être question de diminuer la part d'influence d'un Chateaubriand, d'un Herder, ces brillants initiateurs du grand mouvement historique de notre siècle. Mais combien ont été plus efficaces les leçons des modestes érudits du xviie siècle, et au premier rang parmi eux, du fondateur de la critique biblique ! S'il est quelqu'un qui soit tout près de nos historiens les plus récents, en quelque genre que ce soit, c'est bien celui qui a signalé le premier l'importance de tant de questions préalables à tout travail d'exposition. Quelle est la chronologie exacte des documents? Quels en sont les auteurs? Quelle en est la teneur authentique et la véritable signification? Cette méthode sévère d'analyse, ces délicates opérations de la critique externe, cette défiance des synthèses hâtives et des généralisations vagues, qui donc les a enseignées à nos critiques, sinon celui qui a fait sur les anciens textes du passé, tant d'admirables études dont les résultats, après deux cents ans de recherches, n'ont été sur la plupart des points, ni infirmés, ni même dépassés? On sait quelle a été, dans la science de l'antiquité profane, l'influence de F. A. Wolf, le grand helléniste dont Gœthe aimait à dire qu'une heure de conversation avec lui valait mieux que des années d'études. Comme R. Simon et après lui, il avait eu l'idée féconde de rechercher dans de vieilles œuvres, derrière une unité apparente de composition, cette pluralité réelle d'origine que la tradition semble démentir, parce qu'elle l'a simplement mise en oubli, mais que tant d'indices révèlent aux esprits vraiment critiques. Si Wolf se prenait à douter de la valeur de ses théories, quand on lui en montrait une sorte d'ébauche dans l'abbé d'Aubignac, il n'aurait certes pu rougir de reconnaître R. Simon pour ancêtre et l'on a sans doute le droit de considérer les *Prolégomènes* comme l'*Organum* de la Philologie, mais à la condition qu'il soit bien entendu que la philologie sacrée avait eu dès longtemps son *Organum* dans l'*Histoire critique*, et qu'en cet ordre, comme en tant d'autres, l'étude de la Bible s'est trouvée être la mère des sciences. Comme R. Simon enfin, si Wolf a eu contre lui les avocats de la tradition, il a eu la satisfaction non médiocre de voir ses idées s'insinuer dans le système de ceux-mêmes qui les combattaient le plus âprement, et, tandis que l'un a pu lire dans le *Discours sur l'Histoire Universelle* telles affirmations inattendues qui ne se seraient jamais produites sans l'*Histoire critique*, l'autre a pu reconnaître chez tel partisan de l'unité homérique, comme Herder, des vues que l'hostilité la plus déclarée n'avait pu empêcher d'emprunter aux *Prolégomènes*. R. Simon est donc notre Wolf, et quelque chose de mieux encore, puisqu'il l'a précédé, et que, plus ou moins immédiatement, il l'a dirigé : c'est dire que la place de celui-ci dans l'histoire de la littérature allemande, il est bien juste que celui-là l'occupe dans la nôtre. Il y marque une date, l'une des plus considérables. Il inaugure quelque chose de nouveau, on ne craint pas d'ajouter, quelque chose de définitif. Grâce à lui la science aura désormais des besoins nouveaux que, malgré tous les scrupules, il faudra de toute nécessité satisfaire. La critique une fois sortie de cet obscur canton de l'érudition qu'est l'exégèse, rien ne pourra plus arrêter son incessant progrès, et cette chaîne immense de découvertes historiques qui va dès lors se dérouler anneau par anneau, c'est, on ne saurait l'oublier sans ingratitude, à l'œuvre du vieil oratorien qu'est rivé son précieux et solide point d'attache.

Aux conséquences littéraires de l'œuvre critique de R. Simon s'ajoutent des conséquences d'un intérêt plus élevé encore et d'un plus grand prix. On n'ignore pas quelle importance a, dans l'ordre religieux, cet ensemble de questions qu'on est convenu d'appeler le problème biblique. Certes il n'est pas de siècle chrétien qui n'ait eu son problème biblique. Qu'on lise les fragments si curieux de l'argumentation d'Origène contre le rationalisme exégétique de Celse et qu'on dise si, dans ce débat, où il apportait le meilleur de son génie et de son savoir, le grand Alexandrin ne voyait pas le point cardinal de la foi religieuse. N'est-ce pas aux jours les plus glorieux de l'ancienne Université de Paris, parce qu'il avait le sentiment qu'avec la Bible toute la religion était en jeu, que saint Louis portait aux chrétiens l'expresse défense d'entrer en discussion avec les Juifs? Et plus tard, au lendemain du Concile de Trente, lorsque, plus rapidement encore que la théologie ne se réformait, les sciences de toute part allaient se transformant et se développant à l'envi, quelle crise aiguë ne se cachait pas sous cet incident fort léger en apparence de la question biblique, qui s'appelle le procès de Galilée? Mais, si ce problème vital n'a pu laisser nulle génération chrétienne indifférente, qui ne sait ce qu'il a pris aujourd'hui de passionnante gravité? On peut craindre qu'il ne laisse de longtemps aucun repos à la conscience religieuse, tant il est vrai qu'à ce débat, pourtant tout théorique, se trouve suspendu tout ce qu'il y a, dans notre activité morale, de plus essentiel et de plus intime! En vain serait-on étranger à la grande investigation historique qui se poursuit de notre temps. On a beau ignorer les conclusions de la philologie orientale ou de l'archéologie sémitique : on ne saurait se soustraire à l'état d'esprit qu'a créé et entretenu le développement contemporain de ces sciences, et le moyen de se dissimuler que les livres de l'Ancien et du Nouveau Testament en reçoivent souvent une lumière étrangement nouvelle? Peu importerait encore, si les esprits curieux et spéculatifs étaient seuls à s'en apercevoir; mais que d'âmes religieuses, que de chrétiens humbles et soumis s'en trouvent, qu'ils se l'avouent ou non, profondément ébranlés! Comme autrefois Laban cherchant ses dieux, la conscience chrétienne, a-t-on dit, réclame à la science tout ce qu'elle tente de lui ravir des plus chers et des plus antiques objets de sa foi. Mais, géologie ou physique, chimie ou paléontologie, qu'y a-t-il là, pour embarrasser le croyant, au prix des simples questions de la plus élémentaire exégèse? Certes, l'angoisse que symbolise à nos yeux la fameuse nuit de Jouffroy est singulièrement touchante; mais, quand on songe que c'est, après tout, de raisonnements abstraits et d'entités métaphysiques que s'alimente son doute, comment s'empêcher de sourire? Les résultats précis de la critique sont bien un autre stimulant pour la pensée religieuse, et comment ne pas s'effrayer de voir que, comme l'aiguillon enflammé de la légende, ce qu'il active et vivifie dans le travail secret de la conscience, en même temps, avec une vertigineuse rapidité, il risque à tout jamais de le consumer et de le détruire ?

Or, rien ne paraîtra plus remarquable assurément dans l'œuvre exégétique de R. Simon que de le voir poser le problème biblique dans les termes expressément les mêmes où nous le voyons se dresser aujourd'hui devant nous. Pour lui, comme pour nos contemporains, c'est avec l'universelle relativité des faits historiques que l'immutabilité de la Révélation biblique se trouve être aux prises. Pour lui, comme pour nous, ce qu'il s'agit de déterminer, c'est ce que la Parole de Dieu garde d'absolu dans ce que les documents humains ont nécessairement de contingente et mouvante caducité. Ce problème si hardiment posé, sans doute il ne l'a pas absolument tranché. Esprit essentiellement critique, il ne se proposait même pas de le résoudre, n'éprouvant nul besoin d'arrêter les lignes de sa pensée, de se reposer dans un système nettement circonscrit. Mais, du moins, a-t-il éclairé fortement quelques-uns des points jusque-là les plus obscurs et cependant les plus décisifs de la question, soit en écrivant l'histoire, c'est-à-dire, on l'entend bien, les vicissitudes des formes extérieures de la Révélation, soit en exposant le développement si contingent de la Tradition exégétique, avec tout ce qu'elle doit ici aux spéculations des rabbins, là aux systèmes des philosophes, ailleurs aux conceptions du moyen-âge. Ce n'était pas assez encore. Peut-être a-t-il fait davantage pour avancer la solution par la seule confiance qu'il a montrée dans les méthodes de la science. Déjà, de son temps, après certaines de ses analyses, on pouvait redouter ce qu'on appelle aujourd'hui l'émiettement des textes sacrés ; on pouvait lui reprocher déjà les

divergences ou les contradictions des documents trop
accusées, les sources de la foi contaminées par mille éléments humains et rendues suspectes, l'infaillibilité de la
Parole divine ainsi compromise. Il n'en demeurait pas
moins manifeste pour lui que la Vérité n'avait rien à
craindre de la science, et que, dérober les conclusions de
la critique serait aussi puéril que de prétendre dissimuler
les résultats de l'astronomie sous prétexte que la religion
peut en être atteinte. Prendre une connaissance de plus
en plus minutieuse des textes, les approfondir et en eux-
mêmes et à la lumière des sciences nouvelles, ne négliger aucun élément d'information, et, ce que ne faisaient pas
les Protestants d'alors, ses adversaires, se placer pour tout
embrasser et tout comprendre, dans le grand courant de
la Tradition chrétienne, suivre enfin une méthode toute
rationnelle avec autant de scrupules qu'on doit se garder d'un étroit et sec rationalisme, telle est la solution
hautement scientifique qu'il laissait entrevoir du plus grand
des problèmes théologiques. Certains admireront sans
doute l'élévation religieuse de pensée dont témoigne une
telle conception partout empreinte dans son œuvre; tous
devront tout au moins, reconnaître la haute leçon morale
qui s'en dégage.

R. Simon ne croyait pas, on l'a vu, au conflit irréductible que le vieux scolastique Buridan avait établi jadis
entre la science et la religion. Laissant de côté les questions métaphysiques, il avait résolu par une adhésion inébranlable au catholicisme le problème de sa vie pratique,
et il était persuadé que les conclusions de ses libres
recherches ne se trouveraient jamais en contradiction
avec l'ensemble des vérités religieuses qui faisaient besoin
à sa conscience. Mais, s'il n'y avait pas, à ses yeux,
d'antinomie théorique entre le christianisme et la science,
comment nier qu'entre la science et telle conception de
la dogmatique chrétienne il n'y ait eu un conflit moral des

plus aigus? Et quel exemple plus topique pourrait-on citer que la carrière scientifique de R. Simon? Parmi nombre d'érudits de son temps qui furent en même temps de si nobles caractères, ce qui lui assure une place de tout premier ordre, c'est précisément les hautes qualités morales que cette lutte lui a fourni l'occasion de témoigner.

On l'oublie trop d'ordinaire : si la grande école d'érudition qui fait tant d'honneur à notre xvii° siècle a réussi à triompher du vieil esprit scolastique et des plus puissantes préventions soulevées contre elle, il ne lui a pas fallu, pour accomplir cette véritable révolution, moins de virilité et de vaillance que de pénétration d'esprit et d'originalité de vues. Ce pieux et candide enfant en cheveux gris qu'était le bon Tillemont par exemple, quel doux mais inflexible entêtement ne dut-il pas montrer en mille rencontres contre cette légion de prétendus défenseurs de la tradition, qui n'étaient que les avocats de l'apocryphe pieux et du faux édifiant? Le mordant et batailleur Launoy, ce grand dénicheur de saints imaginaires et de canonisations usurpées, ne se calomniait-il pas quand il affectait de craindre le canif de certains religieux plus que leur plume, et ne l'a-t-on pas vu plus d'une fois faire honneur à sa devise, qui était de donner tout, jusqu'à son sang, pour la vérité? Et Baluze qui, pour expier son opiniâtre véracité, passa par tant de donjons et de bastilles, en gardant partout son inaltérable belle humeur en même temps que son originale curiosité d'esprit ; et Montfaucon, l'ancien soldat aux gardes, type du gentilhomme érudit, studieux par point d'honneur, travaillant comme il s'était battu, et tant d'autres enfin qui, au pied de toutes les forteresses du moyen âge encore debout, eurent à faire prévaloir le nouvel esprit historique si évidemment destructif de tant de choses du passé, combien, en même temps que de laborieuse érudition, ne durent-ils pas montrer de pacifique et tranquille courage ?

Or c'est là peut-être ce qui, tout compte fait, vaudra
le plus de véritable gloire à R. Simon. Il a évidemment
sa place marquée dans l'histoire générale des esprits ;
dans une histoire des caractères il n'en aurait pas,
semble-t-il, une moins honorable. Qu'on ne s'imagine pas
aussi bien que dans ces luttes théologiques où se passa toute
sa vie, il ne se soit agi pour lui que d'adopter et de garder
jusqu'au bout je ne sais quel simple et héroïque parti pris
d'indépendance. Le conflit était bien autrement complexe
et, si l'on ose dire, dramatique. A sa passion de vérité, ce
qu'on opposait, ce n'en était pas le mépris, la décision
eût été trop aisée, mais les nécessités du gouvernement
des âmes : il fallait montrer que ce n'est pas menacer, que
c'est sauvegarder les intérêts les plus sacrés que de faire
entrer le plus de vérité possible dans l'enseignement des
choses religieuses. On lui faisait un crime de ne pas respecter le passé! il lui fallait faire comprendre que la
meilleure manière de la respecter, c'est d'apprendre à le
bien connaître. On lui objectait l'autorité de la tradition :
il fallait, en même temps que la raison, mettre la tradition elle-même de son côté. On lui faisait un devoir de
penser selon son état : il lui fallait démontrer que la première des obligations professionnelles c'est encore de
penser juste. Déjà le péril était grand d'avoir contre soi,
aux yeux de la société contemporaine, le théologien le
plus fécond en qualifications et le plus prompt aux anathèmes. Il fallait que ce fût encore l'homme du monde qui
a fait les phrases les plus éloquentes et qui précisément
n'en a peut-être fait de plus éloquentes que contre l'in-
fortuné philologue. Or, contre tout ce qui pouvait donner
à un adversaire de génie la certitude de vaincre, contre les
éclats de sa parole et l'ascendant de sa dignité, contre
l'autorité de sa réputation théologique et la noblesse
même de son grand caractère, il n'avait que cette arme si
suspecte, la critique; mais avec quelle suprême habileté

faite de sang-froid, de mesure, de gaîté même, ne l'a-t-il pas maniée pendant quarante années d'incessant combat ! Cette bataille, tantôt tragique, comme les grandes batailles d'idées, tantôt plaisante comme ces polémiques où l'un des deux adversaires est seul à comprendre l'autre, c'est à ceux qui liront l'histoire de sa vie et de son œuvre de décider s'il l'a perdue ou gagnée. En tout cas, il n'en est pas où se soit dépensé plus de ce vrai courage qui consiste dans la parfaite soumission de la pensée aux exigences impérieuses du vrai et dans la complète sérénité d'âme nécessaire aux conquêtes scientifiques. Dans ce siècle dont Voltaire disait dédaigneusement : « Siècle de grands talents bien plus que de lumières », on peut heureusement citer, à côté des travaux de R. Simon, plus d'une œuvre qui laissa derrière elle de riches ferments d'idées et de recherches : on en trouvera difficilement qui contienne des germes plus précieux de sincérité vivante et d'abnégation passionnée. C'est au moins une part de son œuvre que nulle condamnation n'a pu atteindre. Pour le reste, s'il était vrai que Bossuet eût décidément gain de cause devant le commun des lettrés, ce n'est peut-être pas pour R. Simon qu'il faudrait le regretter davantage[1].

---

1. Qu'il nous soit permis, en terminant, de remercier ici M. l'abbé Loisy, dont les encouragements, aussi bien que les lumières, nous ont été si précieux au cours de ce travail. On sait si une étude sur R. Simon pouvait s'inspirer de conseils plus éclairés et paraître sous de meilleurs auspices.

RICHARD SIMON

ET

LA CRITIQUE BIBLIQUE AU XVII° SIÈCLE

Richard Simon aimait à se donner la délicate satisfaction de ne parler de Bossuet que sur le ton de la déférence la plus respectueuse. Ce n'était pas seulement agir en galant homme, mérite d'ailleurs peu banal pour un de ces savants que Mme de la Fayette, à cette même date, rayait si délibérément de la société des honnêtes gens. C'était faire mieux encore et donner comme un piquant témoignage de cette faculté singulière de divination qui lui était propre. Qu'on en juge plutôt. R. Simon eut beau créer la critique biblique et tenir le premier rang parmi les maîtres de l'érudition française, pendant la plus brillante période qu'elle ait jamais connue ; il eut beau, durant sa longue carrière, déployer l'activité littéraire la plus infatigable et multiplier, avec une merveilleuse aisance, sur mille sujets, les travaux les plus approfondis et les plus variés. Son nom, ignoré du public, serait perdu aujourd'hui dans la longue liste de ces doctes élucubrations que les Italiens nomment plaisamment des travaux d'échine. Mais voilà que, par une circonstance heureuse pour sa gloire, R. Simon se trouve avoir été aux prises avec Bossuet ; ses recherches, autrement inconnues des profanes, ont la bonne fortune d'avoir inspiré à l'incomparable orateur quelques-unes de ces pages véhémentes et superbes qui, pour tous les gens de goût, sont des modèles accomplis dans le genre de l'ironie grave et de l'invective majestueuse. Il n'en fallait pas plus : le nom de R. Simon figurera désormais dans les plus humbles manuels de notre histoire littéraire, et Bossuet aura porté à la connaissance des écoliers mêmes la mémoire du vieil érudit qu'il a si éloquemment combattu. On avouera que ce n'était pas trop d'un peu de courtoisie pour payer un tel service.

R. Simon est donc encore un nom pour le grand public ; mais est-il rien de plus ? il est permis d'en douter. La physionomie si vive et si originale de ce Normand exégète et controversiste ne se perd-elle pas pour la plupart dans une complète indécision ? Ceux qui l'ont célébré naguère le plus bruyamment ne se sont-ils pas étrangement mépris sur son compte, en faisant de lui comme le type abstrait d'une sorte de rationalisme exégétique qui lui fut plus étranger qu'on ne pense ? Et ceux qui ont contre lui certains scrupules, d'ailleurs fort respectables, ne le jugent-ils pas un peu comme eût fait cette pieuse femme, qui, mécontente des changements apportés à son livre d'Heures, s'écriait un jour : « Eh ! qui sont donc ces messieurs qui prétendent savoir le français mieux que le roi David ? » Les préventions les plus naïves comme les attaqués les plus réfléchies et les plus passionnées, ce fut la destinée de R. Simon d'y être en butte sa vie durant ; mais s'il eût pu prévoir quel genre d'hommages lui serait décerné après sa mort, nul doute qu'il n'eût préféré les pires injures aux éloges compromettants ou perfides qui devaient si profondément dénaturer sa pensée et son caractère. Peut-être estimera-t-on après cela qu'une étude sur la vie et les écrits de R. Simon n'est pas superflue et que cette originale figure d'érudit vaut d'être remise en son vrai jour et fidèlement restituée.

CHAPITRE Ier

LES PREMIÈRES ÉTUDES DE RICHARD SIMON ; SES IDÉES PHILOSOPHIQUES ET LITTÉRAIRES

L'*Histoire critique du vieux Testament*, dont il est impossible de ne pas faire l'objet principal d'une étude quelque peu approfondie sur R. Simon, a toujours frappé les meilleurs juges par le mérite singulier d'être une œuvre sans précédent. Ce que Montesquieu disait avec fierté de son ouvrage, qu'il était un enfant né sans mère, le fondateur de l'exégèse historique aurait pu à juste titre aussi le dire de ses travaux. Un seul moyen s'offre pour expliquer, dans une certaine mesure au moins, la genèse de l'œuvre : c'est d'étudier la formation intellectuelle de l'ouvrier. Le récit de cette éducation scientifique, si féconde en résultats originaux, sera donc le sujet de cet article et de ceux qui doivent le suivre [1].

1. SOURCES. R. SIMON : *Notice personnelle autographe* publiée par E. Jourdain, Dieppe, 1863 ; *Lettres choisies*, Amsterdam, 1730, 4 vol. in-12 ; *Bibliothèque critique* (Saint-Jore), ibid., 1708, 4 vol. in-12 ; *Nouvelle Bibliothèque choisie*, ibid., 1714, 2 vol. in-12. — BRUZEN DE LA MARTINIÈRE, *Éloge historique*, en tête des *Lettres Choisies*. — COCHET, *Galerie Dieppoise*, Dieppe, 1862. — Aug. BERNUS, *R. Simon*, Lausanne, 1869 ; *Notice bibliographique sur R. S.*, Bâle, 1882, etc.

ABRÉVIATIONS. N. P. — *Notice personnelle* ; L. C. — *Lettres Choisies* ; B. C. — *Bibliothèque Critique* ; N. B. C. — *Nouvelle Bibliothèque choisie* ; H. C. V. — *Histoire critique du Vieux Testament* ; El. — *Éloge Historique*.

SOMMAIRE BIOGRAPHIQUE. R. Simon, né à Dieppe, le 13 mai 1638, entre une première fois à l'Oratoire en 1658, une seconde fois en 1662. Professeur de philosophie à Juilly, commis à la bibliothèque de la rue Saint-Honoré, sous le Père Le Cointe, il est ordonné prêtre à Paris le 10 septembre 1670. Il publie l'Histoire Critique du Vieux Testament et est exclu de l'Oratoire le 21 mai 1678. Il se retire dans la cure de Bolleville jusqu'en 1682, réside à Paris, Rouen et Dieppe, où il meurt le 21 avril 1712, léguant ses manuscrits à la cathédrale de Rouen.

I

S'il est vrai, comme on le prétend, que la race Normande soit de tempérament processif et de naturel prudent, nul n'a mieux que le Dieppois R. Simon justifié son origine. On ne saurait être à la fois plus enclin et plus habile aux *plaideries*. Sa vie, qui remplit environ les trois quarts d'un siècle, n'a été qu'un long procès contre des adversaires de toute nature, et la liste interminable des pseudonymes dont il crut devoir se masquer, au cours de cette incessante polémique, témoigne assez de sa circonspection. Il aimait au surplus à rappeler lui-même son pays natal ; c'était un argument tout prêt contre qui voulait l'engager à quelque imprudente démarche. Un jour qu'on lui proposait de s'expatrier en Angleterre : Non, non, répondait-il, je ne veux pas être pendu par les hérétiques, même pour être le premier saint de Normandie. C'était alors un dicton courant que le premier saint Normand était encore à attendre, et malgré l'austérité d'une vie digne des ascètes du désert, R. Simon avait le sentiment qu'il n'était pas destiné à faire mentir le proverbe [1].

On a souvent parlé de l'âpreté de son humeur, de la susceptibilité quelque peu farouche de son caractère. Peut-être faut-il chercher le germe de cette disposition morale dans l'histoire de sa première jeunesse. Sa famille était sans fortune, et son père, un forgeron de Dieppe, ne pouvait le faire instruire, en dépit de l'ardeur précoce qu'il témoignait pour l'étude. Il fallut que des protecteurs étrangers pourvussent aux frais de son éducation, d'abord chez les Oratoriens de Dieppe, puis pendant son année de philosophie, chez les Jésuites de Rouen, enfin à Paris, pendant son cours de théologie. Ajoutons que la fortune l'avait

1. *L. C.*, I, 90.

encore moins disgracié que la nature : petit et de complexion malingre, doué même, à ce qu'il nous avoue, d'une voix de fausset, il resta toute sa vie le savant de mine chétive et rabougrie qui, selon le mot de La Martinière, ne porte pas, pour se faire accueillir, de lettres de recommandation sur son visage. Mais il ne devait pas tarder, en bon adversaire des Rabbins qu'il était, à démentir le mot célèbre du Talmud et à montrer qu'il n'y a pas que les dons de la fortune ou de la nature pour faire tenir un homme debout sur ses pieds[1].

Dès ces premières études se manifestent quelques-uns des traits caractéristiques de sa nature intellectuelle : l'indépendance dans le travail, le goût des connaissances précises, et, dans un ordre de recherches qui semble trop souvent l'exclure, ce que Pascal nommait l'esprit de géométrie. Pendant que, dans le collège Oratorien de sa ville natale, les régents d'études s'appliquent à former des humanistes brillants, rompus à l'art du développement ou de la versification latine, c'est à l'étude du grec, quelque peu négligée alors, qu'il se livre avec passion. Autour de lui, c'est à qui fera plus ample provision d'élégances cicéroniennes pour un morceau d'apparat destiné à figurer en quelque séance académique ; pour lui, tout en montrant une incroyable avidité de tout connaître, il ne trouve à satisfaire la rigueur précoce de son esprit que dans la seule étude de la grammaire. Le voilà désormais, et pour la vie, voué au culte de ces « minuties » philologiques, qui lui vaudront de la part de Bossuet de si superbes et si éloquents dédains. Qui ne se rappelle tant de véhémentes protestations, ici, contre l'érudit qui « croit que c'est tout savoir que de savoir les langues et les grammaires » ; là, contre « le critique qui fait profession de peser les mots par les règles de la grammaire et croit

1. *Él.*, 3, 4, 39 ; *N. P.*, 4.

pouvoir imposer au monde par le grec ou par l'hébreu dont il se vante » ; ailleurs encore, contre « les grammairiens subtils et curieux à rechercher les humanités, qui regardent l'Écriture comme la plus belle matière qui puisse être proposée à leur bel esprit pour y étaler leurs éruditions » ? Eh bien ! Bossuet avait beau multiplier contre l'exégèse purement grammaticale les objurgations et les invectives : les eût-il, par impossible, connues d'avance, on peut affirmer que le jeune érudit n'eût pas renoncé aux séductions de cette grammaire si véhémentement réprouvée. N'était-ce pas pour lui que Jérôme semblait avoir écrit dans sa belle lettre à Læta, qu'il n'est pas de recherches si humbles que ne relève la grandeur du but poursuivi : *Non sunt contemnenda quasi parva sine quibus magna constare non possunt*? C'est trop peu dire encore. Car tandis que son illustre censeur ne voulait voir dans la philologie qu'une science propre « à éblouir l'esprit et à le rendre vain et présomptueux », R. Simon, avec plus d'un savant moderne, n'était pas éloigné de la regarder comme une école de moralité, où l'on apprend en définitive à se déprendre de soi-même et à mettre la vérité du fait au-dessus de toutes les illusions et de tous les calculs de l'égoïsme. N'était-ce pas déjà du reste l'opinion des Talmudistes, et ne parlaient-ils pas d'une science aussi rigoureuse que la philologie, quand ils disaient de leur épineuse et inflexible Halakha : « As-tu quelques passions ? Mène-les à l'école, et ton cœur fût-il de pierre, elle le brisera[1]. »

Mais, moins encore que l'influence de ses régents d'humanités, R. Simon devait subir l'ascendant des professeurs de Sorbonne, pendant les cinq ans qu'il suivit les cours à la Faculté de Paris. Si l'on peut dire de lui qu'il

1. *L. C.*, IV, 398; Bossuet (Vivès); III, 426 ; IV, IX; III, 483; Bœckh, *Encycl. und Method. der philol. Wiss.*, 804 ; Stern, *Lichtstrahlen aus Talmud*, 31.

fut à plus d'un égard un *autodidacte*, et il est peu de savants
à qui ce nom convienne davantage, c'est à cette époque
de sa vie que s'affirme le plus nettement ce caractère, et
jamais élève n'a moins dû à ses maîtres, ou, pour mieux
dire, ne s'est trouvé dès le principe en opposition plus
marquée avec l'enseignement officiel. On nous a conservé
une liste fort curieuse qu'il dressa plus tard, à la demande
de son supérieur de l'Oratoire, et qui contient les noms
des maîtres qu'il entendit alors. Qu'enseignaient les Gran-
din et les Chamillart, les Leblond et les Deschamps, noms
illustres de la Sorbonne d'alors, si complètement oubliés
aujourd'hui ? Rien de ce que pouvait leur demander le
jeune érudit, toujours avide de remonter aux sources les
plus hautes. La Théologie des Pères l'avait de bonne heure
intéressé : ses maîtres ne l'ignoraient pas moins qu'au
temps encore récent où la Sorbonne condamnait Érasme
pour avoir douté de l'authenticité des œuvres de saint
Denis l'Aréopagite ! Voulait-il étudier l'histoire de l'Église ?
Elle n'était l'objet d'aucun enseignement spécial et,
quand il avait été question dernièrement de discuter certaines légendes locales relatives au culte de sainte Madeleine, tous les Sorbonnistes avaient, d'une seule voix, con-
firmé les erreurs historiques qui le consacrent. S'avisait-il
de demander la science de la controverse et de l'apologétique aux théologiens de Paris ? Ils étaient, à peu d'exceptions près, ceux-là mêmes dont Richelieu disait qu'ils
n'étaient bons qu'à réfuter les hérétiques du temps passé.
Pour ce qui est des hérétiques d'aujourd'hui, qui leur
citent l'hébreu de la Bible et le grec du Nouveau-Testament, ce n'est pas avec eux, remarquait R. Simon, que
les Sorbonnistes peuvent impunément se commettre,
ignorants comme ils le sont de ces deux langues sacrées
de l'Église. Voudraient-ils d'ailleurs démentir leur syndic
qui déclarait naguère que les mots *sic in græco, sic in
Hebræo* suffisaient à déceler le luthéranisme caché dans un

écrit ? Ignorance si criante qu'il a été question récemment d'imposer aux futurs docteurs la connaissance des trois langues nécessaires à tout théologien : l'hébreu, le grec et le latin. Mais il faut voir comme R. Simon jouit ici de l'embarras manifeste des « très sages maîtres » de la Faculté. Si l'on exige en effet de tout candidat au doctorat qu'il soit *trilinguis*, et se montre à quelque degré helléniste ou hébraïsant, qu'arrivera-t-il de là, sinon que les professeurs en sauront moins que leurs élèves ? Et le moyen qu'une Faculté de Théologie présente jamais le spectacle d'une telle anarchie ! Ainsi, d'après R. Simon, rien n'est changé à la Sorbonne depuis le temps du fameux Noël Béda ; on y commente pieusement les mêmes cahiers, transmis de génération en génération avec les mêmes ignorances et souvent les mêmes erreurs, et, si le Collège de France n'avait fini par prévaloir sur ces docteurs scolastiques ou plutôt *fantastiques*, comme disait plaisamment R. Simon, on y fulminerait encore contre tout hébraïsant profane, attendu qu'on ne peut enseigner l'hébreu sans expliquer la Bible et qu'on ne peut expliquer la Bible sans être docteur en théologie [1].

Pour satisfaire ses goûts de libre recherche et de vie retirée, R. Simon se résolut à demander à quelque communauté religieuse ces précieuses facilités de travail que le cloître offrit à tant de pieux érudits du xvii° siècle. Entré une première fois au noviciat de l'Oratoire, après ses études au collège de Dieppe, il n'avait pu prendre sur lui de terminer l'année d'Institution, qui ne laissait aux novices aucune liberté pour leurs études personnelles. Sa théologie une fois achevée, il entra de nouveau à l'Oratoire avec l'autorisation cette fois de se livrer à ses travaux favoris, en particulier à l'étude des ouvrages orientaux que renfermait la bibliothèque de la rue Saint-Honoré et dont

1. *L. C.*, II, 264 ; I, 4 ; II, 32 ; IV, 50 ; *N. P.*, 2.

il allait bientôt dresser le catalogue. Grande fut la surprise pour les jeunes Confrères de le voir plongé dans la lecture de tant de livres hébreux, coptes ou syriaques, qui paraissaient sentir la cabale ou l'hérésie. Un livre surtout les scandalisait au plus haut point, c'était la Polyglotte de Walton qu'on avait aperçu dans la chambre du novice. Leur zèle pieux n'y put longtemps tenir ; la foi du téméraire érudit leur semblait courir les plus grands dangers. Ils s'en furent confier leurs religieuses inquiétudes au supérieur, le P. Bertad, qui, pour calmer leurs alarmes, ne trouva rien de mieux que de se mettre lui-même à l'école du jeune orientaliste. R. Simon se trouvait être maître avant d'avoir été lui-même élève. Ce n'est pas que l'Oratoire n'ait compté à cette époque aucun hébraïsant. Le P. Morin devait laisser d'importants travaux sur le Pentateuque, et R. Simon se plaisait plus tard à rappeler son nom fort estimable à la congrégation qui paraissait l'avoir trop oublié. Mais, esprit moins critique que paradoxal, le P. Morin affectait, par système, de mettre au dessus du texte hébreu le Pentateuque Samaritain, et même la version des Septante : croire que R. Simon ait pu subir l'influence de ces idées, ce serait s'imaginer, par exemple, que Mme Dacier ait pu, sous l'influence de Fontenelle, préférer au texte d'Homère la traduction de La Motte Houdard[1] !

Si R. Simon doit infiniment peu au P. Morin et aux autres hébraïsants catholiques du xviie siècle, il est encore moins redevable aux travaux des protestants de cette époque. Que pouvait lui apprendre par exemple celui qu'on appelait alors l'illustre Bochart et que R. Simon fut peut-être seul de son siècle à juger exactement comme nous le faisons aujourd'hui ? Rien n'est plus opposé au vaste mais méthodique savoir des Histoires critiques que

1. *Él.*, 5, 6 ; *L. C.*, 1, 14 ; *H. C. V.*, 465. Confrères : novices.

la polymathie confuse et saugrenue qui s'étale dans le *Hierozoïcon.* Disserter longuement sur le poids de la chevelure d'Absalon ou sur les diverses espèces d'animaux qui parlèrent avant ou après l'ânesse de Balaam ; rattacher, à l'aide d'étymologies bizarres, toutes les légendes de la mythologie païenne à l'histoire de *Noë,* et prouver, par exemple, que le vaisseau des Argonautes n'est autre chose que l'arche, parce que *Argo* vient de *Aebar* qui veut dire coffre : tel est le genre d'érudition où se complaisait Samuel Bochart et qui révèle assurément moins de science que d'ingénuité. La reine Christine de Suède s'en aperçut, le jour où, demandant d'un air de confidence à l'érudit protestant ce qu'il pensait réellement de la Bible, elle vit, à cette question, se peindre sur son visage la stupéfaction la plus profonde. Comme si d'écrire de doctes in-folios sur la Bible était une raison pour en penser quelque chose! Aussi n'est-ce sûrement pas R. Simon qui fut l'élève de Bochart, c'est Huet, l'évêque d'Avranches, et l'on mesure aisément la distance qui sépare de l'auteur de la *Démonstration évangélique* le créateur de la critique biblique. R. Simon doit-il davantage aux deux Buxtorf, les maîtres les plus autorisés de l'orientalisme protestant à cette date ? Il suffit, pour répondre, de se rappeler que les Buxtorf ont passé leur vie à soutenir l'origine divine des accents hébraïques, l'inspiration des points-voyelles et la préservation miraculeuse du texte primitif avec ses moindres signes. Rien ne leur paraissait plus aisé que de croire, avec certains rabbins, que c'est Dieu lui-même qui a peint de sa main sur le Sinaï les signes de lecture en forme de couronne que présentent les anciens manuscrits de la Bible. Est-il besoin après cela de montrer que les disciples des Buxtorf ne sont pas les critiques de l'école de R. Simon, mais les protestants orthodoxes du xviie siècle, à qui toute arme est bonne pour combattre les catholiques et leur théorie de la tradition? Sera-ce donc à l'adversaire des Buxtorf, au pasteur Louis Cappel, que R. Simon devra davantage ? Mais l'auteur de la *Critica sacra* se borne à colliger des variantes, pour en tirer des conséquences d'un caractère tout dogmatique, tandis que la question historique intéressera seule la curiosité de R. Simon. Ce qui dérive des travaux de L. Cappel, c'est l'exégèse de de cette école protestante qu'on a depuis nommée libérale ; pour qui pénètre bien la pensée dernière des Histoires critiques, il est clair qu'elle n'a rien de commun avec la dogmatique protestante, de quelque secte que ce puisse être[1].

On le voit, ce n'est pas à l'école des hébraïsants de son siècle que s'est formé R. Simon. Aussi bien, il avait pris, dès ses premiers pas dans la science, l'habitude de franchir tous les intermédiaires et de remonter directement aux sources les plus lointaines. Une curiosité aussi indépendante qu'opiniâtre fut, dès le début de sa carrière, le caractère marquant de sa physionomie d'érudit. C'est à quoi se rapportent nombre de traits bien connus qui nous le montrent, dans sa première fièvre d'investigation, tantôt pénétrant en secret et allant passer de longues heures dans la chambre où sont renfermés les exemplaires de l'Histoire des conciles par le P. Thomassin ; tantôt parvenant à arracher un précieux commentaire talmudique des mains d'un juif qui, apprenant que le livre est pour un chrétien, donne un coup de couteau dans la première page, afin qu'il ne soit pas dit que l'ouvrage est tombé intact en la possession des *goïm !* Mais c'est surtout une page de Vigneul-Marville (le chartreux dom Bonaventure d'Argonne) qui éclaire d'un jour curieux cette époque de sa formation. L'anecdote, qui offre malheureusement une erreur de date, reflète du moins exactement l'opinion qu'on se faisait du savoir de R. Simon parmi ses contemporains[2].

1. *L. C.,* I, 23 ; III, 215 ; *H. C. V.,* 470 sq. ; Bochart, *Hieroz.* 197, etc.

2. *L. C.,* I, 197 ; I, 26 ; II, 96.

M. Simon, dit en substance Vigneul-Marville, ayant à subir avec deux de ses confrères, un examen d'ordination devant l'évêque de Meaux, M. de Ligny, se trouva arriver trop tard dans la salle des séances ; l'examen était terminé. L'évêque, voyant ces Pères arriver à une heure indue, s'imagina que c'étaient des ignorants qui voulaient le surprendre et recommanda à l'examinateur de ne les point épargner. Celui-ci s'attachant à M. Simon qui, comme on sait, ne payait pas de mine : « Je ne vous demanderai pas, dit-il, si vous savez du latin. On l'enseigne avec succès dans vos écoles qui ne sont pas sans causer de la jalousie à beaucoup d'autres. Mais Horace ne laisse pas d'avoir ses difficultés. Expliquez-moi telle satire. » M. Simon s'étant tiré d'affaire en habile homme : « Et de philosophie, lui cria-t-il, vous en avez bonne provision ? » M. Simon qui l'enseignait alors répond avec modestie qu'il l'étudiait tous les jours, et pour preuve, il sort brillamment d'une question captieuse que lui proposait le docteur. « Vous avez de la philosophie, conclut-il, donnez-vous garde seulement d'une certaine philosophie cartésienne, bourrue et insensée, qui empoisonne bien des gens. Quant à la théologie, un prêtre de l'Oratoire sans théologie serait moins qu'un cordelier sans latin. » Là-dessus, nouvelles embûches scolastiques, dont le candidat se tire aisément, à la grande surprise de l'examinateur qui s'étonne surtout de le trouver pur de tout levain janséniste. « Des philosophes et des théologiens, ajoute-t-il, on en trouve assez dans l'état ecclésiastique. Mais combien peu s'appliquent aux langues orientales et lisent l'Écriture dans sa source ! » Et en parlant ainsi, il se tournait vers le prélat qui, baissant les yeux, se hâta de répondre : « Je l'ai ouï dire à MM. de Muys et de Flavigny qui étaient de très doctes hébraïsants. » Cependant M. Simon, à qui l'eau en venait à la bouche, répond qu'il en savait les éléments. « Que vous me réjouissez ! » lui dit le docteur. « *Sermonem habes non publici saporis*. Allez, dites-

moi comment la Genèse s'appelle en hébreu. — *Hebraice*,
c'est *Berésith.* » La carrière ouverte, on entre en matière,
on s'échauffe de part et d'autre, on crie à tue-tête, citant
les Polyglottes, les Rabbins anciens et modernes ; mais
bientôt, étourdi d'une science si profonde, l'examinateur
reste à court, tandis qu'à ses côtés le Prélat se meurt de
rire. Cependant le maître d'hôtel, ennuyé d'un si long
retard, arrive en disant que la table est servie et que la
bisque sera froide. L'évêque alors, prenant pitié du vaincu,
donne sa bédédiction aux candidats et les autorise à recevoir l'ordination [1].

Comme le docteur commis à son examen, les contemporains qui se firent les échos de cette anecdote ne furent
pas seulement frappés par le vaste savoir du jeune Simon ;
ils le furent aussi par ses opinions personnelles, assez
inattendues, chez un Oratorien, sur les questions de la
liberté et de la grâce. Ce point, aussi négligé d'ordinaire
qu'il est capital pour l'intelligence du caractère et des idées
de R. Simon, mérite qu'on s'y arrête un instant.

II

Si R. Simon, par ses études philologiques et scripturaires,
est un indépendant et en quelque manière un autodidacte,
on peut dire que, par ses opinions philosophiques, il est
dans son siècle un isolé. A une époque où tous les
grands esprits sont si profondément pénétrés des doctrines
de saint Augustin, il se déclare dès le premier jour l'adversaire de l'augustinisme, tel qu'on l'interprète alors, et, jusqu'au dernier de ses écrits, il ne cessera de le combattre.

On a beaucoup parlé de l'influence de Port-Royal sur
la littérature et la société du dix-septième siècle. Il serait

1. VIGNEUL-MARVILLE, *Mélanges d'hist. et de littér.*, I, 236. L'examen
qui n'eut pas lieu avant sa prêtrise peut se placer avant une autre
ordination.

plus juste de parler de l'influence de saint Augustin sur Port-Royal et le xvii° siècle tout entier. Cette influence est telle qu'on peut à peine l'exagérer. Qu'on prenne pour exemple les théologiens de Port-Royal. C'est ne rien dire que d'affirmer, comme on le fait, qu'ils trouvent tout dans leur saint Augustin, celui-ci des arguments contre Montaigne, celui-là des précédents en faveur de la révocation de l'Édit de Nantes, tous autant d'armes qu'il leur en faut dans leurs infinies controverses théologiques. Comme si, dans leur saint Thomas, certains thomistes n'en trouvaient pas tout autant, sinon davantage ! Pour les gens de Port-Royal, l'augustinisme est mieux qu'une doctrine, c'est une vie. Parmi les derniers ouvrages sortis de la plume de saint Augustin, il est tel écrit dont les lignes ont été pour eux, non pas seulement des sentences d'oracle, mais de véritables arrêts de vie ou de mort, selon le décret de prédestination qu'ils y croyaient lire. De quel éclat saisissant et terrible s'entouraient à leurs yeux tant de formules inoubliables sur « cette masse de corruption qu'est l'humanité entière », sur « l'éternelle immobilité du décret divin qui nous élit ou nous damne », sur « la chimère d'un acte méritoire qui ne serait pas l'œuvre unique et totale de Dieu » ! Contemplées par une méditation intense, ces formules s'enfoncèrent si profondément dans leurs étroits et durs cerveaux de théologiens obstinés, qu'il leur fut désormais impossible, en dehors de là, de rien voir ni de rien entendre. Le secret de leur opiniâtreté invincible, tout le monde sait qu'il est de tradition de le chercher dans leur orgueil. Qui réfléchira aux conséquences d'une telle interprétation, verra que c'est la contemplation éperdue de ces pages d'Apocalypse qui a produit une à une toutes les vicissitudes du Jansénisme. En vain leur eût-on montré dans les premiers écrits de saint Augustin des théories moins sombres et moins déconcertantes pour la raison. Un juge autorisé, s'il en fut, Mabillon, dans son *Traité des Études Monastiques*, était là pour leur fournir la réponse : si un Père a parlé diversement sur quelque sujet, c'est plutôt au dernier sentiment qu'au premier qu'il faut s'en tenir. Et le moyen de ne pas voir au surplus que ce qui faisait le nerf et la puissance émouvante d'un Pascal ou d'un Saint-Cyran, c'est précisément ce qu'avait inspiré, non pas un vague et quelconque augustinisme, mais la rigoureuse et définitive doctrine du maître[1] !

Qu'on se rappelle d'ailleurs ce que Bossuet doit à *son* saint Augustin, et il n'en faudra pas plus pour mesurer l'influence de l'augustinisme interprété cette fois, il est vrai, en un sens dit plus orthodoxe. On lit, dans la *Défense de la tradition*, une prière transcrite par Bossuet lui-même, avec une émotion non douteuse : « Faites, ô mon Dieu, dit-il en parlant du grand docteur, que je pense ce qu'il a pensé, je sache ce qu'il a su, j'entende ce qu'il a entendu, je croie ce qu'il a cru, je prêche ce qu'il a prêché ! » Jamais vœu ne s'est plus complètement réalisé ; jamais pareil exemple, je ne dis pas de dépendance intellectuelle, mais de fusion intime et, pour ainsi dire, de compénétration entre deux génies également puissants, ne s'est produit dans l'histoire littéraire. Ce n'est pas seulement sa démonstration oratoire que Bossuet appuie perpétuellement à saint Augustin : c'est sa méthode même d'invention, sa dialectique la plus personnelle et la plus intime, qui semble résider dans la méditation de ses ouvrages. Ce que nous appelons sa philosophie de l'histoire et qui n'est à ses yeux que « la Suite de la Religion », n'est-ce point, par exemple, le fonds et la substance même de la *Cité de Dieu* ? De même encore, l'admirable psychologie du *Traité de la Concupiscence* est-elle autre chose que la savante systématisation de tant d'analyses morales

____

1. Aug. *Epit. ad Vit.*, 5, 6 ; *De Grat. et lib. arbit.*, 13 ; *De Corrept. et Grat.*, 32 ; MABILLON, *Traité des Ét. Mon.*, Part. II, ch. III ; Od. ROTT-MANNER., O. S. B., *Der Augustinismus*, 10 sq.

où saint Augustin a mis à nu tout le mystère de notre convoitise? Et ses plus célèbres controverses théologiques ne se réduisent-elles pas à montrer ici, contre Fénelon, qu'une religion d'amour pur et désintéressé va se heurter aux doctrines augustiniennes sur la béatitude et la réprobation ; là, contre Jurieu et les protestants, que la vérité religieuse ne peut se trouver que dans une tradition ininterrompue dont saint Augustin est le centre et qui, par lui, remonte jusqu'à Jésus-Christ ; ailleurs, contre le cardinal Sfondrate, qu'on ne peut épargner l'enfer aux enfants morts avant le baptême, sans faire, d'après le même saint Augustin, péricliter le christianisme tout entier ? S'il est vrai, comme l'affirme l'abbé Le Dieu, que Bossuet se soit fait fort de suppléer avec certitude toutes les lacunes des manuscrits de saint Augustin, on reconnaîtra que si quelqu'un avait le droit de montrer une telle assurance, ce ne pouvait être que ce disciple de génie [1].

Or, cette théologie augustinienne, qui est celle de son siècle tout entier, c'est peu de dire que R. Simon y demeure étranger ; elle lui inspire une aversion qu'il n'essaye pas de dissimuler. Que penser d'une doctrine qui a pour première conséquence de condamner au supplice éternel, avec tant de vagues multitudes idolâtres, tous les enfants morts sans baptême, sinon qu'elle est le digne pendant de ces législations antiques qui vouaient à l'esclavage ou à la mort tout ce qui n'était pas l'élite de quelque aristocratique cité ? Et ces fameuses propositions, où l'on a ramassé, un peu violemment peut-être, mais non sans une énergique justesse, toute la théologie de l'école de Port-Royal, faut-il les traiter de formules jansénistes, ou ne convient-il pas plutôt de les nommer des « propositions mahométanes » ? Combien il aime mieux ces doctrines plus humaines des Pères grecs, et en particulier

1. Bossuet, XVIII, 600; XV, 223; XXVI, 519; IV, 474.

de saint Jean Chrysostome, qui admet que l'effort naturel
de l'homme vers le bien, loin de lui être imputé à péché,
lui confère un mérite certain, que notre nature n'est pas
à tel point viciée qu'elle ne puisse prendre vers Dieu un
libre élan, et que, pour manque et débile que soit notre
volonté, elle n'en est pas moins capable de s'approcher
du but que le secours d'en haut lui permettra enfin d'atteindre. Christianisme médiocre et sans caractère, ont dit
depuis de modernes admirateurs de Bossuet et de saint
Augustin, théologie édulcorée et affadie, réduite en
quelque sorte à un minimum de mystère, et combien
inférieure à l'abrupt et audacieux christianisme des augustiniens! A quoi R. Simon eût répondu que la théologie
n'est pas affaire d'esthétique, mais objet de croyance,
qu'un Chrysostome n'amoindrit pas le mystère de la grâce
pour le présenter par le biais le plus favorable à l'intelligence humaine, et qu'enfin, pour son compte, à un christianisme plus rigoureux qu'on vante sans y croire il pré-
férait, sans hésiter, un christianisme moins inaccessible
auquel on croit[1]!

C'est dire que R. Simon se déclarait moliniste. On
avouera qu'il prenait bien son temps pour un homme qui
aimait à batailler contre les opinions courantes. A l'Oratoire en particulier, les sentiments qu'inspirait la
Compagnie de Jésus ne font doute pour personne,
et l'on sait que, pendant leurs démêlés avec les Jésuites,
ce n'étaient pas seulement des sujets d'exercices
scolaires que les Oratoriens lettrés allaient chercher
dans le *Roman de Renart*. R. Simon cependant n'hésite
pas. Il prend à tâche de mettre alors même en lumière
les titres scientifiques de la Compagnie partout décriée
et d'en faire éclater l'évidente supériorité sur le médiocre
savoir de l'école adverse. Ce qu'il aime à en louer surtout,

1. *B. C.*, III, 525; *L. C.*, I, 174; IV, 198.

c'est la grande liberté intellectuelle que le *Ratio studio-rum* laisse au professeur, permettant à chacun de choisir le guide doctrinal qui lui convient et n'astreignant personne à jurer sur les paroles d'un docteur tenu pour irréfragable. Saint Ignace recommande encore, dans une de ses règles les plus fameuses (*regula lesbia*), d'accommoder la théologie aux temps et aux lieux. A la bonne heure ! Et voilà qui n'est pas sans ouvrir un certain jour sur l'histoire des doctrines théologiques, réserve faite, bien entendu, des dogmes de l'Église, dont on ne doit jamais dire : *Altri tempi, altri costumi*[1] !

Or, quel est, d'après R. Simon, le résultat de cette rare et libérale ouverture d'esprit? C'est que précisément les plus grands savants du siècle se trouvent être des PP. Jésuites. Il en est deux entre autres sur l'éloge desquels R. Simon ne tarit pas. C'est d'abord Denis Petau, dont les *Dogmes théologiques*, si ridiculement accusés de socinianisme, parce qu'ils laissent paraître le *processus* du développement théologique, sont le chef-d'œuvre de l'érudition la plus minutieuse et la plus heureusement pénétrée d'idées générales. Le jésuite Petau a fait mieux encore : théologien très orthodoxe, il a montré le plus rare de tous les courages, le courage intellectuel ; il a réussi à faire imprimer, avec le visa des catholiques eux-mêmes, la *Critica sacra* du ministre L. Cappel, que les protestants refusaient de laisser paraître, la taxant de témérité, et, pour tout dire, de rationalisme. C'est ensuite Jean Maldonat, dont les commentaires sur l'Écriture ne sont pas éloignés de paraître à R. Simon le dernier mot de l'exégèse dogmatique pour la pénétration critique et la solidité doctrinale. Pourquoi faut-il seulement que des confrères malavisés aient, avant de livrer le manuscrit posthume à l'impression, mutilé les plus belles pages et envié ainsi à la

1. *L. C.*, IV, 63; *B. C.*, I, 37; III, 73; III, 83.

Compagnie un de ses titres les plus sûrs ? Aussi l'opinion de R. Simon sur le duel théologique des Augustiniens et des Jésuites n'est-elle point douteuse. C'est pour de tout autres raisons que des raisons d'ordre scientifique que les écrivains de Port-Royal l'ont emporté. Obligé de leur répondre, comme malgré lui, dans une langue qu'il n'avait point cultivée, le P. Petau eut beau avoir la science théologique de son côté : tout son hébreu, son grec et son latin lui furent inutiles ; les gens de Port-Royal avaient su mettre les rieurs de leur côté. Très sage départ entre deux genres de mérite que R. Simon savait bien par expérience que l'on devait longtemps confondre : la solidité d'une cause et l'habileté de l'avocat. Ce n'était pas la seule fois, il en avait fait l'épreuve, que, de l'éloquence d'un plaidoyer, on devait conclure à la justesse des arguments, et, de la véhémence d'un réquisitoire, à la culpabilité du prévenu [1].

On ne s'étonnera pas, après cela, si R. Simon eut un instant la pensée de quitter l'Oratoire pour entrer dans la Compagnie de Jésus. En butte à mille vexations que la vie religieuse n'épargne pas toujours, paraît-il, aux plus laborieux, il avait encore contre lui l'hostilité déclarée des Augustiniens qui se trouvaient être à la tête de la plupart des maisons oratoriennes. Vivre dans un milieu plus éclairé, plus savant à la fois et plus libéral, le tentait ; il voyait, alors, non sans raison, tous ces avantages réunis chez les Jésuites ; il allait entrer au noviciat. Le P. Bertad l'en détourna. Il lui montra que des difficultés différentes peut-être, mais équivalentes, l'y attendaient ; parmi tous ces savants religieux dont le jeune Simon enviait le commerce, est-ce qu'on ne voyait pas aussi la guerre déclarée : Petau contre Sirmond, Bouhours contre Maimbourg, Vavassor contre Rapin, les

____

1. *L. C.*, I, 170 ; IV, 45 ; *B. C.*, I, 378 ; *H. C. V.*, praef., fin.

uns ne pouvant souffrir les autres, et tous se livrant entre eux batailles d'in-folios ou combats d'épigrammes ? Le mieux était donc de rester à l'Oratoire ou il avait du moins quelques confrères dévoués, entre autres le P. Malebranche, hébraïsant médiocre, mais ami tendre et sûr, pour qui R. Simon garda toujours une affection véritable et qu'il défendit plus tard à son tour avec la plus chaleureuse vivacité. Mais le plus grand nombre était irréconciliable, surtout depuis que le jeune érudit avait eu l'ingénuité de signaler certaines erreurs dans un livre qu'on tenait autour de lui pour un oracle, la *Perpétuité de la Foi*, par le grand Arnauld. On ne devait pas l'oublier de longtemps, et, au jour des résolutions définitives, quand le conseil de l'ordre exclut de l'Oratoire l'auteur de l'*Histoire critique*, ce fut, on n'en saurait douter, l'exégète novateur qui paya pour le moliniste impénitent[1].

On demandera peut-être quel intérêt peuvent avoir pour nous les opinions philosophiques de R. Simon, qui n'est plus connu aujourd'hui qu'à titre d'orientaliste et de critique. La réponse serait malaisée si ses doctrines morales avaient été, en quelque manière, coupées de toute communication avec ses conceptions exégétiques. Mais, dans cette tête lucide et merveilleusement organisée, tout se tenait en un parfait concert. Ce n'est pas seulement, en effet, son procédé d'interprétation littérale qui est en opposition absolue avec la méthode tout allégorique de saint Augustin. Sans doute, quand le subtil docteur, par exemple, commentant les titres des Psaumes, entend du jugement dernier l'instrument à huit cordes du Psalmiste, sous prétexte que le huitième jour, représenté par la huitième corde, clôt la semaine des siècles que figure le reste de l'instrument, cette prétendue exégèse ferait sou-

1. *B. C.*, I, 143; *L. C.*, III, 513.
2. Aug., *Enarr in Ps.*, 6.

rire des critiques moins sévères que R. Simon[2]. En réalité, l'opposition est entre eux bien autrement profonde. Sur quoi repose, en effet, le système d'exégèse des Histoires critiques ? Sur ce principe fondamental que les idées religieuses, comme toutes les autres, ont une histoire : dans la formation progressive des collections scripturaires, comme dans le développement graduel des doctrines exégétiques, les points de vue ont varié, les idées se sont accommodées aux milieux, aux formes diverses de culture ; mais, parmi cette riche production de concepts et de symboles successifs, il n'en est pas un qui n'ait eu sa part de vérité et qu'on ne puisse, sans nulle indifférence d'ailleurs pour les questions de foi, suivre avec une curiosité sympathique. Tout comprendre, ne rien condamner *a priori*, tel est le rôle du vrai critique, et, de fait, les livres de R. Simon sont de ceux qui renferment le moins d'anathèmes. Qu'est-ce à dire, sinon que ce pénétrant génie d'historien et de critique est en même temps, comme on pouvait s'y attendre, le partisan le plus déclaré de notre liberté morale ?

Et, d'autre part, quoi de surprenant si ce libertiste est trop convaincu de l'excellence de l'effort humain, pour n'en pas suivre l'histoire avec cette diligence aiguë d'investigation et cette ardente sagacité de contrôle qu'on nomme précisément la critique ? Que faut-il de plus, enfin, pour montrer que, dans les limites de l'orthodoxie, R. Simon est aussi étranger comme savant que comme penseur à l'augustinisme ? C'est dire que l'auteur des Histoires critiques n'est pas de ces érudits dont les idées, selon le mot de Carlyle, au lieu de former un continent de terre ferme, sont comme autant d'archipels séparés. Tout était rigoureusement lié dans cet esprit très souple à la fois et très systématique, et quiconque aura réfléchi à l'harmonie de ces doctrines, comprendra qu'en définitive cet exégète ne pouvait être que ce philosophe.

III

Cette érudition, aussi originale par la profondeur des vues que par la variété des connaissances, le jeune savant allait-il la produire dans la langue et sous la forme qu'adoptaient d'ordinaire les érudits de son siècle, c'est-à-dire en latin? Sans doute, R. Simon, dans plus d'une de ses *Lettres choisies*, témoigne d'un goût très vif pour la belle latinité. Chaque fois qu'il vient à parler du P. Sirmond, c'est pour se récrier sur la rare qualité de son latin, si élégant et si net, si visiblement supérieur à la prose quelque peu diffuse de son savant confrère, le P. Petau. Quelques travaux d'ordre secondaire que le célèbre hébraïsant a rédigés en latin montrent assez qu'il eût pu ajouter un nom de plus à la longue liste des latinistes de l'Oratoire ; mais son but n'était pas de se confiner dans le pays latin, et rien ne lui répugnait plus que ce qui tendait à faire de la vérité une sorte d'arcane. Bon pour certains docteurs, qui ne sont pas toujours des cabalistes, de produire leur doctrine à la dérobée, comme on expose les reliques sous une vitre étroite, loin de la main et de la portée des profanes. Les travaux de R. Simon, par leur méthode et leur but, étaient de ceux qui appelaient le grand jour. L'émoi des contemporains se devine : ce fut comme un scandale dans le monde des érudits, et l'on sait en quels termes véhéments Bossuet se fit l'écho de leur indignation.

Pourquoi donc, puisqu'il y a une langue des savants, ne parle-t-il pas plutôt en celle-là? Pourquoi met-il tant d'impiétés, tant de blasphèmes (les opinions de Calvin, de Servet et de Socin qu'il vient d'exposer) entre les mains du vulgaire et des femmes, qu'il rend curieuses, disputeuses et promptes à émouvoir, des questions dont la réalisation est au-dessus de leur portée? Car, par les soins de M. Simon et de nos auteurs critiques qui mettent

en toutes les mains indifféremment leurs recherches pleines de
doutes et d'incertitudes sur les mystères de la foi, nous sommes
arrivés à des temps semblables à ceux que déplore saint Grégoire de Nazianze, où tout le monde et les femmes même se
mêlent de décider sur la religion et tournent en raisonnement et
en art la simplicité de la croyance. On a cette obligation à notre
auteur et à ses semblables qui réduisent l'incrédulité en méthode
et mettent encore en français cette espèce de libertinage, afin que
tout le monde devienne capable de cette science [1].

Est-il besoin de remarquer ici que R. Simon, étant
resté toute sa vie un enfant soumis de l'Église, et ayant
donné dans tous ses écrits les témoignages les plus explicites de sa foi, n'a pu être présenté qu'en style de polémique comme un prédicateur d'incrédulité? Faut-il ajouter que, se proposant d'enlever au rationalisme de Spinoza toutes ses armes et voulant montrer à leurs très
nombreux disciples que la foi chrétienne n'est pas incompatible avec la science la plus rigoureuse et la mieux rensei-
gnée, il n'avait qu'à suivre l'exemple de Bossuet lui-même ?
Celui-ci, en effet, pour les réfuter, n'avait-il pas exposé en
français les erreurs du même Spinoza dans son Discours
sur l'Histoire universelle, de même aussi que les principes
du protestantisme dans son Histoire des Variations ? N'est-
ce pas, au surplus, le seul parti à prendre pour le controversiste, et faut-il renouveler l'erreur des apologistes du
xvie siècle qui, pour répondre à l'allemand de Luther
et au français de Calvin, croyaient avoir fait merveille
que d'opposer d'un air de triomphe le latin cicéronien
du catholique Christophe de Longueil [2]?

R. Simon, qui sentait si bien le prix d'une forme appro-
priée à toutes les intelligences, n'avait pas moins réfléchi
sur les qualités diverses qui font du style comme le passe-

____

1. Bossuet, IV, 87.
2. *L. C.*, III, 132.

port dont la pensée la plus scientifique a besoin pour
s'étendre et pénétrer dans l'esprit de tous. La même justesse de goût qui faisait de lui un vif admirateur du
théâtre de Racine, et en particulier de *Phèdre* et d'*Athalie*,
l'éclairait sur les défauts littéraires des ouvrages d'érudition, et, curieux accord qui n'est pas sans témoigner en
faveur de son jugement, plus d'une de ses critiques rappelle certaines des réflexions les plus connues de Voltaire
sur le style des érudits. Qui ne se souvient, par exemple,
des vers que l'auteur du *Pauvre Diable* met dans la bouche
des savants ?

> Le goût n'est rien : nous avons l'habitude
> De rédiger au long, de point en point,
> Ce qu'on pensa, mais nous ne pensons point.

Cette prolixité pédantesque, trop commune en un temps
où la moindre querelle théologique ne se réglait qu'à
coups d'in-folios, c'est précisément le défaut que
R. Simon a le plus en aversion. Il ne peut souffrir ces
savants qui ne travaillent qu'à la toise, comme s'ils voulaient tirer le plus d'argent possible des libraires, et font
d'énormes volumes où ils ne mettent rien. C'est oublier
que, selon le proverbe grec, plus le livre est gros, plus
le mal est grand : βίβλιον μέγα, κακὸν μέγα. Ce que
Voltaire raillait encore, c'était la brièveté affectée de certains savants : ils ressemblent, disait-il, à Mascarille qui
voulait mettre en madrigaux l'histoire romaine. Le style
pointilleux de quelques érudits n'agrée pas davantage à
R. Simon. Il hasarde même contre ces phrases courtes et
saccadées, que distille une plume avare, une plaisanterie
de latiniste lettré, peut-être moins décente que spirituelle. Mais comme ce latin quelque peu osé devait
ravir d'aise les bons vieux humanistes à la façon du
xvi⁰ siècle, encore nombreux à cette date, et qu'une

malice un peu leste n'était pas, tant s'en faut, pour scandaliser! Ce que Voltaire, enfin, pardonne le moins à certains savants, c'est l'emphase et la boursoufflure de tant de ridicules écrits, comme le « système sur l'origine des cloches, » ou d'autres traités à prétentions scientifiques. C'est aussi la rhétorique ampoulée de tel érudit de son temps qui a le privilège d'exciter la verve moqueuse de R. Simon. Veut-on avoir le secret de cette imagination échauffée et de ce style pompeux? On n'a qu'à lire une lettre du P. Maimbourg à l'un de ses parents, un gros fermier lorrain, pour lui demander de son plus vieux vin de la Moselle, parce qu'il a sur le métier une belle harangue où il fait parler un grand personnage historique[1].

A la différence du P. Maimbourg, R. Simon pratiquait, dans tous les sens qu'il comporte, le précepte du vieil Épicharme : Sois sobre et souviens-toi de te défier! Νῆφε καὶ μέμνασ'ἀπιστεῖν! C'est en deux mots, non seulement sa physionomie morale, mais toute sa rhétorique. Austères et toujours aiguisées d'une pointe d'ironie, ses pages révèlent un critique plutôt encore qu'un écrivain. S'il fait effort pour atteindre ici ou là au véritable style, c'est en prenant pour modèles les maîtres les plus graves dans l'art d'écrire. Il raconte quelque part que certains prédicateurs italiens présentèrent une supplique au Pape, pour obtenir congé de lire les contes de Boccace, nécessaires, disait-ils, à leur formation oratoire, et l'on assure même que Pallavicini trahit, en plus d'une page de son *Histoire du Concile de Trente*, une connaissance non équivoque de la langue de *Décaméron*[2]. Voilà qui témoigne au moins de leur goût pour la pureté du style, et R.

1. *L. C.*, III, 89, 137 ; *B. C.*, I, 144, 348 (« Mingit ut sus », en parlant de J. Lipse).
2. *B. C.*, IV, 3.

Simon ne paraît nullement s'en formaliser. Mais le modèle qu'il choisit, est-il besoin de le dire, est autrement sévère, sans pour cela révéler un jugement moins fin. Ce modèle, longuement étudié et toujours présent à l'esprit, c'est Pascal, dont les *Lettres Provinciales* ont fourni plus d'un trait à l'auteur des *Lettres choisies*. Qu'il suffise d'en citer un exemple.

Une discussion des plus vives s'était émue, on le sait, entre les Jésuites et leurs adversaires, sur la légitimité de certains procédés d'apologétique et de controverse dans les Missions de l'Inde. Il faut voir de quel air d'amusante candeur R. Simon entre le plus ingénument du monde dans cet épineux débat. Il vient de rencontrer sur la route de Paris à Rouen un étranger dont la rare politesse l'a vivement frappé. C'est un marchand portugais qui a long-temps vécu dans l'Inde et appris là cette exquise civilité de manières qui ferait paraître barbares les Italiens les plus polis. On en vient à causer des mœurs des Indiens, et, fort naturellement, R. Simon s'étonne que des peuples, si étroitement attachés à leurs usages, aient pu embrasser le christianisme. Là-dessus le Portugais raconte les pieuses industries des missionnaires jésuites, comment ils ont adopté les pratiques austères, les habitudes extérieures, le vêtement même des Brames, quelle vénération ils ont inspiré aux Indiens quand ils ont produit de vieux parche-mins enfumés qui établissaient sans conteste la haute antiquité du braminat de Rome et, par conséquent, sa supériorité sur tous les braminats des Indes. Les parche-mins enfumés gênent bien un peu le critique scrupuleux que reste toujours R. Simon; mais quoi! saint Paul ne s'est-il pas fait tout à tous pour sauver les âmes? Ne s'est-il pas fait Juif avec les Juifs, afin de les conquérir à Jésus-Christ? Et, dans un beau mouvement que ne désavoue-raient pas les plus éloquents apologistes, il conclut en faveur de ce large et intelligent apostolat qui aplanit les dissentiments, franchit les distances, et sait trouver d'heureux moyens d'entente et de conciliation. Sans doute, l'éloquent réquisitoire de la cinquième Provinciale contre ces mêmes missionnaires de l'Extrême-Orient et leurs tentatives d'accommodement doctrinal est autrement nerveux et cinglant. Mais on aura beau parcourir les répliques des Jésuites, sans excepter celles du P. Daniel, aux Provinciales, il sera difficile d'en citer une moins indigne contre-partie que la lettre de R. Simon [1].

On trouverait encore plus d'une page savoureuse en son érudite finessse dans les dix volumes de miscellanées scientifiques et littéraires qui portent le nom de *Lettres choisies*, de *Bibliothèque critique*, etc. Cependant ce serait une erreur de croire que R. Simon soit proprement un écrivain, et que l'ardente passion du vrai, en faisant de lui un si grand critique, a, du même coup, fait aussi de lui un artiste. Ces pages sont rares dans son œuvre, et peut-être, après tout, ne le faut-il pas regretter. Si l'auteur des Histoires critiques avait détourné vers ce genre de création spéciale qu'on nomme le style les dons d'originalité inventive auxquels nous devons tant de singulières et fécondes découvertes, c'est alors que plus d'un savant se serait cru en droit de se plaindre! R. Simon raconte, au début de ses *Lettres choisies*, que, pour se distraire de ses travaux, le cardinal de Richelieu s'enfermait parfois dans un cabinet écarté avec Raconis, un docteur de Sorbonne, bien connu pour son amusante faconde. Là, il lui proposait à l'improviste quelque texte bizarre à commenter, et, riant aux éclats des facéties qui échappaient à la verve bouffonne du plaisant prédicateur :« Gageons, s'écriait-il, qu'on nous croit gravement occupés des affaires de l'État! » On s'imagine d'ordinaire un Richard Simon livré sans répit à d'arides et maussades recherches,

1. *L. C.*, II, 225.

incapable de s'arracher à tant de doctes travaux, non pas
même pour rire aux éclats, mais pour se dérider et sourire. La vérité est que, parmi ses savants labeurs, il ne
déteste pas, lui non plus, de trouver un alibi : sa plume
s'égaye alors à tracer l'amusante silhouette de quelque
Juif aussi docte qu'usurier, à enlever le profil de tel Frère
quêteur, catholique ou nestorien, selon les couvents où il
fréquente. Simples délassements littéraires, mais qui ne
sont pas sans prix pour nous ; c'est le sourire aimable du
savant qui se repose et dont les gaietés les plus ingénues
ont encore le mérite de nous faire penser [1].

1. *L. C.*, I, 2 ; II, 17 ; III, 1.

CHAPITRE II

Voulez-vous naviguer sur la grande mer rabbinique, disait R. Simon à qui se montrait curieux d'étudier la littérature juive, faites choix d'un pilote habitué à cette longue et difficile traversée. C'est ce qu'avait fait saint Jérôme, entre tant d'autres, quand il avait pris les leçons du juif Barraban, au grand scandale de certains théologiens d'alors, qui ne pouvaient gémir assez de voir encore une fois Barrabas préféré à Jésus-Christ. C'est ce que fit R. Simon à son tour, en réussissant à nouer des relations avec plus d'un juif rabbiniste, malgré l'interdiction officielle de séjour qui, depuis deux cents ans, tenait les Israélites hors de France. Celui dont il est le plus souvent parlé dans ses lettres était un juif de Pignerol, du nom de Jona Salvador. Aussi entendu aux affaires que versé dans le *rabbinage*, il était venu à Paris pour étendre le commerce des tabacs qu'il faisait déjà en Italie, et obtenir à certains monopoles ce qu'on appelait dès lors une participation. « Que faites-vous de la loi qui défend de vendre le samedi ? » lui demandait un jour R. Simon. A quoi le juif répondait, sans se déferrer : *Trovata la legge, trovato l'inganno !* ce qu'on a traduit depuis, comme chacun sait : La loi, je la respecte puisque je la tourne ! Je me suis associé, ajoutait Salvador, à un chrétien qui vend le samedi, et moi, je vends le dimanche. — Cependant, ripostait R. Simon, vous ne vous faites pas scrupule, comme je vois, de porter

ce jour-là de gros livres à travers la bibliothèque. — C'est
sur les épaules, à la façon des crocheteurs, qu'il nous est
défendu de porter des fardeaux, expliquait l'habile casuiste.
Là-dessus, R. Simon lui demandait pourquoi les pharisiens
reprochèrent au malade de l'Evangile de porter son grabat,
puisque, apparemment, il ne le chargea pas sur ses épaules.
— Et Salvador de répondre d'un air de triomphe : C'est
qu'on était moins bon casuiste alors qu'aujourd'hui ! —
Le Talmud, ce vaste recueil des plus singuliers cas de
conscience et, s'il fallait en croire les docteurs Juifs, des
solutions les plus admirables, J. Salvador avait justement
formé le projet de le traduire avec R. Simon. Mais le Normand circonspect, qui n'ignorait pas quel sort les censeurs
théologiens feraient à une telle entreprise, lui avait d'abord
conseillé de se munir d'un privilège, qu'il devait, on le
pense bien, longtemps attendre. N'avaient-ils pas assez au
surplus d'étudier ensemble la Bible ? C'était pour le jeune
oratorien une véritable fête. Il fait beau, disait-il, le voir lire
ou plutôt chanter la sainte Écriture à la juive, en remuant
la tête, les épaules et presque tout le corps, pour animer
la lecture. Puis c'étaient des entretiens infinis avec Salvador et de jeunes Bordelais, étudiant à Paris, que R. Simon
soupçonnait fort d'être des coreligionnaires secrets du
juif de Pignerol [1]. Le futur auteur des *Histoires critiques*
traversa à cette date une période de vif enthousiasme pour
la littérature d'Israël, et il ne faut pas moins que cette fer-
veur juvénile pour expliquer les longues et pénibles
recherches qui préludèrent à la composition de ses grands
travaux. On a un témoignage de cette curiosité sympathique pour les choses juives, dans un écrit qu'il composa,
en 1670, à la prière de Jona Salvador, pour plaider la
cause des juifs de Metz accusés d'un meurtre rituel.
L'étude de ce *factum* et de deux ouvrages qui le suivirent

1. *L. C.*, I, 97, sq.

sur *Les cérémonies et coutumes des juifs* ne paraîtra pas
sans doute d'un médiocre intérêt pour l'intelligence de
son œuvre aussi bien que pour la connaissance de son
caractère [1].

I

La communauté juive de Metz, au xviie siècle, présente
à l'historien une ample et bien instructive matière d'études.
Relégués dans le quartier Saint-Ferroy, c'est à peine si les
juifs peuvent sortir des tortueux dédales de ce véritable
ghetto; à la vue du chapeau jaune, sans lequel ils ne
doivent jamais paraître, on entend partout retentir le cri
de Hep! Hep! et les voilà, sous le moindre prétexte, livrés
aux huées ou aux coups de la populace. Exclus de la ville
les dimanches et fêtes, ils n'y peuvent entrer les jours
ordinaires qu'en payant le même droit de péage que le
bétail. L'église, où ils sont obligés de se rendre à certains
jours, ne leur est même pas un asile. Sans doute, ils n'y
voient pas, comme à Wittemberg et en tant d'autres
villes d'Allemagne, le fameux bas-relief où s'amusait la
verve gouailleuse des artistes du moyen âge : une truie
allaitant trois petits juifs, suivie d'un rabbin en mitre, qui
tient par la queue l'animal immonde, et semble lui rendre
un dérisoire hommage. Mais ils sont obligés d'entendre
des prédications faites pour eux, c'est à dire, comme on
l'entend bien, contre eux, et Bossuet lui-même, dans plus
d'un de ses sermons de Metz, qui portent précisément
pour en-tête la mention « *contre les juifs* », a témoigné
quelle impression lui causait cet étrange auditoire. « peuple

1. *L. C.*, II, 15; II, 60; III, 10; le factum, dans la *Bibliothèque Critique* (B. C.), I, 109, sq.

monstrueux, qui n'a ni feu ni lieu, sans pays et de tout pays, la fable et la risée du monde[1] ! »

C'est dans ce milieu que se produisit le sinistre fait-divers auquel le nom de R. Simon allait être bientôt mêlé. Un enfant des environs de Metz avait subitement disparu : le bruit public accusa aussitôt les juifs de l'avoir égorgé pour faire de son sang l'ablution rituelle qui leur était alors partout attribuée. On eut beau, à quelques jours de là, retrouver le corps de l'enfant dans un bois voisin, on n'en persista pas moins à le croire victime de quelque affreux rite judaïque, et, les soupçons se précisant davantage, on dénonça au Parlement de Metz un pauvre colporteur de Boulay, nommé Raphaël Lévi. Une bouchère avait vu passer un homme ressemblant à un juif, avec un enfant entre les bras. D'autre part, Lévi portait sur lui quelques lignes tracées en hébreu et que Du Vaillé, un juif converti affirma être une formule cabalistique. Il n'en fallut pas davantage : Lévi fut condamné à mort, et, après avoir subi les épreuves de la torture en récitant des versets de la Bible que les juges prenaient pour des incantations magiques, il expira sur le bûcher avec la plus grande fermeté. Les ennemis des juifs ne s'en tinrent pas là : Raphaël Lévi n'avait dû être que l'instrument de la communauté juive ; il fallait faire expier à celle-ci le meurtre rituel dont on la voulait croire coupable. C'est à quoi visait un libelle intitulé : *Abrégé du procès fait aux juifs de Metz*[2].

Avec une généreuse décision, qui n'est pas un de ses moindres titres d'honneur, R. Simon prit en main la cause des juifs accusés sans preuves. L'affaire venait d'être déférée, à Paris, au Grand Conseil. Il adressa aux juges un *factum* destiné à combattre des préjugés qui semblent

---

1. Ch. Abel, *La Moselle*, 1854 : *Les Juifs à Metz* ; P. de l'Ancre, *l'Incrédulité*, 1622 ; Bossuet, *Deuxième dimanche de l'Avent*.

2. *B. C.*, I, 100, sq. Graetz, *Judengeschichte*, X, 270, sq.

n'avoir trouvé nulle part plus de crédit que dans la magistrature d'alors. N'était-ce pas précisément un conseiller du Roi que ce Pierre de l'Ancre qui, sous le règne précédent, avait, dans son curieux traité de l'*Incrédulité*, entassé plus de fables qu'il n'en courut jamais parmi les foules les plus ignorantes du moyen âge? Et cet étrange ouvrage n'était-il pas bien fait pour fortifier, en l'exprimant, le même état d'esprit que trahissaient et développaient à la fois, en ce siècle même, tant d'extraordinaires pamphlets, comme la *Sentinelle contre les juifs*, en Espagne, et en Allemagne : *La Peau des Vipères juives écorchées*? Aussi combien de magistrats, sans admettre avec l'auteur que les juifs ne sauraient ni tousser, ni cracher, ni se défaire de mille maladies honteuses, juste loyer de leur pacte avec le diable, pouvaient cependant être tentés d'adopter les conclusions générales de ce réquisitoire et croire, selon ses termes mêmes, qu'on n'est le fidèle serviteur du roi que dans la mesure précise où l'on se montre le cruel ennemi des juifs? C'est à réfuter ces vagues mais redoutables griefs que s'attacha l'avocat improvisé des Israélites de Metz [1].

Après avoir rappelé que l'accusation de meurtre rituel, dont R. Lévi vient d'être victime, est précisément la même qui a fait périr tant de chrétiens innocents au temps des empereurs, et prouvé par l'examen des textes que l'Exode ne contient pas plus de prescriptions homicides que le discours sur la montagne, R. Simon se livre à quelques réflexions historiques qui élèvent singulièrement le débat. Les crimes reprochés aux juifs, fait-il remarquer, changent avec les siècles, et la haine dont on les poursuit est soumise à une sorte de mode. C'est ainsi qu'au temps de la querelle des images on les chargeait d'impiétés contre leur culte ; pendant tout le cours des croisades, on leur reprocha d'envoyer des émissaires au prince de Babylone, pour

---

1. P. DE L'ANCRE, *de l'Incrédulité*, ép. dédicat.

livrer les plans des armées chrétiennes. Depuis qu'il n'est plus question que de magie noire ou blanche, et que Hoogstraten, avec son *Marteau des sorcières*, a fait école, c'est de sorcellerie qu'on accuse les juifs, et le malheureux Raphaël Lévi n'a pas eu contre lui de pire grief que d'avoir, sur le chevalet, prononcé trois fois trois mots hébreux qui ne pouvaient être naturellement que des invocations du diable. Or, à ces courants d'opinions, aussi puissants qu'ils étaient capricieux et aveugles, comment ont répondu les papes ? par une politique toujours la même et que R. Simon ne peut assez louer. Est-il rien qui fasse plus honneur au génie éclairé d'un Léon X que la protection qu'il accorda à Reuchlin et aux défenseurs des juifs contre les fureurs insensées des théologiens de Cologne ? A-t-on vu de plus grands politiques que les Grégoire IX et les Clément VI, qui, fermant l'oreille à ceux qui accusaient les juifs de ruiner la chrétienté par leurs usures, ont envié à la loi d'Israël le privilège qu'elle avait alors sur la loi chrétienne de favoriser le commerce et l'esprit d'entreprise, et n'ont rien négligé pour assurer à leurs États les fruits d'une si industrieuse activité ? Est-ce qu'enfin, tous tant qu'ils sont, les souverains pontifes n'ont pas compris que le juif fait en quelque manière besoin à l'Église, puisque c'est sur son livre qu'est édifié le Christianisme, et que ce n'est pas trop récompenser le fidèle dépositaire des preuves de notre foi que de le protéger contre les violences des passions populaires ?

Mais ce que R. Simon apprécie par dessus tout, ce qu'il fera valoir plus tard tout au long dans de nombreux écrits, ce sont les incontestables services que la nation juive a rendus à la science en tous les temps. Sans parler de la philosophie scolastique, qui nous vient en droite ligne du ghetto, puisque Aristote n'a été connu des philosophes du moyen âge que par les traductions des juifs arabes, les plus grands savants du monde chrétien, depuis saint

Jérôme jusqu'à Roger Bacon, depuis Origène jusqu'à Pic de la Mirandole, ne se sont-ils pas mis à l'école des rabbins juifs ? Les mathématiciens peuvent-ils oublier que c'est un juif, Abraham Excellensis, qui, ignorant la géométrie, s'associa au savant Borelli, ignorant de son côté l'arabe, pour traduire les écrits d'Apollonius de Perga ? Et le plus grand naturaliste du moyen âge, n'est-ce pas ce Moïse Maïmonide que Richard d'Angleterre fit venir comme médecin auprès de lui, au moment même où il chassait tous les juifs de son royaume ? Il n'est pas jusqu'à la critique, chère à R. Simon, qu'il ne tienne pour infiniment redevable aux travaux des rabbins du moyen âge et en particulier à leur polémique contre les chrétiens, et certes Boileau ne croyait pas dire si juste, quand il donnait à son docteur ce conseil ironique :

Éclaircis des rabbins les savantes ténèbres [1] !

Ce n'était pas assez de réhabiliter la nation en général par l'énumération des services qu'elle avait rendus au commerce et à la science. R. Simon terminait son plaidoyer par la réfutation des moyens juridiques qui avaient amené la condamnation du malheureux juif de Metz. Le *factum* eut un plein succès. Répandu par les soins de Salvador dans le Parlement et à la cour, on peut dire qu'il ouvrit les yeux des nouveaux juges ; la sentence du premier tribunal fut cassée, et l'on décida que désormais les plaintes contre les juifs seraient déférées au Grand Conseil[2].

On connaît les pages proprement classiques que, dans une circonstance toute semblable, Montesquieu écrivit à l'adresse des Inquisiteurs de Portugal, qui venaient de faire monter sur le bûcher une jeune juive de dix-huit ans.

---

1. *B. C.*, I, 115 ; III, 71 ; *L.C.*, II, 215 ; *Cérémonies et coutumes des Juifs*, préface ; BOILEAU, *Satire VIII*, 215.

 2. GRÆTZ, *Judengeschichte*, X. 274.

Comme R. Simon, il fait appel aux sentiments d'humanité à la fois et de religion ; il invoque les leçons de l'Évangile et l'intérêt même de l'Église. Mais l'auteur des *Lettres Persanes* ne tarde pas à se démasquer, et l'on sait de quel ton acéré, avec quelle éloquence sarcastique et haineuse il en arrive bientôt à faire parler les juifs persécutés : « Nous suivons une religion que vous savez vous-même avoir été autrefois chérie de Dieu, nous pensons que Dieu l'aime encore et vous pensez qu'il ne l'aime plus ; et, parce que vous jugez ainsi, vous faites passer par le fer et par le feu ceux qui sont dans cette erreur si pardonnable de croire que Dieu aime encore ce qu'il a aimé. » Est-il besoin de remarquer que, de ces deux plaidoyers, celui qui avait le plus de chance d'atteindre son but, ce n'était pas assurément celui de Montesquieu ? Faut-il ajouter que rien n'était moins à propos, dans le seul intérêt de la tolérance philosophique, que de porter ainsi la question juive sur le terrain religieux ? Et le pire ennemi des juifs qui fut jamais, c'est à dire, comme on sait, Voltaire, n'allait-il pas être autorisé par là à lancer contre leur religion, si imprudemment mêlée au débat, ces mille pamphlets impitoyables auprès desquels le plus farouche des réquisitoires modernes ne parait être que de l'antisémitisme à l'eau de rose ? R. Simon n'avait pas besoin de lire les *Questions du licencié Zapata* ou l'*Examen de Milord Bolingbroke* pour se garer scrupuleusement de tout ce qui pouvait ressembler à une thèse théologique, et si le *Factum pour les juifs de Metz* ne vaut pas pour la dialectique aiguë et pénétrante la *Très Humble Remontrance aux Inquisiteurs de Portugal*, on peut être sûr que l'auteur n'eût pas manqué de raisons pour s'en consoler [1].

---

1. MONTESQUIEU, *Esprit des Lois*, 25, 13.

II

Un procès, plus épineux cette fois et d'un intérêt plus général, restait à gagner au défenseur improvisé des juifs. Il ne s'agissait plus de désabuser sur leur compte les magistrats du parlement, mais de convaincre d'ignorance, sinon d'injustice, certains docteurs de la faculté de Paris. C'est en effet, sous couleur d'exposé didactique, un véritable plaidoyer contre « les très sages maîtres » que la traduction des *Cérémonies et coutumes des juifs*, de l'Italien de Léon de Modène, parue en 1674, et le traité qui, en 1681, y fit suite, sur la *Comparaison des Cérémonies des juifs et de la discipline de l'Église*. Ces travaux qui précèdent et suivent à peu d'intervalle la publication de l'*Histoire critique du Vieux Testament* (1678) ne sauraient être négligés pour l'exacte appréciation de ce grand ouvrage.

« Pourquoi les tribunaux d'Allemagne prononcent-ils tant de condamnations pour sorcellerie ? demandait un jour R. Simon à La Peyrière, l'auteur du livre des *Préadamites*, qui avait beaucoup voyagé dans le Nord. — C'est parce que les biens des sorciers, répondait-il, sont confisqués au profit des juges [1]. » Si l'on eût demandé à R. Simon : Pourquoi les théologiens de Paris ont-ils édicté de si sévères condamnations contre les livres des juifs ? Nul doute qu'il n'eût répondu : C'est pour pouvoir se dispenser de les lire. Quel aveugle dédain en effet n'ont-ils pas montré naguère pour la littérature talmudique, lorsque, malgré l'approbation explicite donnée par le pape aux ouvrages de Reuchlin, ils ont condamné tous ses travaux et donné gain de cause au juif converti Pfefferkorn, le partisan acharné de la destruction de tous les livres juifs ! Que leur

1. *L. C.*, II, 5 sq.

importe en effet le texte hébreu de la Bible, et quand, par exemple, dans le verset bien connu : *In iniquitatibus conceptus sum*, la version latine substitue un pluriel au singulier de l'original, ne s'en croient-ils pas moins autorisés par leurs cahiers de Sorbonne à discuter doctement sur le nombre des péchés originels ? Si du moins leurs contresens restaient confinés dans l'enceinte de leurs salles d'argumentation ! Mais le malheur est que leur ignorant dédain pour la littérature juive a fait école au xviiᵉ siècle, et le moyen de ne pas reconnaitre dans certaines pages de nos plus grands apologistes la trace de l'enseignement étroit ou erroné qu'ils ont reçu ? N'est-ce point par exemple la doctrine de ses maitres de théologie que suit Bossuet quand il affirme que « l'histoire du peuple juif est peu agréable et fade comme l'eau, et que, pour lui trouver la saveur du vin, il faut au sens littéral ajouter le sens figuré et prophétique » ? Et quand Pascal a besoin de se rappeler que la Bible est « chose figurante » pour se défendre d'y voir de « sots contes », faits exprès, semble-t-il, « pour aveugler les injustes », n'est-ce pas là précisément la hautaine expression de l'indifférence et du mépris qu'inspiraient les livres juifs à tous les théologiens dont il était entouré [1] ?

Bien loin de partager ce dédain pour le judaïsme, et de n'y voir qu'une chose morte, bonne tout au plus pour servir de confirmation à quelque thèse dogmatique, R. Simon estime qu'à le considérer en lui-même il n'est pas d'objet d'étude plus intéressant et plus fécond. Non, les juifs ne sont pas simplement, selon les termes de Bossuet lui-même, de vains débris épandus çà et là, comme on expose sur les grands chemins les membres écartelés des malfai-

---

1. *L. C.*, I, 264 ; *H. C. V.*, 303 ; *Comparaison des Cérémonies*, etc. 130 ; Bossuet, *Sermon sur le deuxième dim. ap. l'Epiph.* ; Pascal, *Pensées* (Havet), I, 106 ; II, 42.

terrs [1]. Si justement punis et dispersés qu'ils soient par toute la terre, ils n'en existent pas moins au regard de l'historien et forment un corps de nation, toujours instructif, sinon par la communauté des mêmes croyances, du moins par la continuité des mêmes traditions rituelles et des mêmes observances religieuses ; ce que R. Simon fait justement ressortir, en intitulant ses livres sur le judaïsme : *Cérémonies, coutumes des juifs.* Il en est qui prétendent qu'on n'emporte point la patrie à la semelle de ses talons. Rien n'est plus faux à son gré, puisque visiblement la patrie juive se survit à elle-même et que les juifs croyants des temps modernes descendent en droite ligne des pharisiens d'autrefois, absolument comme on reconnaît le vieux type sadducéen dans tel banquier juif du temps qui n'admet pour devise que : *Fate denari!* L'esprit ergoteur et subtil des uns ne se retrouve-t-il pas notoirement chez ces rabbins qui dissertent à l'infini pour savoir s'il faut mettre des franges à une chemise de nuit carrée ou si l'on peut manger un œuf pondu un jour de fête ? Le positivisme religieux des autres ne s'étale-t-il pas encore dans telle maxime des Talmudistes : « Fais-toi une foi d'autorité pour te débarrasser du doute, et ne donne pas la dîme sans la mesurer. » Tous enfin ne sont-ils pas d'accord, comme jadis, pour exclure du culte juif tout credo, toute profession de foi dogmatique, et n'a-t-on pas vu Moïse ben Maïmon écarter jusqu'aux espérances messianiques, en affirmant que le Messie était venu au temps d'Ézéchias ? Mais, quand le judaïsme tiendrait tout entier dans le rituel de la synagogue, est-ce une raison pour professer à son endroit le même dédain que tant de théologiens, trop hantés de préoccupations dogmatiques [2] ? Au surplus, pour être l'élément constitutif du judaïsme, le culte n'a pas

---

1. BOSSUET, *Sermon sur le deuxième dim. de l'Avent.*
2. *L. C.,* IV, 195 ; *Cérémonies,* préf. ; *Comparaison,* 13, sq.

gardé toujours, selon R. Simon, cette indigence caractéristique de concepts religieux. Les plus vieilles formules,
contemporaines de la simplicité primitive, se sont bientôt
chargées de sens avec le progrès de la culture, et l'antique
schéol, par exemple, qui n'était primitivement rien
autre chose que le sépulcre, a revêtu peu à peu les diverses
significations du vocable grec (ᾅδης) qui servit à le traduire. De même encore, dans combien de formules litur-
giques ne voit-on pas s'insinuer les dogmes du paradis,
du purgatoire et du ministère des anges ! Et, si l'on ne con-
sultait que les Manuels de prières juives, comme le départ
serait malaisé à établir entre la théologie chrétienne et
la dogmatique latente du judaïsme [1] !

Or ce n'est pas sur ce seul point que le fait juif est infiniment difficile à discerner du fait chrétien. Entre les deux
liturgies, à ne considérer du moins que l'extérieur, la
ligne de démarcation est pour ainsi dire insaisissable, et
l'influence de l'une des deux religions sur l'autre,
impossible à déterminer. R. Simon n'était pas plus embarrassé de retrouver telle formule de l'Oraison dominicale
dans les *Sentences des Pères* (Pirke Aboth) que certains
termes de l'Institution Eucharistique dans cette belle
Agada de Pâque où l'on bénit l'azyme et la coupe, en
disant : « Ceci est la Pâque que nous mangeons pour
honorer, magnifier Celui qui nous a fait passer de la ser-
vitude à la liberté, de la douleur à la joie, des ténèbres à
la lumière. » Rapports purement extérieurs, bien entendu,
et ressemblances d'autant plus éloignées, ce que R. Simon
néglige peut-être trop d'indiquer, que la liturgie de la cène
judaïque reste purement familiale ! Mais, ce qui fait le
caractère vraiment original et irréductible du grand sacrifice chrétien étant mis à part, comment se refuser à voir
que la messe chrétienne n'a pas d'autre cadre que le ser-

____

1. *H. C.*, II, 518.

vice juif avec ses lectures préparatoires de l'Écriture, la
bénédiction du pain et du vin, qui en est le rite essentiel,
et les actions de grâces qui le terminent ? Il n'est pas jusqu'à l'office ecclésiastique dont on ne retrouve dans la
Synagogue la division en prières communes et en prières
propres, avec ces nombreuses additions particulières qui
distinguent, dit-il, les Religieux d'aujourd'hui exactement
comme les Pharisiens d'autrefois. Et qu'on ne croie pas
que la ressemblance ne porte que sur des détails extérieurs ; le formalisme juif s'est par un développement parallèle à celui de l'enseignement chrétien, imprégné en
quelque sorte de pensées, et transformé en un véritable
spiritualisme religieux : le juif qui se livre aux ablutions
rituelles sait bien qu'il n'accomplit qu'un symbole, que
la purification de l'âme est un acte essentiellement intérieur et qu'à la vieille croyance de la souillure légale
il faut substituer la profonde doctrine du péché ;
tant il est vrai que le judaïsme n'a pas été choisi au
hasard pour être l'ancêtre de la foi chrétienne, et que
l'Apôtre parlait en quelque manière le langage même de
la critique, quand il disait : « Illis credita sunt eloquia
Dei. » C'est à eux qu'ont été confiés les oracles de Dieu[1].

L'auteur que R. Simon se plaisait le plus à citer en ces
délicates matières était un orientaliste du nom de Gaulmin,
une des physionomies de savant les plus originales qu'il
y eut au xvii° siècle. Nommé maître des requêtes par
Richelieu, Gaulmin étudiait infiniment moins les questions
de droit et d'administration que les ouvrages des rabbins,
et même, en fait de paternité, il ne semblait vouloir en
connaître d'autre, dit R. Simon, que la paternité littéraire :
Studuit libris, non liberis. On racontait même que son
curé, apparemment effarouché de la hardiesse de ses opinions, ayant refusé de lui donner la bénédiction nuptiale,

---

1. *Cérémonies,* préface, 9. *Comparaison,* 50, sq.

il avait dû prendre l'expédient aussi peu ordinaire que strictement canonique de paraître un beau jour à l'improviste devant lui avec sa femme et ses témoins, et de lui déclarer son union, une union *à la Gaulmine*, comme Bayle, dans son Dictionnaire, les appela dès lors. Ce scrupuleux curé n'était pas le seul ennemi que se fût fait Gaulmin par l'étalage souvent indiscret de sa littérature rabbinique, et R. Simon, qui n'était pas, on en conviendra, des plus mal placés pour le savoir, aimait à dire à ce propos : *Infelix eruditio est scire quod multi nesciunt; multo etiam infelicior scire quod omnes ignorant*[1] *!*

Que disait-il donc, ce paradoxal Gaulmin, qui pût paraître si offensif des oreilles théologiques ? Rien que nous ne trouvions fort naturel, depuis que tel livre, comme les *Horæ Talmudicæ* de Lightfoot (1674), a répandu partout ces principes élémentaires de l'exégèse biblique. C'est à savoir que l'on ne peut abstraire l'enseignement évangélique du milieu historique et local où il s'est produit, et que rien n'importe plus pour l'intelligence du christianisme que la connaissance exacte de la société dans laquelle Jésus a grandi et vécu. De même que le Sauveur n'était sans doute pas vêtu d'une chasuble et d'une étole, même pendant la Cène, quoi qu'en aient pensé certains théologiens, mais qu'il portait le costume ordinaire des juifs de son temps, de même aussi sa parole n'était pas sans quelque rapport avec les procédés didactiques des rabbins contemporains. Aussi quoi d'étonnant si l'on retrouve dans les Talmuds telle parabole évangélique, telle comparaison devenue proverbiale, comme la lumière sous le boisseau, la ville sur la montagne, la pierre donnée pour du pain, les faux prophètes vêtus de peaux de brebis et tant d'autres qu'il serait facile de citer ? N'est-il pas naturel d'expliquer par les usages de la synagogue tel

____

1. *L. C.*, IV, 154, sq.

récit de saint Luc qui met en scène le *Hazzan* remettant à Jésus-Christ les *Sepharim*, ou manuscrits des prophètes, pour lui en proposer l'explication, ou encore telle recommandation de saint Paul qui défend aux premiers chrétiens les rixes et les gourmades trop fréquentes dans les assemblées religieuses des juifs ? Qu'est-ce donc enfin que les théologiens de la faculté de Paris trouvaient de si scandaleux à dire que les Évangélistes ont employé ce genre d'allégorie qu'on nomme *Déras*, quand ils ont appliqué à saint Jean-Baptiste ce qui est dit du prophète Élie, ou entendu du Messie ce qui est dit du peuple d'Israël, comme dans le texte bien connu : *Vocavi filium meum ex Aegypto?* Idées si universellement admises aujourd'hui que le seul fait qui pourrait nous étonner c'est la timidité de Gaulmin et de R. Simon à énoncer des doctrines que les théologiens du xviie siècle seraient aujourd'hui les premiers sans doute à déclarer banales [1].

Ce qui passionnait enfin R. Simon, plus peut-être qu'il ne l'avoue lui-même, pour l'étude du judaïsme, c'était la vie dont témoignait ce vieux culte, même depuis la dispersion, par les sectes qui se développaient dans son sein. Les juifs cabbalistes avaient d'abord piqué sa curiosité, non qu'il eût jamais été tenté, comme Reuchlin vieillissant, de se livrer aux spéculations mystiques de la secte. Mais, grâce à eux, un esprit plus large s'était infusé dans la théologie juive, et il n'était pas rare de rencontrer des rabbins de cette école affirmant que si Dieu apparut jadis aux prophètes des nations, Balaam, Abimélech ou Laban, aussi bien qu'aux prophètes des juifs, c'est pour montrer que tous les hommes sont également ses enfants, que le livre sacré, comme un habit antique, doit être rajusté sans cesse à la taille de chaque génération, et qu'enfin la religion du vrai Dieu doit attirer à elle tout ce

1. *L. C.*, III, 184, sq. *Cérémonies*, préf. 5; *Comparaison*, 54.

qu'il y a de saint dans les autres religions de la terre. Sans doute c'est sous une forme bien puérile que les cabalistes exposaient leurs libérales doctrines. Mais quand ils affirmaient que si Dieu apparaît le jour aux prophètes hébreux, il apparaît la nuit aux prophètes des nations, quand ils rappelaient que, d'après l'Écriture, Dieu fut, à cause de Loth, propice aux Moabites et aux Ammonites, et qu'ainsi les nations n'ont pas été plus privées de la connaissance du vrai Dieu que les juifs n'ont échappé aux pratiques de l'idolâtrie, qui ne voit qu'ils faisaient ainsi de l'universalisme le caractère d'une religion divine, et qu'ils retrouvaient en somme le large esprit du vieil Isaïe faisant dire à tous les peuples de la terre : « Allons, montons à la montagne de Iahweh pour qu'il nous instruise dans ses voies et que nous marchions dans ses sentiers[1] ! » Mais c'étaient surtout les juifs caraïtes qui excitaient le plus vivement la curiosité du savant religieux : véritables protestants du judaïsme et faisant profession de s'en tenir à l'Écriture, comme leur nom l'indique (*Scripturarii* ou pour mieux dire, *Litterarii*), ils avaient, à ses yeux, sur tous les autres juifs et même sur bien des protestants chrétiens, l'avantage de suivre en exégèse le seul sens littéral, et de se montrer habituellement grammairiens exacts et bons critiques. Qu'on juge là-dessus quel cas en devait faire le docte hébraïsant ! Les prendre pour des Sadducéens, ou simplement, avec Buxtorf, les traiter comme une quantité négligeable dans le judaïsme, c'était le blesser lui-même au vif. Il faisait mieux encore. En tête des lettres qu'il se trouvait adresser à des amis protestants, on lit la suscription peu banale : « A mon cher caraïte. » R. Simon ne connaissait pas de terme d'amitié plus tendre, effet assez plaisant de l'enthousiasme ingénu du savant pour l'objet de son étude, et plus excusable en somme que de vouloir,

1. *L. C.*, III, 49; *Gen.*, XII, 10; *Is.* II, 3.

comme il l'avait fait par un entraînement quelque peu irré-
fléchi, retrouver le collège des cardinaux dans le grand
sanhédrin, le pape dans le *Nassi*, et les divers ordres du
sacerdoce chrétien dans les *Cohen*, les *Sciamas* et les
Hazzan de la synagogue[1]!

III

Est-ce à dire que l'auteur des *Histoires critiques* ait
professé pour le peuple juif une admiration aveugle. Sans
doute cet esprit, d'ordinaire si rassis et si sobre, n'avait pas
été exempt d'une sorte d'ivresse intellectuelle, en abor-
dant une étude alors si nouvelle, et le moyen de ne pas
s'en féliciter quand on songe combien de précieux travaux
nous devons à cette juvénile ardeur? Mais bientôt cependant
la critique se substitua peu à peu à l'éloge, et le long commerce qu'il avait eu avec les juifs ne lui laissa, en définitive,
comme il l'avoue lui-même, qu'une antipathie très décidée.
Mais ce qui nous intéresse plus encore que ses sympathies
personnelles ou ses dégoûts, c'est la critique pénétrante
de la littérature rabbinique qui en résulta, et, fait bien
significatif, il sut trouver le moyen, tout en combattant
les docteurs d'Israël, de faire le procès à leurs plus véhéments adversaires. Rien n'est plus curieux à cet égard que
sa polémique contre les rabbins : aucun des plus légitimes
griefs contre le judaïsme n'est omis, mais en même temps
certaines des traditions les moins recommandables du
moyen âge ne sont pas davantage épargnées, et les avocats
des deux partis sont renvoyés dos à dos avec une équité
qui ne manque pas de piquant. Peut-être même estimera-
t-on que, pour l'adresse du tour et la finesse des sous-

1. *L. C.*, I, 40; I, 92; III, 8; *B. C.*, II, 201; II, 209; *Comparaison*,
42.

entendus, le parallèle qu'il se plaît à poursuivre entre la Scolastique et le Talmud n'a rien à envier aux meilleures pages des *Pensées sur la Comète* ou de *l'Histoire des Oracles*, sans avoir d'ailleurs rien de commun avec les doctrines de Bayle ou de Fontenelle[1].

Les juifs instruits, fait-il remarquer, n'ont pas été les derniers à reprocher à nos docteurs scolastiques la préférence qu'ils semblent maintes fois accorder aux commentaires de l'Écriture sur l'Écriture elle-même. Ne voit-on pas par exemple, dans certains écrits théologiques du moyen âge et dans les cahiers plus récents des élèves des facultés, la Glose invoquée au même titre que les Livres Saints? *Glossa dicit* : tel est le dernier mot des discussions, l'autorité suprême qui l'emporte constamment sur le texte sacré. Mais, se retournant alors vers les critiques juifs : N'est-ce pas vous, leur dit-il en substance, qui avez donné l'exemple de ce respect superstitieux pour l'opinion des moindres docteurs ? Qu'est-ce au fait que le Talmud, sinon un amas de traditions ridicules qui n'ont d'autre fondement que cet aphorisme rabbinique qui répond à tout : « Nos sages maîtres l'ont dit. » Les juifs ont beau faire, ils seraient excommuniés de la synagogue le jour où ils voudraient secouer le joug de ce subtil et absurde radotage. On l'a bien vu quand Moïse Maïmonide promit un traité sous ce titre : « qu'il n'est pas obligatoire d'interpréter partout le Talmud à la lettre ». Il ne put prendre sur lui de braver l'opinion unanime des rabbins et le livre ne parut jamais. Or, tandis que les juifs, sur l'autorité de je ne sais quel docteur, doivent croire, par exemple, que si Moïse échappa à l'épée de Pharaon, c'est parce que l'épée rebondit de son cou sur la tête du bourreau, ou qu'Abraham, ouvrit dans sa tente une école de théologie pour rivaliser avec Héber qui tenait un cours sous une tente voisine, et qu'il écrivit des traités philosophiques sur l'unité de Dieu

1. *L. C.*, I, 225; II, 187.

contre les prêtres chaldéens, les chrétiens, eux, ne sont obligés de croire que sur de bons actes. On n'a sans doute pas tort de reprocher aux couvents certaines légendes répandues sous le nom spécieux de traditions, certains usages nouveaux qui diffèrent de l'ancienne discipline, et enfin, dit-il, « tant de miracles suspects qui ont rempli le monde ! » Mais quoi ! le Talmud lui-même n'est-il pas rempli « de contes de moines » ? et à la différence des catholiques, comme un Baronius, par exemple, qui n'hésite pas à rejeter certaines leçons suspectes du bréviaire romain, ne peut-on pas dire qu'un rabbin exempt de rêveries et affranchi de la superstition talmudique ne serait pas un bon juif[1] ?

Cette absence de critique, qu'on ne reproche pas sans quelque raison aux docteurs du moyen âge, mais c'est peu de dire que les juifs l'ont autorisée par leur ignorance ; ils l'ont érigée en principe par leur impudente mauvaise foi. Il n'est pas, en fait de livres, disait R. Simon, de faux monnayeurs plus éhontés que les juifs. Que d'impostures parmi eux, depuis ces risibles rhapsodies mises hardiment sous le nom d'Adam, de Moïse ou des douze patriarches, jusqu'à ces colonnes de Seth, à peu près aussi historiques que les colonnes d'Hercule, mais que Josèphe n'affirme pas moins avoir vues de ses yeux aussi bien que la statue de la femme de Loth[2] ! Tel est même leur sans-gêne avec l'histoire qu'ils ne s'embarrassent pas de laisser apercevoir leurs procédés d'invention légendaire, et R. Simon, devançant le fameux axiome de Max Müller en exégèse mythologique « *Numina nomina* », met sur le même pied le polythéisme grec fondé sur des étymologies enfantines et telles fables des rabbins qui, sur ce texte des Nombres que Moïse épousa une femme « Kusith », inventent et racontent dans le plus grand détail une guerre d'Israël

1. *L. C.*, I, 92 ; II, 130 ; II, 189 ; III, 47 ; *B. C.*, II, 224.
2. *L. C.*, II, 5 ; *B. C.*, II, 241.

contre le pays de Kousch[1] ! Il est un cas cependant
où R. Simon semble montrer plus de gaîté que de rancune
contre ces fabricateurs de pièces et ces audacieux précur-
seurs des conteurs pieux du moyen âge. C'est quand ils ont
fourni à Pic de la Mirandole, ce jeune seigneur italien qui
voulait arriver à la science sans longs efforts et par un
chemin de prince, des livres ou des titres de livres inventés à plaisir pour se jouer de sa crédulité. S'ils manquent
habituellement d'esprit dans leurs écrits, il faut convenir
qu'ils ont ce jour-là joué un tour plaisant à leur élève.
Est-ce ce trait d'*humour* rabbinique qui pique R. Simon
d'émulation ? On pourrait le croire, car on le voit, dans
une lettre amusante, indiquer à un ami quelles précautions
il pourrait prendre pour imiter adroitement l'un de ces
vieux manuscrits hébreux dont les juifs se montrent si
grands amateurs : longueur des rouleaux, hauteur des
pages, dimensions des lignes et des marges, couleur de
l'encre, rien n'est négligé dans ce petit manuel de contre-
façon hébraïque, où l'on ne serait pas surpris que le
fameux Shapira fût allé prendre des leçons [2] !

Ne reproche-t-on pas encore aux intelligences scolastiques leur culture trop étroite et trop exclusivement
dogmatique, sans nul souci de l'histoire et des disciplines
variées qui élargissent la pensée ? Mais les docteurs du
moyen âge sont des prodiges de compréhension au prix
de ces Talmudistes, étrangers à toute philosophie et tournant le dos pour ainsi dire à toute espèce de culture libérale, puisque aussi bien, de toutes les défenses que contient
leur Loi, il n'en est pas qu'ils aient plus scrupuleusement
respectée que celle de ne lire aucun livre profane. « Ils ne
cultivent presque jamais leur raison, dit profondément
R. Simon ; c'est ce qui les rend si fort attachés à leur religion, étant remplis dès leur enfance d'une infinité de pré-

1. *L. C.*, III, 142; *Num.* XII, 2.
2. *L. C.*, II, 187 ; IV, 190.

jugés qu'il est presque impossible de leur ôter. » Si même
ils se contentaient d'ignorer les lettres et les sciences profanes ! Mais il n'est pas jusqu'à l'hébreu qu'ils ignorent
profondément. Incapables de s'entendre en cette langue
d'une province à l'autre, il n'en manque même pas, parmi
les juifs de langue grecque, qui sont de force à lire *Pipi*
(יהוה) le nom de Dieu dans la Bible, et R. Simon a pris
maintes fois le professeur royal, Philippe d'Aquin, sur le
fait d'ignorance ou de contradiction dans la simple
lecture du texte hébreu [1]. Aussi, quel a été l'effet de cette
absence totale de culture, sinon la basse superstition qui,
s'il faut l'en croire, envahit le judaïsme moderne ? Un de
leurs grands cabalistes lui avait promis de lui faire appa-
raître son génie. Après bien des incantations et des termes
de grimoire que le scepticisme du critique empêchait
apparemment d'aboutir, le juif avait avoué que sur la terre
maudite des chrétiens les anges refusaient d'ordinaire de
descendre, mais en Palestine, dans la terre donnée par
Dieu à Israël, il se faisait fort de lui en montrer une légion.
Foi à la cabale, métier de dupes ! disait R. Simon en forme
de conclusion, et il ajoutait : Devins ou coupeurs de bourses,
c'est tout un : Γένος μαντικόν, φιλάργυρον γένος ! Si du moins
les juifs ne prenaient pour dupes que les juifs ! mais la
cabale est une contagion qui gagne partout, et la voilà qui
inspire aux chrétiens eux-mêmes les divagations les plus
folles, au grand Reuchlin ses traités d'occultisme, à
La Peyrière son livre des Préadamites, au jésuite Kircher
ses pitoyables théories sur les lamies et les vampires, les
incubes et les succubes, issus du mariage des anges avec
les filles des hommes ! Il n'y a qu'un mot qui serve pour
juger cette mysticité raisonnante et enfantine : elle est le
fruit de l'oisiveté, et il n'en faut pas plus à R. Simon pour la
prendre en horreur [2].

1. *L. C.*, I, 35; I, 225; *N. B. C.*, I, 269; *Comparaison*, 18, 60, 126.
2. *L. C.*, I, 97; II, 3; III, 49; *B. C.*, I, 370. *Cérémonies*, préf., 8, sq.

Encore n'est-ce rien d'avoir répandu partout cette maladie contagieuse de la superstition, quand on réfléchit à l'influence néfaste qu'ils ont exercée par certaines de leurs doctrines sur l'enseignement des écoles au moyen âge. Leurs ridicules explications de l'origine de la Loi, et la véritable idolâtrie verbale qui en est la conséquence, c'est le point que R. Simon a le plus à cœur et sur lequel il ne se lasse pas de revenir. Est-il théorie plus puérile de l'inspiration que celle qu'on lit dans leurs docteurs, et pourtant de quelle influence n'a-t-elle pas été au moyen âge? Ici, c'est Moïse ben Naaman qui fait de Moïse un simple copiste, écrivant sous la dictée de Dieu tous les mots depuis *Bereshit* jusqu'à *bene col*, et, à sa seconde ascension sur le Sinaï, trouvant Dieu en train de peindre de sa main les couronnes des lettres hébraïques. Là, c'est Abarnabel, dans son commentaire du traité *Bababatra*, enseignant que ces mots : *Et Moïse mourut*, furent dictés d'avance par Dieu à Moïse qui les écrivit en pleurant. Ailleurs, comme dans le traité des Semences, on voit que, le texte ayant été dicté par Dieu à Moïse avec ses commentaires, celui-ci récita le tout une première fois à Aaron qui se retira à sa droite, puis une seconde fois à ses fils qui se mirent à sa gauche, une troisième fois aux soixante-dix vieillards qui se rangèrent par derrière, et enfin devant tous ces témoins, aux six cent mille enfants d'Israël. Et qu'on n'aille pas croire que ce sont de pures fantaisies de rabbins, estimées par les juifs à leur juste prix. On n'a qu'à entendre là-dessus les Pères de la synagogue : Anathème à qui fera une différence entre ce verset : Je suis le Seigneur votre Dieu, et cet autre : Channa fut concubine d'Éliphaz ! Ou encore, comme au chapitre *Chela* : Tout homme qui prétend que Moïse a prononcé un seul verset de lui-même n'aura point de part à l'autre monde ! Aussi R. Manassé, ayant osé dire que les généalogies de l'Écriture n'offrent qu'une médiocre utilité et qu'il faut distin-

guer entre la moelle et l'écorce fut-il condamné unanime-
ment par toutes les autorités de la synagogue !... Et tant
d'autres traits enfin de cette idolàtrie proprement rabbinique accumulés avec une érudition inépuisable, mais que
le lecteur se fatiguerait plus tôt de suivre que R. Simon
ne se lasserait de les énumérer [1].

Or sait-on quelle est, selon lui, la conséquence de ce
respect superstitieux pour l'Écriture ? C'est l'irrespect le
plus absolu qui puisse être, et une perpétuelle dérision
du texte même que l'on vénère. N'est-ce pas en effet se
jouer de la Bible que de changer dans les commentaires
qu'on en fait tel mot pour tout autre, dont les lettres prises
comme chiffres produisent un même total numérique ?
Et transfigurer le récit sacré en une fiction morale ou
mystique par des allégories sans fondement, n'est-ce pas
proprement le défigurer ? L'interprétation rabbinique,
mais c'est la mythologie allégorique des Grecs, avec cette
différence que de voir dans Vulcain la flamme qui pour
aller a besoin de bois, comme le Dieu boiteux a besoin
d'un bâton pour marcher, ce n'est pas proprement porter
atteinte au texte d'Homère, tandis que l'Évangile a eu
mille fois raison de dire aux subtils rabbins : « Vous anéan-
tissez l'Écriture avec vos traditions ! » Bien plus, par une
sorte de grossier réalisme théologique, les rabbins en
viennent à ne plus comprendre le sens de ces traditions
elles-mêmes : quand elles disent qu'Adam fut instruit par
un ange, c'est-à-dire évidemment qu'il fut un homme
tout divin, ils prétendent nous faire assister aux
cours de théologie de l'ange Raziel dans le jardin d'Éden,
à peu près avec autant de fondement que le Père Garasse
affirmait qu'Adam était mort d'une sciatique héréditaire [2] !

Aussi, quand les rabbins, dans leur polémique antichré-

1. *L. C.*, III, 206, sq.
2. *L. C.* II, 3.

tienne, reprochent aux Pères et même aux Évangélistes
certaines explications figurées, est-il fondé à leur dire ne
rétorquant l'argument : Vous nous reprochez l'emploi du
sens allégorique, mais c'est vous qui nous avez ouvert proprement la voie, et si l'on venait à perdre telle partie
quelque peu aventurée de la symbolique chrétienne, sur
la femme de Moïse, par exemple, ou sur les enfants
d'Abraham, c'est dans le Talmud ou dans Philon qu'on la
retrouverait ! Ce serait au surplus une erreur de croire
que cette véritable mythologie rabbinique témoigne d'une
certaine puissance d'imagination, R. Simon l'a très bien
fait remarquer. Il n'est pas de nation qui ait écrit plus de
fables que le judaïsme talmudique et produit moins de
poètes. Aussi ne se gêne-t-il pas pour traiter comme il le
mérite cet assemblage de non sens prétentieux, de riens
laborieux et solennels qui composent la plus grande partie du rabbinage et il eût dit volontiers des Talmudistes ce
qu'en un morceau connu de tous les lettrés il est conté de
frère Lubin, « vrai croquelardon », qui, croyant bonnement
aux allégories d'Homère qu'ont « calfreté » ses ridicules
commentateurs, « s'est efforcé desmontrer, si d'adventure
il rencontrait gens aussi folz que luy et, comme dit le proverbe, couvercle digne du chaulderon[1] ! »

R. Simon n'eût pas été en peine d'alléguer d'autres raisons de son antipathie finale contre les juifs. Il n'ignorait
pas leur « mortelle aversion » du nom chrétien, et les
imprécations solennelles qui se font dans la synagogue
contre les *minim* n'étaient pas à ses yeux le seul témoignage de l'inexpiable haine qu'ils nous ont vouée. Le
sombre fanatisme que respirent telles légendes anti-
chrétiennes du Talmud lui était connu, et il ne s'aveu-
glait pas sur la violence aiguë de la guerre qu'ils ont
faite à l'Église. Est-ce que les Pseudo-Évangiles juifs des

____

1. *Comparaison*, 125; *H. C. V.*, 300, sq.

premiers siècles, où l'on va trop souvent chercher de prétendus récits d'édification ne sont pas proprement des Contre-Évangiles, œuvres de haine antichrétienne au premier chef ? Le ghetto n'a-t-il pas été un atelier secret d'impiétés et de blasphèmes pendant tout le moyen âge, et n'est-ce pas de là que sont sortis ces professeurs d'incrédulité au service des princes de Souabe, ou ces controversistes redoutables dont la mécréance effrayait si fort saint Louis [1] ? Mais de tous ces légitimes griefs qu'un chrétien peut avoir contre eux, R. Simon n'en voulait retenir qu'un seul : celui de faire échec à l'esprit critique et scientifique par leurs habitudes de parti pris et de mauvaise foi. Pour un juif, disait-il, c'est toujours faire une bonne action que de tromper un chrétien, et s'il en est, parmi leurs rabbins, qui aient voulu par leurs leçons reconnaître les bienfaits des chrétiens, ils en ont été cruellement punis par leurs coreligionnaires, comme cet Élias Lévita « l'Aristarque de la littérature hébraïque », si impitoyablement persécuté par les juifs pour avoir témoigné par des services scientifiques sa reconnaissance au Cardinal Ægidius [2]. Avec eux la première règle de conduite, c'est donc la défiance, et R. Simon ne peut assez s'étonner que les plus illustres docteurs se laissent si souvent abuser par la comédie de leurs conversions feintes. Quel bruit n'avait-on pas mené par exemple autour du baptême des frères de Weil, ces juifs de Metz, convertis par Bossuet, et de quels triomphes oratoires les chaires n'avaient-elles pas été le théâtre au moment de leur abjuration ? Devenus bientôt anglicans, puis anabaptistes, avant d'être sociniens, c'est de l'un d'eux que Bayle disait plaisamment : « Dieu veuille qu'il ne fasse pas, comme le soleil, le tour du zodiaque ! » tandis que Bossuet

1. *B. C.*, I, 27 ; *H. C. V.*, 304.
2. *N. B. C.*, I, 147.

écrivait à l'autre, au grand scandale des protestants, sans doute, mais non pas après tout sans juste raison : « Je voudrais que vous fussiez encore juif ! » Voilà qui est pour donner à réfléchir au critique, et quelle imprudence ne serait-ce pas, au jugement de R. Simon, de se faire le disciple aveugle de ces maîtres imposteurs [1] ?

Est-ce à dire cependant qu'irrité de la déconvenue finale qu'il avait éprouvée comme savant à leur école, R. Simon leur ait fait tort des éloges que méritent certains de leurs travaux, ou ne leur ait rendu qu'une justice parcimonieuse ? Le *Catalogue des auteurs juifs*, annexé à l'*Histoire critique du Vieux Testament* est là pour témoigner de sa parfaite équité au moins autant que de son infatigable diligence. Il n'est pas d'écrit juif si humble qui n'ait sa mention détaillée et sa juste part de louanges. Quelle plénitude de satisfaction ne montre-t-il pas par exemple quand il rencontre par hasard tel docteur juif, comme le caraïte R. Aaron, qui connaît la grammaire et tient compte du sens littéral, ou tel autre, comme Levita, qui « ne se laisse préoccuper par rien, examine les choses en elles-mêmes, et fait profession de ne consulter jamais que les règles de la critique et du bon sens » ? Ne témoigne-t-il même pas pour eux quelque complaisance lorsque, venant à parler de R. Ben Esra et de R. Abarnabel, il affirme que la netteté de l'un rappelle la diction de Salluste, tandis que l'abondance de l'autre rivalise avec la prose cicéronienne ? Et ne se sent-on point percer une sorte de fierté assez inattendue, quand il revendique pour la France l'honneur d'avoir produit les meilleurs interprètes du Talmud, comme ce R. Salomon Isaaki, lequel n'était, dit-il, nullement Italien, mais Champenois, de Troyes en Champagne, ou encore quand il affirme que Paris est l'Athènes

---

1. *L. C.*, III, 8; I, 78 ; cf. A. Floquet, *Étude sur la vie de Bossuet*, I, 150.

des juifs, et que s'ils y ont été moins faux et moins
méchants qu'ailleurs, c'est parce qu'ils y ont été aussi
moins persécutés ? Un peu plus et l'hébraïsant passionné
qu'est R. Simon serait tenté de les absoudre ; mais le critique se ressaisit et les condamne ; pourquoi faut-il aussi
que les vrais savants parmi eux soient si rares, et qu'en
dernière analyse les pires fatras de la scolastique soient
des prodiges de sens historique et de justesse d'esprit en
comparaison des billevesées antiscientifiques de leur
Talmud [1] ?

Si l'on jette après cela un regard sur les ouvrages d'érudition dont la littérature rabbinique avait jusqu'alors été
l'objet, il ne sera pas malaisé de juger combien l'esprit en
est différent. Qu'ils soient écrits en effet par de véritables
dévots du judaïsme et ne contiennent à l'égard du « saint
Talmud » que des témoignages de la plus profonde vénération, ou qu'ils soient l'œuvre d'ennemis déclarés, comme
Chiarini ou Bartoloccio en Italie et Eisenmenger en Allemagne, lesquels n'ont cherché dans le Talmud que des arguments contre le Talmud même, tous, ils sont composés sous
l'empire de préoccupations qu'ignore absolument R. Simon.
Jusqu'à lui la littérature rabbinique était l'objet non
de science, mais de polémique ; il s'agissait de demander à cette étude certains bons offices pour une cause
religieuse, plutôt que d'utiles contributions pour les
sciences historiques. Avec R. Simon un cycle est ouvert,
et l'esprit scientifique pénètre pour la première fois l'étude
des choses juives. Il n'est même pas jusqu'à ses antipathies
les plus marquées qui ne soient l'effet d'un jugement critique, et non d'une prévention confessionnelle. En un mot
ce vaste domaine des études juives, d'où la science avait
été jusqu'alors exclue, la critique avec R. Simon en fait la
conquête désormais définitive. Et ce n'est pas seulement

1. *R. C.* II, 177 ; III, 75 ; *Cérémonies*, préface, 10 ; 30.

une province nouvelle, et combien vaste! qui vient agrandir le champ alors si resserré de l'histoire. C'est, sur les objets les plus importants de la pensée humaine, un ensemble d'idées jusqu'alors inaperçues qui entrent soudain dans le courant de la circulation intellectuelle. Jamais invention scientifique mieux caractérisée n'avait révélé, en cet ordre de connaisances, un génie plus pénétrant et plus hardi. Jamais en même temps audaces plus justifiées par ce genre d'originalité unique qu'on nomme la création d'une méthode n'avaient été tempérées par un plus rare esprit d'équité et de circonspection.

C'était trop de sagesse, on l'avouera, pour ne pas exciter de toutes parts un vif émoi, et rarement la difficile maxime : *Sapere aude*, fut plus difficile à pratiquer. Il avait enregistré lui-même, au cours de sa correspondance, les injures que Wachsmuth avait lancées naguère contre l'exégète L. Cappel : *profanus bibliomastix, atheismi bucina, alcorani fulcimen publica flamma abolendum* étaient parmi les termes les plus doux de ce réquisitoire théologique [2] ! Aussi ne dut-il pas être autrement surpris quand ce fut à son tour sur lui que vint s'abattre l'orage. Son ami, Frémont d'Ablancourt, avait eu beau dédier à Bossuet lui-même la *Comparaison des cérémonies des juifs et de la discipline de l'Église*, en y joignant, à l'adresse de l'auteur, maints éloges, quelque peu déplacés peut-être, que celui-ci du reste s'empressa de désavouer. Toutes les précautions furent vaines, et l'exposé, trop exclusivement historique, du judaïsme n'en fut pas moins clairement visé, le jour où, s'emparant d'un texte bien connu de saint Justin, l'incomparable orateur appela le mépris des chrétiens sur ceux qui se font appeler « Rabbi ! Rabbi ! » malgré le reproche que leur en fait d'avance Jésus-Christ dans l'Évangile. On en conviendra : pour être d'un autre style que

2. *B. C.*, II, 392.

les invectives de Wachsmuth, l'éclat d'indignation superbe qui termine le troisième livre de la *Défense de la tradition et des saints Pères*, ne devait pas être un trait moins poignant pour l'excellent religieux qu'était et que demeura toujours R. Simon. Mais il ne se trouvait pas en même temps sans quelque ressemblance avec ce docte abbé du xviii° siècle qui, entendant parler de révolutions et de guerres, frappait sur son secrétaire en disant : « Tout cela n'empêche que je n'aie là deux cents verbes français correctement conjugués ! » Il n'en fallait guère davantage à R. Simon pour rester calme au plus fort de la tempête. Aussi modeste avec la vie que dans ses travaux d'érudition, il s'était fait un genre de bonheur à sa mesure et à sa taille ; c'était de savoir simplement assez de grammaire pour prendre ici ou là en flagrant délit d'ignorance les plus vantés des rabbins. On peut juger s'il lui a rien manqué pour être heureux.

CHAPITRE III

LES TRAVAUX PRÉPARATOIRES A L'HISTOIRE DU VIEUX TESTAMENT. RICHARD SIMON ET PORT-ROYAL.

Ce sont des œuvres de bien humble apparence et de prétentions on ne saurait plus modestes que les écrits de Richard Simon sur les Églises du Levant[1]. Dans le *Voyage du Père Dandini au mont Liban*, par exemple, que semble-t-il chercher de plus que l'innocent plaisir de prendre en défaut la relation d'un missionnaire qui tient pour des hérésies les moindres différences rituelles? et, n'est-ce pas son contemporain d'Anville, le fameux géographe en chambre du xvii⁰ siècle, qu'il veut imiter, en recommençant du fond de sa cellule un de ces itinéraires où l'explorateur a vu ce qui n'était pas, sans rien apercevoir d'ailleurs de ce qu'il fallait voir? De même, dans l'*Histoire critique de la Créance et des Coutumes du Levant*, à quoi prétend-il, sinon à esquisser simplement la carte religieuse de l'Orient et à résumer en traits rapides les divers catéchismes des Géorgiens et des Coptes, des Jacobites et des Arméniens, des Mingréliens et des chrétiens de Goa, aussi instructifs par leur bigarrure qu'édifiants, assure-t-il, par

---

1. BIBLIOGRAPHIE. R. SIMON. *Fides Ecclesiæ Orientalis*, Paris, 1671, in-4⁰. *Voyage du P. Dandini au mont Liban*, Paris, 1675, in-12. *Antiquitates Ecclesiæ orientalis*, Paris, 1682, in-12. *Histoire critique de la Créance et des Coutumes des nations du Levant* (S. Moni), Francfort, 1684, in-12. — *La Créance de l'Église Orientale sur la transsubstantiation*, Paris, 1687, in-12; et les ouvrages précédemment cités.

leur fondamentale unité? Quand il commente enfin les traités de quelque théologien grec, comme Gabriel de Philadelphie, n'est-ce pas uniquement pour lui l'occasion de nous égrener son chapelet de curiosités philologiques et d'*anecdota* érudits où il excelle? On pourrait le croire au premier abord, et ne voir dans ces petits écrits qu'une diversion momentanée et comme une façon à lui de se reposer et de se détendre, au fort de la préparation de son grand ouvrage, l'*Histoire Critique du Vieux Testament.*

Les contemporains n'en jugèrent pas ainsi, et parmi tous ses ouvrages il en est peu qui, dans le monde théologique d'alors, causèrent un plus vif émoi. Sous couleur en effet de narrer simplement les diverses coutumes des Églises d'Orient, il ne s'agissait de rien moins que de démontrer le vice et l'insuffisance de la polémique de Port-Royal contre le protestantisme. Qu'on se rappelle un instant le succès de la *Perpétuité* et des *Préjugés légitimes*, aussi bien parmi les gens du monde que parmi les théologiens, l'applaudissement enthousiaste dont les femmes elles-mêmes saluèrent les illustres controversistes de Port-Royal, et l'on se fera une juste idée du scandale que causèrent les critiques de l'érudit Oratorien[1]. On ne pouvait certes les présenter d'un ton plus modeste et d'un air plus inoffensif; mais on ne pouvait en même temps porter contre une œuvre théologique plus admirée des coups plus rudes et plus précis, ni en même temps ouvrir, sur les méthodes de discussion religieuse, des vues plus neuves et des horizons plus larges : ce genre d'intérêt,

---

1. Ce genre de succès que ne dédaignaient pas les théologiens lettrés de Port-Royal, Richard Simon, moins homme du monde qu'érudit de profession, le tenait pour un fort méchant signe, et l'une de ses plaisanteries favorites d'exégète docte mais peu courtois était de citer le texte d'un sermon sur sainte Madeleine, tiré d'Ovide par un de ses confrères de l'Oratoire : *Femina quid possit præter amare? nihil.*

qu'on jugera peut-être n'avoir pas trop vieilli, est celui précisément que nous offre l'étude de ces divers écrits de R. Simon.

I

C'est une opinion généralement admise depuis Sainte-Beuve, et passée de son *Port-Royal* dans la plupart de nos Histoires de littérature ou de philosophie que « la scolastique a été tuée en théologie par Port-Royal, aussi bien qu'elle l'a été en philosophie par Descartes. » La hardiesse de leur pensée, assure-t-on des disciples de Saint-Cyran, a égalé la mortification de leur vie, et leur influence réformatrice s'est étendue jusqu'à leurs ennemis théologiques, dont ils ont, malgré eux, transformé les méthodes[1]. Richard Simon pensait exactement le contraire, et pour lui les traités des Arnauld et des Nicole contre le Protestantisme étaient le type achevé de la plus médiocre scolastique. Le jugement valait peut-être qu'on en tint compte ; mais quelle idée singulière, dira-t-on, d'en aller disperser çà et là les considérants dans des écrits sur les symboles et les rites des Églises orientales! La raison n'en est pas difficile à démêler, et pour peu qu'on se rappelle un des épisodes les plus connus de l'histoire théologique du xvii° siècle, on n'aura nulle peine à s'expliquer comment, loin d'avoir été provoquer les Port-Royalistes dans leur domaine, R. Simon se trouve en définitive les avoir rencontrés sur son propre terrain.

Ce qu'avaient le plus applaudi les hommes d'église comme les gens du monde dans l'œuvre des théologiens

---

1. Sainte-Beuve, *Port-Royal*, 3, 259, 524 ; S. de Sacy, *Variétés*, 2, 328, 341.

de Port-Royal, c'était, on ne l'ignore pas, l'érudition profonde dont témoignait la polémique d'Arnauld et de Nicole
contre les huguenots : l'ensemble imposant d'attestations
qu'ils avaient obtenues des chrétientés orientales touchant
le dogme eucharistique avait en particulier fait de la *Perpétuité de la Foi* un véritable événement public, et les
chefs-d'œuvre du grand Corneille ou les victoires du grand
Condé se trouvaient en somme avoir moins occupé les
salons et les cercles que les pièces à conviction de ce gros
procès théologique. Or, ces documents, R. Simon les
avait étudiés, et l'emploi qu'on en avait fait lui avait paru
témoigner, au contraire, d'une complète ignorance des
langues, d'un manque absolu de critique. Permis aux docteurs du moyen âge de suppléer par l'adresse de leur dialectique à l'insuffisance notoire des documents : quand
on songe aux persécutions qu'eut à subir de la part de ses
moines le docte abbé Trithème, pour avoir usé de livres
grecs et hébreux, on se sent malgré soi disposé à quelque
indulgence[1]. Mais les théologiens d'aujourd'hui, demande
R. Simon, sont-ils excusables, par exemple, de citer
comme représentant la tradition grecque, des écrivains
qui, tout schismatiques qu'ils sont, se sont formés à
l'école des Latins ? et comment ne pas voir que les Gabriel
de Philadelphie, les Allatius et les Gennadius, avec leur
terminologie toute thomiste, ne font purement et simplement que refléter les doctrines de l'Église occidentale[2]?
Si Claude, le tenant du protestantisme, n'était pas un dialecticien retors et spirituel plus encore qu'un théologien
savant et impartial, n'aurait-il pas le droit de reprocher à
ses adversaires tant de textes qu'ils tirent tout traduits
des écrits de Du Perron, sans jamais d'ailleurs en vérifier
l'exactitude? Ou faudra-t-il tenir pour un témoignage

1. R. Simon, *Lettres choisies*, 4, 131.
2. *L. C.*, 2, 78; 3, 19; *Fides Ecclesiæ Orientalis*, 2 sq.

d'esprit critique la plaisante fidélité avec laquelle Arnauld d'Andilly, le traducteur si vanté de Josèphe, a reproduit jusqu'aux plus lourds contre-sens de la version latine de Sigismond Gélénius, selon la commune méthode de ces « Messieurs », les théologiens de son école? Quelles sont encore ces attestations produites au nom des Maronites d'Antioche, quand on sait qu'Antioche n'a jamais eu de communauté maronite, et pourquoi employer tous les ambassadeurs de France en Orient à faire venir des documents, comme la *Confession orthodoxe* et tant d'autres, qui se trouvent dans toutes les bibliothèques de Paris[1]? N'était-ce pas là qu'il fallait puiser les preuves que l'on cherchait, sans faire venir de si loin toutes ces attestations de moines et d'archimandrites dont on ne peut s'empêcher de demander d'abord ce qu'elles ont coûté? Quand on songe combien il était facile de mettre à l'abri de toute espèce de doute la foi des Églises orientales au dogme eucharistique, n'est-il pas cruel de voir compromettre la plus belle des causes par l'ignorance de la critique la plus élémentaire?

Un peu de candeur, disons même de crédulité, n'est pas pour déplaire dans les couvents du moyen âge : mais qui s'aviserait de penser que ce sont là les vertus qui fleurissent dans la docte abbaye de Port-Royal, parmi les théologiens qui ont porté si haut son renom de hardiesse et de savoir? R. Simon venait d'en avoir un curieux témoignage, et il l'a consigné dans une de ses lettres les plus piquantes[2]. Un prêtre chaldéen se trouvait à Paris au moment même où les documents orientaux de la *Perpétuité* obtenaient à leurs auteurs un si surprenant succès. Arnauld, Nicole et les autres Messieurs de Port-Royal ne manquèrent pas

---

1. *Perpétuité de la Foi*, 3, 711; Saint-Jore (R. Simon), *Bibliothèque critique*, 1, 300 sq.

2. *L. C.*, 3, 1, lettre de R. Simon à l'abbé Berrand, 1670.

d'aller entendre sa messe, dans l'église des Chartreux, où il la célébrait, disait-il, selon le rite maronite, avec une permission spéciale de Rome. Or, le diacre qui l'assistait vint à tomber malade, et il ne se trouva que Richard Simon qui fût à même de le remplacer. Ce ne fut pour lui que l'affaire d'un instant pour reconnaître à qui il avait affaire : non seulement Élie était étranger au rite jacobite, comme le prouvait telle de ses cérémonies, par exemple l'élévation de l'hostie avant la consécration, contraire à tous les usages maronites, mais il appartenait évidemment à l'église nestorienne. Le missel que se mit à feuilleter Richard Simon portait encore trace du nom de Nestorius insuffisamment gratté et surchargé du mot *Jones*. En vain Élie protesta qu'il suivait la liturgie de *Jones*, ou Jean Chrysostome. L'oratorien n'eut pas de peine à lui démontrer que le nom de Nestorius, partout répété, rendait un témoignage non équivoque de ses attaches hérétiques. Ceux qui estimaient, sur la foi de Saint-Cyran, qu'il y a plus de piété à assister à la messe d'un prêtre notoirement indigne, l'entendaient-ils ainsi quand ils suivaient avec tant de componction la messe d'un hérétique nestorien ? — On sait comment Nicole s'était un jour introduit à l'Oratoire pour dessiner d'après nature le profil du Père Amelotte, amusante caricature de théologien grimacier et drôlatique. La page où R. Simon conte la plaisante mésaventure des théologiens de Port-Royal, les représentants attitrés de l'érudition orientale parmi les catholiques, n'en paraîtra pas sans doute une trop indigne contrepartie.

Par exemple, si les gros livres théologiques de Port-Royal sont vides de documents sérieux et d'exacte critique, la dialectique en prend largement la place. Jamais, même aux plus beaux jours de la scolastique, l'insuffisance des sources ne fut masquée par un plus imposant appareil d'argumentation. Les protestants demandent-ils qu'on leur prouve par des textes précis la foi des premiers siècles à la présence réelle, ce qui paraît d'ailleurs si facile à R. Simon, Arnauld et Nicole se jettent dans des discussions interminables pour établir que, la croyance actuelle ayant la *prescription* en sa faveur, on n'est nullement tenu à en administrer d'autres arguments[1]. Profitez au moins, dit le critique oratorien, des aveux explicites de Calvin et des premiers réformateurs, chez qui vous trouverez les termes de *réalité* et de *substance*, si vous vous donnez la peine de les lire au lieu de consulter les seuls écrits des protestants contemporains[2]. Mais non, on aime mieux raisonner en général sur l'impossibilité où sont les protestants de rester en conscience dans l'hérésie, ainsi que le fait Nicole dans ses *Protestants convaincus de schisme*, comme si les protestants pouvaient manquer de répondre avec Claude que, pour rester dans l'Église romaine et vérifier les fondements de l'autorité, les catholiques sont exposés à autant de recherches et de perplexités. On préfère encore opposer aux protestants certains *préjugés légitimes*, tel que celui d'avoir varié dans la foi, comme si Leibniz n'était pas tout prêt à répliquer qu'on n'est pas tenu de croire comme hier, « s'il se trouve qu'on croyait autrement avant-hier[3]. » N'est-ce pas d'ailleurs un théologien catholique, Barthélemy Latomus, qui comparait l'Église chrétienne à un petit ourson qui n'avait pu recevoir sa forme qu'après avoir été léché pendant plusieurs siècles ? Tous ceux enfin qui prennent prétexte des divisions intérieures du protestantisme pour proclamer sa ruine imminente, ignorent-ils donc ce qu'on peut leur répondre, que c'est un signe bien autrement grave pour

---

1. *Perpétuité de la Foi*, tout le 1er livre.
2. *L. C.*, 3, 31 sq.
3. NICOLE, *Préjugés légitimes*, ch. XIV; CLAUDE, *Réponse au livre de M. Arnauld*, et surtout *Défense de la Réformation*; LEIBNITZ, *Lettre au landgrave*, 1692.

un culte que de n'être plus l'objet d'aucune discussion,
qu'une forme religieuse n'est pas toujours moins vivace
pour être réduite à un minimum d'affirmations dogmatiques, que c'est bien mal connaître en particulier le
protestantisme de Luther et de Calvin, fondé sur l'unique
dogme du salut par la foi en Christ, et le juger en quelque
sorte par le dehors que d'arguer contre lui de la multiplicité de ses symboles et de la discordance de ses docteurs?
Bon pour un poète, comme Boileau, d'acclamer les
victoires de la scolastique de Port-Royal :

> Non, ne crois pas que Claude, habile à se tromper,
> Soit insensible aux coups dont tu le sais frapper.
> Mais un démon l'arrête...

Bossuet était plus juste pour le champion du protestantisme quand il disait : « Il me faisait trembler pour ceux
qui l'écoutaient »[1] et R. Simon n'a fait qu'en indiquer la
raison quand il a établi, contre les controversistes de
Port-Royal, que la théologie n'est pas une pure science de
raisonnement, mais qu'elle doit être fondée sur de bons
actes, et qu'il n'est pas trop d'un peu de critique et d'histoire pour y réussir[2].

On raconte que, vers ce temps, le nonce du pape,
étonné des difficultés et des scrupules infinis que soule-
vait la signature du formulaire, s'écriait : « Tout le mal
vient qu'en France on ne sait pas assez de scolastique! »
S'il voulait désigner par là une certaine casuistique accom-
modante, à la bonne heure! Mais quoi de plus scolastique,

---

1. Cf. Bossuet, *Relation de la Conférence avec M. Claude* 13, 549 sq.
(Vivès).

2. *L. C.*, 2; 3, 11, 2 : « La théologie traitée moins par raisonnement
que par actes authentiques », qu'on remarque ces mots jetés comme en
courant dans une lettre de Richard Simon : on a là, en même temps que
l'une de ses vues les plus neuves et les plus fécondes, l'idée maîtresse
de sa polémique contre les théologiens de Port-Royal, et comme le
fonds même de l'*Histoire critique du Levant*.

par exemple, que la méthode de discussion d'Arnauld,
avec ses maximes à réfuter, ses principes de solution et
ses théorèmes théologiques? Et si ce n'est pas assez, pour
la caractériser, de cette dialectique aussi vaine qu'abusive,
où donc revit l'esprit des anciens docteurs de l'Université
de Paris, sinon dans cette théologie étroite et dure, toute
en *prenez-y garde* et en anathèmes? Qu'on mette de côté
la question de la grâce, et qu'on laisse les théologiens de
Port-Royal professer à peu près l'opinion du vieil archevêque de Cantorbéry, Bradwardin, « que depuis la mort
de saint Augustin le monde tout entier est devenu péla-
gien. » Qu'ils damnent même tout à leur aise les anciens
sages, en dépit des protestations de plus d'un docteur
qui, sans réciter la litanie d'Érasme : *sancte Socrates!*
sancte Plato! voudrait, sur la foi des Pères grecs, faire prévaloir une théologie plus douce et plus humaine [1]. Ils ont,
dans une circonstance que R. Simon a particulièrement à
cœur, décelé nettement leur tour d'esprit théologique. Le
critique oratorien avait, dans quelques-unes des pages les
plus étudiées de son *Histoire Critique du Levant*, joint
une dissertation sur le Mahométisme au tableau des
diverses autonomies religieuses de l'Orient. Là, recourant
aux sources les plus autorisées, il avait établi contre l'opinion commune, dont Pascal, on s'en souvient, s'était fait
l'éloquent interprète [2], que le Mahométisme n'était pas, aux

1. *L. C.*, 3, 153; 1, 174; 4, 196; *R. C.*, 4, 233, *Lettres à Pellisson*. Aux
augustiniens qui rejettent, comme étant de Zwingle, la doctrine de la
possibilité du salut des philosophes, R. Simon oppose une double série
de témoignages : les Pères grecs, entre autres Clément d'Alexandrie,
saint Grégoire de Nazianze, saint Jean Chrysostome, etc., et les théologiens formés à l'école des Pères grecs, Robert Halcot, Sadolet, Payva
de Andrada, etc. — On sait au contraire que Jansénius avait consacré
tout un livre de l'*Augustinus* (*De statu Naturæ lapsæ*, IV) à établir que
le démon de Socrate n'était autre que le diable et que le philosophe
grec entretenait des rapports journaliers avec l'enfer dont il était le
suppôt.

2. *Pensées* (HAVET), 19, 7 sq.

yeux de ses adhérents, sans miracle, et que les Musulmans attribuaient à leur prophète plusieurs actions surnaturelles, comme d'avoir accompli en une nuit le voyage de la Mecque à Jérusalem, d'avoir fait couler de ses doigts une eau rafraîchissante, d'être monté au ciel de son vivant et de s'y être entretenu avec le Très-Haut. De même, tout ce que disent les livres arabes du paradis de Mahomet, de ses danses et de ses parfums, de ses viandes et de ses voluptés, n'était aux yeux de R. Simon qu'un ensemble de paraboles orientales que les Mahométans éclairés savaient prendre en leur juste sens. Enfin la morale musulmane lui paraissait loin d'être aussi condamnable qu'on le répétait dans les chaires de théologie d'Occident, et la plupart des préceptes du Coran lui semblaient rendre un témoignage plutôt favorable à cette secte judéo-chrétienne qui a nom l'Islamisme [1]. L'indignation d'Arnauld se devine : c'était là proprement *farder* le mahométisme, et une telle impiété n'eût pas causé plus d'horreur à l'un de ces bons clercs du moyen âge qui employaient couramment le nom de *Mahom* pour celui du diable. N'était-ce pas un scandale de voir un religieux, pour décrire le mahométisme, invoquer le témoignage des docteurs musulmans, au lieu de consulter, selon l'usage, les théologiens catholiques? L'occasion était trop belle de demander à Arnauld s'il faudrait quelque jour, pour écrire l'histoire du Jansénisme, s'en rapporter aux témoignages des Jésuites : R. Simon, comme bien l'on pense, n'y manqua pas, et il termina sa réplique en commentant de plus belle les sentences morales du Coran, celles entre autres qui défendent de dire à son prochain des injures et déclarent en même temps que, fît-on de l'ange Gabriel son unique société, on ne serait pas pour cela même à l'abri des libelles [2].

1. *Hist. crit. du Levant*, 360 sq.
2. *L. C.*, 3, 246.

Certes, ce genre de théologie argumentante et injurieuse
n'est pas particulier aux controversistes de Port-Royal, et
R. Simon n'était pas en peine de leur trouver de nombreux
émules. Ses écrits sur les Églises orientales offrent précisément d'amusantes silhouettes de théologiens moins
riches de doctrine que de qualifications acerbes. Tel missionnaire presse les bons popes de Géorgie de mille questions subtiles apprises sur les bancs de l'école « : Après la
consécration, Jésus-Christ est-il encore à la droite du Père?
Sans les mots : « ceci est mon corps... », l'invocation du
Saint-Esprit, ou épiclèse, que l'Église grecque considère
comme le rite consécratoire par excellence, suffit-elle à
rendre la messe valable? Quand vous conférez un sacrement, avez-vous bien l'intention de l'administrer? » Et
comme ils avouent ne pas savoir ce que c'est que cette
intention, il faut voir l'air de triomphe à la fois et de
scandale du scolastique [1]. Tels autres théologiens ignorent
que de suspendre l'Eucharistie à la muraille dans un
petit sac de toile ou de cuir, comme on le voit en Géorgie,
ou de la faire porter par une femme ou par un enfant, c'est
peut-être un trait de simplicité antique, mais non pas
d'incrédulité et d'irrévérence [2]. D'autres enfin se récrient
de ce que les *papas* ne donnent l'absolution que contre
une somme d'argent, comme si certains usages de notre
culte n'étaient pas pour causer plus de surprise encore
aux Orientaux [3]. Mais le type accompli de ce dogmatisme
pointilleux et atrabilaire, c'est le *grand* Arnauld, comme
tout le monde disait alors, qui le personnifie aux yeux de
R. Simon, et l'auteur du *Traité sur l'emploi légitime des
mots durs en discussion* lui paraît résumer dans ses écrits
toute la dureté de la théologie du moyen âge : « Ce qui
n'est ni contre la foi ni contre les bonnes mœurs, disait

1. *Hist. crit. du Levant*, 80.
2. *Voyage du P. Dandini au mont Liban*, 351.
3. *Voyage*, 240.

pourtant saint Augustin, cet oracle des Port-Royalistes, que R. Simon lui oppose sans cesse, doit être tenu pour indifférent, et il est même du devoir d'un honnête homme et d'un sage chrétien de s'accommoder aux manières et à la discipline de ceux avec qui l'on a à vivre [1]. »

Un peu plus de vrai savoir, et l'on serait moins prompt à crier au scandale, on aurait l'épiderme moins sensible à la contradiction et l'on comprendrait enfin qu'il y a, pour servir la vérité, d'autre méthode à suivre que de lancer des anathèmes. Telle est en définitive la cause de cette étroitesse de vues, et la scolastique elle-même a certes moins souffert de la défiance du savoir que cette école acariâtre de théologiens modernes. Ne lit-on pas, chez l'un des plus célèbres d'entre eux, que des trois concupiscences la plus redoutable est celle de la science, *libido sciendi*, que la pire tentation qui nous reste du péché d'Adam, c'est la passion insatiable d'approfondir et que l'arbre de la science sera jusqu'à la fin des temps la perte de l'humanité? Et ce sont ces mêmes théologiens, si animés contre la démangeaison d'apprendre, qui se livrent à la controverse contre les protestants, c'est-à-dire au genre d'activité religieuse qui exige une plus grande étendue d'esprit et une plus abondante variété de connaissances! C'est dans cette école, bonne peut-être à former des pénitents et des solitaires, mais insuffisante à produire des théologiens, qu'on s'accorde à saluer les champions de l'Église contre la Réforme! Et l'on reconnaît enfin plus qu'une vaine science de l'éristique religieuse à ces théologiens qui, par une juste conséquence avec leurs principes, font un mérite à saint Augustin d'avoir ignoré l'hébreu et professent que la méthode de charité supplée amplement pour l'intelligence de l'Écriture à la connaissance de la grammaire!

1. S. Aug., *ép.* 118; cf. *Voyage*, 225.
2. Préface des *Heures* de Port-Royal; *B. C.*, 3, 469.

R. Simon ne peut se tenir de protester là-contre; que les Messieurs de Port-Royal composent quelque *Logique*, en mêlant un peu de Descartes à beaucoup de scolastique, il y consent quoiqu'il ne pense guère là-dessus autrement que Pascal lui-même. « Voilà une belle occupation, ne pouvait s'empêcher de dire l'illustre ami d'Arnauld, et les besoins de l'Église demandaient bien ce travail! » Mais, quand, à grand renfort de syllogismes, ils croient renverser le protestantisme, ils se mêlent visiblement d'un métier qu'ils n'entendent guère, et pour lequel ils ne sont pas faits, trop heureux encore, si, pour les avoir applaudis de substituer leur rhétorique à l'étude sérieuse des sources de notre foi, nous ne les voyons pas consommer définitivement le divorce de la théologie et du savoir [1].

Peut-être pourrait-on objecter à R. Simon que si les théologiens de Port-Royal appliquèrent à leurs spéculations la méthode de *raisonnement*, comme il l'appelle, ce ne fut pas uniquement sous l'empire des traditions de la scolastique. Formés à la discipline de la géométrie et des sciences exactes, les Arnauld et les Nicole crurent voir un lien étroit entre la mathématique et la théologie, ces deux sciences du *nécessaire*. La perfection idéale de leur objet n'induit-elle pas en effet des deux parts à employer les formes d'argumentation les plus absolues? et n'est-ce pas à l'intuition pure qu'il appartient d'un côté comme de l'autre d'éclairer et de soutenir le raisonnement? Poser des principes et les développer par la voie du syllogisme avec une rigueur toute dialectique, telle devait donc être à leurs yeux l'office commun du théologien et du géomètre. Ce que cette conception de la théologie avait d'incompatible avec les idées les plus chères de R. Simon, il est à peine besoin de le signaler. Science d'une révélation sagement proportionnée à l'esprit de l'homme par la Providence, la théologie a pour objet une réalité historique,

1. *L. C.*, 3, 31.

et c'est dans la méthode des sciences historiques qu'elle doit puiser ses procédés d'investigation et ses règles : le critique oratorien n'a rien écrit que pour faire prévaloir cette vue fondamentale, et puisque à ses yeux la théologie n'avait rien gagné à subir la discipline mathématique, c'est sur la critique des témoignages et la méthode d'observation qu'il comptait pour assurer lui-même sa transformation et son progrès.

II

Quelle réponse les théologiens de Port-Royal firent-ils aux critiques de Richard Simon ? C'est ce qu'on ne se soucierait sans doute pas de savoir, si leur réponse était restée enfouie dans l'un de ces volumineux in-folio de Hollande, dont l'aspect rébarbatif et « le style de plomb » sont pour décourager les lecteurs les plus intrépides [1] ; mais il arriva que la querelle eut un écho dans quelques-unes des œuvres les plus éloquentes de Bossuet : voilà du même coup le débat agrandi, et force est bien à qui veut simplement connaître l'histoire la plus sommaire de notre littérature religieuse de s'arrêter un instant à la réplique des adversaires théologiques de R. Simon.

Il n'est jamais entré dans l'esprit de personne, a remarqué plus d'une fois le critique oratorien, de contester la parfaite orthodoxie de Bossuet sur les matières de la grâce, et il faudrait être d'un molinisme autrement soupçonneux que le sien pour ne pas le trouver pur de tout levain « janséniste ». Cependant, quand on veut le replacer dans le milieu doctrinal qui lui est propre, c'est parmi les Port-Royalistes, ses collaborateurs à la Version de Mons, entre Saci et Lalanne, près d'Arnauld, son zélé auxiliaire contre Malebranche, et de Nicole, son fidèle allié contre

---

1. A. ARNAULD, *Difficultés proposées à M. Steyaert*. Cologne, 1692.

Fénelon, qu'il faut se le représenter. Telle est en effet l'affinité de sa théologie avec l'école de Port-Royal qu'on se demande, en voyant rester si orthodoxe un *augustinien* si décidé, ce qu'il faut admirer le plus, ou de la savante souplesse de son génie, ou de l'heureuse subtilité des distinctions théologiques. Il ne s'agit pas seulement ici de ses jugements sur les « ordures des Casuistes » qu'on n'a pas tort de prendre pour un assentiment à peine déguisé aux Provinciales, ni même de ses vues sur la sévérité de la Pénitence chrétienne, où l'on ne peut hésiter à reconnaître l'influence d'Arnauld et du livre de la *Fréquente Communion*. Mais qui ne voit qu'entre toutes les œuvres dogmatiques du siècle, nulle ne se rattache plus étroitement à la théologie de l'évêque d'Ypres que le *Traité de la Concupiscence*, et que c'est, avec le livre des *Pensées*, le fruit le plus savoureux qu'ait porté l'*Augustinus* ? De même encore, est-ce, comme on le disait naguère[1], une idée aussi peu spécifiquement chrétienne que celle de la Providence, ou la grande doctrine de la Chute, si chère à l'école de Port-Royal, qu'il faut considérer comme la clef de voûte de cette vaste construction théologique que forment les Sermons, et dans ses innombrables discours sur des questions de morale, ou sur la Sainte Vierge, c'est-à-dire, comme nul ne l'ignore, sur l'économie de la Rédemption, les Port-Royalistes ne pouvaient-ils pas reconnaître leur propre méthode de développement psychologique appliquée aux mêmes vérités fondamentales ? Enfin, les *Élévations sur les Mystères* ne rappellent-elles pas, par leur forte et haute poésie théologique, certaines pages du *De Statu Naturæ lapsæ* que Pascal n'a pas lui-même assurément ignorées ? On dira que Bossuet n'avait pas besoin des lumières de Jansénius pour découvrir lui-même ces doctrines dans *son* saint Augustin. Sans doute ; mais dans l'œuvre très éparse et infiniment diffuse de saint Augustin, l'évêque

---

1. Cf. F. Brunetière, *Études critiques*, V, p. 52, sq.

d'Ypres avait su dégager quelques idées maîtresses que bien des causes différentes destinaient alors à faire fortune. De l'ensemble si diversement interprété et quelque peu flottant de cette vaste théologie, il avait tiré cette systématisation savante, étroite et vigoureuse qui s'appelle l'*Augustinus*, et si condamnable qu'elle fût en plus d'un point, cette saisissante condensation ne s'imposait pas moins aux augustiniens par la hardiesse de ses partis pris dogmatiques. Faut-il donc, sous prétexte que l'ouvrage contient certaines erreurs, hésiter à reconnaître son influence sur la théologie la plus orthodoxe? et, parce qu'il s'agit d'un traité en latin d'école, doit-on se refuser d'y voir le germe obscur, mais puissant, de quelques-uns des plus purs chefs-d'œuvre de notre littérature religieuse? Aussi est-ce en vain que Bossuet parut se séparer du parti militant de Port-Royal quand il blâma, avec moins d'énergie toutefois que Pascal mourant, la fameuse distinction *du fait et du droit*, ou quand il fit l'éloge des excellentes têtes de Sorbonne qui avaient extrait les cinq propositions du livre de Jansénius. Dans celui qui avait professé toute sa vie l'augustinisme le plus formel, et qui était mort en combattant le moliniste Sfondrate, assez aveugle pour ne pas voir que « d'épargner l'enfer aux enfants morts sans baptême c'est le moyen le plus sûr de ruiner le christianisme tout entier », les disciples de Port-Royal saluèrent constamment leur « soutien », leur « protecteur » et il n'est pas jusqu'à son persistant refus de publier cette malencontreuse Oraison funèbre de Nicolas Cornet, avec le portrait que l'on sait de l'énigmatique Saint-Cyran, où ils ne se soient accordés à reconnaître la tacite bienveillance d'un théologien ami [1].

1. BOSSUET, Lettre à Innocent XII, 1696. Sur les relations de Bossuet et de Port-Royal, voir GAZIER, *Revue Pol. et litt.*, 1875, p. 1183, et REBELLIAU, *Bossuet, historien du Protestantisme*, p. 73.

Mais c'est surtout dans sa polémique contre les protestants que Bossuet apparaît comme l'allié et le compagnon d'armes des controversistes de Port-Royal. Ce n'est pas assez d'approuver hautement la *Perpétuité de la Foi* de Nicole et l'*Apologie des catholiques* d'Arnauld. Il ne cache pas ce qu'il doit à ces ouvrages, véritables « arsenaux de l'Église », trésor inépuisable « de principes pour composer tout un corps de controverses [1]. » L'*Exposition de la Foi* avait été écrite sous l'influence de l'évêque de Châlons, Vialart, un ami déclaré de Port-Royal ; l'*Histoire des Variations* dut plus encore aux *Préjugés légitimes* de Nicole contre les Calvinistes, et l'on sait tout ce qu'Arnauld défendant les catholiques anglais accusés de conspiration fournira d'armes à Bossuet dans cet admirable *avertissement cinquième aux Protestants* qui est un de ses plus accomplis chefs-d'œuvre. Aussi le moyen que les critiques de Richard Simon contre Port-Royal aient pu le laisser indifférent ? Aux yeux d'Arnauld et de Nicole, le critique oratorien était manifestement un défenseur du protestantisme, et, telle est l'ordinaire logique des partis, un fauteur à peine dissimulé de la Réforme ou, pour dire mieux, un socinien [2]. C'est le terme même qu'employait Arnauld pour le dénoncer aux sévérités du prélat, et ce n'est pas un autre grief que de toute son éloquence le prélat développera un jour dans ces admirables pages de la *Défense de la Tradition* qui sont présentes à la mémoire de tous les lettrés : « A ce coup, il se déclare à visage découvert. L'esprit protestant, je le dis à regret, mais il n'est pas permis de le dissimuler, oui, l'esprit protestant paraît [3]... » Dans la *Première Instruction sur la Version de Trévoux*, Bossuet ira plus loin encore. Richard Simon n'est plus seulement le partisan des réformés. Il s'est fait leur colla-

1. *Approbation* de Bossuet, en tête de la *Perpétuité*.
2. BOSSUET (Vivès), 30, 549, lettre d'Arnauld, juillet 1693.
3. BOSSUET, 4, 61.

borateur mercenaire, et, à la honte de s'être voulu faire
payer de ses bons offices par les ministres de Charenton,
il joint le ridicule de s'être laissé duper, en même temps
que ceux-ci, par les ministres de Genève : « Voilà donc,
conclut-il avec le geste oratoire que l'on devine, voilà
donc ce prieur de Bolleville (R. Simon) devenu arbitre et
médiateur entre Charenton et Genève, et leur homme de
confiance : il favorisait ceux de Charenton dans le dessein
qu'ils avaient de s'attirer les soixante mille livres (promis
à la meilleure version de la Bible) et il espérait partager
le butin avec eux. Ne disons rien davantage, déplorons
l'aveuglement de celui qui semble ne sentir pas la honte
d'un tel marché, et déplorons en même temps la nécessité
où nous sommes de faire connaître un auteur qui voudrait
être l'interprète de l'Église catholique, après s'être livré
aux protestants, pour mériter d'eux cette qualité [1]. »

Ce que cette accusation si précise contient de fondé, il
n'est pas sans quelque intérêt de l'élucider tout d'abord.
C'est précisément en effet une des pages les plus curieuses,
les plus significatives de la carrière exégétique de R. Simon.
Le consistoire de Charenton, en 1676, avait chargé
quelques pasteurs de traduire la Bible. Était-ce dans
l'espérance d'attirer à Paris un legs de soixante mille livres
destiné par un protestant Vaudois à la première traduction française de la Bible qui paraîtrait avec l'approbation
des ministres? Il importe peu, à la vérité, de savoir si
dom Martianay est fondé à le soutenir, et si les protestants
français, avec leurs versions notoirement insuffisantes de
Le Fèvre d'Étaples et d'Olivétan, n'avaient pas une raison très valable d'entreprendre une autre traduction.
Bref, le ministre Claude, l'adversaire bien connu de
Bossuet, fut chargé de traduire le Pentateuque, et comme
nul n'ignorait la compétence spéciale de R. Simon sur

1. Bossuet, 3, 476.

ces matières, des amis communs, Justel et Frémont d'Ablancourt, tous deux protestants, s'avisèrent de mettre R. Simon et Claude en rapport l'un avec l'autre. Le ministre demanda à l'oratorien ses vues sur une traduction de la Bible, et celui-ci répondit en rédigeant un plan qui, de l'avis de tous les bons juges, est un des morceaux les plus remarquables de la critique biblique au xvii° siècle [1]. Prendre pour base le texte massorétique contrôlé par les anciennes versions (ce qui, à cette date d'excessif engoûment pour les Septante, n'était pas une médiocre hardiesse), indiquer en marge les principales variantes et les significations diverses du mot hébreu, quand le sens n'en est pas évident, viser simplement à la correction et à la clarté, en évitant toute vaine délicatesse de style, bannir les commentaires dogmatiques, les gloses édifiantes et même les liaisons, rejeter enfin l'explication des termes techniques, l'éclaircissement des points d'histoire et de géographie, et le développement de toutes conjectures, dans des dictionnaires, cartes, tableaux et appendices placés à la fin de l'ouvrage, tel paraissait être à R. Simon le devoir d'un traducteur de la Bible, quelque peu soucieux de l'importance de sa tâche, et voulant faire une œuvre de science vraiment éclairée et impartiale [2]. Les protestants lui demandèrent alors quelques spécimens de traduction et le prièrent même de revoir leur version de *Job*, des *Proverbes*, des *Prophètes* : il s'y prêta, leur déclarant au surplus, avec une noble franchise, qu'il n'avait pas d'autre but que de fournir aux controversistes un instrument indispensable de polémique, et qu'il ne demandait rien autre chose que de voir disparaître de leurs Bibles toute note de tendance dogmatique ou même de prétendue édification [3].

1. Cf. *L. C.*, 3, Supplément, lettres à M. D. H. (M. de Harlay).
2. Ce plan a été reproduit dans l'*Histoire Critique du Vieux Testament*, 3, 1 sq.
3. *L. C.*, 3, 267.

Fut-il alors question d'une rémunération pécuniaire, comme Bossuet l'affirme, sur la foi du protestant Jean le Clerc? R. Simon l'a toujours nié de la façon la plus formelle, et l'unique témoignage de Le Clerc, son ennemi déclaré, semble bien insuffisant, d'autant qu'il fait partie d'une relation où fourmillent les plus manifestes erreurs. L'oratorien, comme on l'insinue encore, avait-il eu du moins la pensée de se faire payer par les catholiques d'un travail dont les protestants auraient comme fixé la première enchère, sans vouloir d'ailleurs faire honneur à leurs premiers engagements? C'est encore ce qu'a démenti nettement R. Simon, quoique, à la vérité, le savant bénédictin Génébrard n'eût fait aucune difficulté d'avouer que pour traduire la Bible il lui faudrait non seulement trente ans et trente collaborateurs, mais encore trente mille écus. Est-ce enfin pour ses relations avec les ministres que Bossuet se montre d'une si accablante rigueur envers le savant oratorien? Mais fallait-il donc en croire sur ce point le docteur de Sorbonne si fort vanté par Arnauld, P. Le Bossu, qui prétendait démontrer que le protestantisme étant pire que le paganisme, et le paganisme au moins aussi criminel que l'athéisme, tout bon catholique devait tenir les protestants pour de dangereux athées et les fuir comme la peste? Ne voyait-on pas d'excellents catholiques, comme Godeau et Balzac, Chapelain et Ménage, fréquenter chez des huguenots, entretenir avec les ministres même les relations les plus courtoises? Mieux encore, n'était-il pas reconnu de tous à l'Oratoire que le Père Senault et le Père Amelotte avaient fait corriger l'un ses Sermons, l'autre sa traduction du Nouveau Testament par le protestant Conrart? Et Bossuet lui-même n'avait-il pas noué jadis avec le ministre Ferry le commerce le plus honorable, absolument comme il devait plus tard avec le pasteur Claude engager une correspondance pleine d'égards et de témoignages d'estime? Non, pour avoir échangé des vues littéraires et critiques avec les pasteurs de Charenton, il ne s'ensuivait nullement que R. Simon leur eût donné des gages, qu'il fût le moins du monde leur prisonnier, à plus forte raison qu'il se fût laissé lui-même gagner par le protestantisme [1].

Ce serait oublier en effet tout d'abord que R. Simon fut dès le début de sa carrière et resta jusqu'à la fin de sa vie un controversiste passionné, et peut-être n'est-il pas parmi les polémistes catholiques du temps un adversaire plus déclaré des conceptions fondamentales de la théologie protestante. A la vérité, ses arguments étaient fort différents de ceux qu'employait l'école de Port-Royal. Mais quand on songe au terme final de la controverse port-royaliste, saluée d'ailleurs à chaque passe d'armes par de semblables cris de triomphe dans les deux camps, et qu'on voit aboutir en somme tant d'efforts à cette véritable banqueroute de la controverse qu'est la Révocation de l'Édit de Nantes, a-t-on le droit de se montrer si sévère pour la méthode de réfutation que préconisait R. Simon? Le plus grand malheur qui pouvait lui arriver après tout, c'était de ne pas réussir mieux que ses illustres émules, et puisque la polémique des *Variations* et des *Avertissements* n'avait pas mieux atteint son but en définitive que l'irénique de l'*Exposition de la Foi*, qu'avait-on à perdre en essayant d'autres procédés de discussion? Pour R. Simon, en effet, il n'y a contre les protestants qu'un argument qui serve, et si Richelieu, peut-être sous l'inspiration du jésuite Véron, s'en est avisé le premier, nul n'a plus que l'oratorien fait ressortir la force contraignante et proprement irrésistible de cette démonstration : c'est à savoir que les protestants ne sauraient trouver dans l'Écriture les dogmes qu'ils professent, et que, pour justifier le plus réduit de leurs symboles, ce n'est pas assez de la Bible tout entière, c'est la Tradition qu'il faut, cette

1. *B. C.*, 3, 190; *L. C.*, 3, 270.

Tradition qui ne se trouve que dans l'Église catholique, et qui condamne précisément la Réforme par l'impossibilité notoire où elle est de s'en passer. Demandez à vos ministres, répète-t-il sans cesse à son cher Caraïte (c'est le nom sous lequel il désigne Justel ou tout autre de ses correspondants huguenots), demandez à vos ministres de vous montrer leurs dogmes dans l'Écriture ! et l'on devine la souriante assurance de l'homme qui connaît l'Écriture, et qui jouit par avance de l'embarras inextricable où cette simple petite question va jeter jusqu'aux moins dogmatisants d'entre les calvinistes [1].

Son œuvre tout entière, au surplus, qu'est-elle autre chose qu'une réfutation radicale du protestantisme? Tant de questions troublantes qu'il pose sur l'état des textes bibliques ne sont-elles pas restées encore aujourd'hui comme autant d'arguments invincibles contre le principe fondamental de la Réforme? En montrant l'influence des circonstances de temps et de lieu sur la rédaction de l'Écriture, n'a-t-il pas établi que l'interprétation absolue et sans nuances de la Bible par la rigide dogmatique du calvinisme est le plus lourd des contre-sens théologiques? Les protestants eux-mêmes ne l'ont-ils pas reconnu, et n'est-ce pas de leur côté uniquement, de la plume des Spanheim et des de Weil, des Le Clerc et des Jurieu, des Colomiès et des Wolf, des Basnage et des Vossius que sont parties toutes les attaques contre l'*Histoire critique du Vieux Testament*? Aujourd'hui même ceux qui proclament la dissolution du protestantisme et nous annoncent sa fin prochaine, n'est-ce pas la critique simonienne qu'ils en rendent responsables? Or, chose extraordinaire, ce sont précisément ceux-là mêmes qui épousant, avec les idées, les antipathies mêmes de Bossuet, seraient le plus tentés de tenir pour protestante la critique de R. Simon. Il faudrait pourtant choisir entre deux griefs si incompa-

1. *L. C.*, 1, 32; *B. C.* 3, 280, etc.

tibles. La vérité est que le protestantisme n'était aux yeux de R. Simon qu'une scolastique, bien plus inacceptable que l'autre, et qu'étant d'essence proprement théologique, rien ne cadrait moins avec sa méthode historique d'exégèse : une forte autorité doctrinale, telle qu'on ne la trouve que dans l'Église romaine, n'était pas seulement un des articles de sa foi, c'était une des exigences les plus impérieuses de sa pensée, la nécessité la plus profonde de son système. Et si maintenant l'on demande pourquoi l'école de Port-Royal a si énergiquement réprouvé l'exégèse de R. Simon, on peut affirmer qu'outre la science qui lui manquait évidemment pour la comprendre, une certaine conception de l'Église lui faisait encore plus obstacle pour l'admettre [1].

Aussi, tandis que les théologiens de Port-Royal ont toujours l'air, en combattant le protestantisme, de chercher à s'en défendre eux-mêmes, et semblent vouloir, à grands coups de syllogismes et d'anathèmes, tenir à distance des adversaires dont ils ne sont pas bien sûrs de différer, R. Simon est suffisamment prémuni contre toute sympathie protestante par le dédain profond que lui inspire le savoir des Réformés. On pourrait même affirmer que les idées protestantes sur la grâce lui sont encore moins odieuses que l'ignorance des chefs de la Réforme en matière d'exégèse. Qu'on s'escrime contre les protestants dans ce Port-Royal où, selon les plus chères théories du protestantisme, on estime que la lumière infuse peut suppléer à la connaissance des grammaires et que tel docteur n'a pas eu besoin « de prendre le sens des paroles originales » grâce à l'illumination intérieure qui l'éclairait sur le fond de l'Écriture ! Ce n'est pas trop des plus âpres violences de polémique pour dissimuler une si plaisante conformité de vues avec

1. *L. C.*, 1, 276. Les catholiques, R. Simon insiste sur ce point, ne sont obligés à prouver aucun de leurs dogmes, hormis l'autorité de l'Église.

les partisans bien connus de l'assistance du Saint-Esprit
pour l'intelligence de la Bible ! Mais quelle apparence que
R. Simon se soit jamais senti la moindre tendresse pour
un Luther, qui a émaillé de tant de contre-sens sa traduction de la Bible ! et comme il faudrait peu le connaître
pour le suspecter de quelque faveur à l'endroit d'un
Calvin qui n'a pas donné moins d'entorses à la grammaire
qu'au bon sens pour établir sur l'Écriture ses dogmes
inhumains ! Qu'on songe donc enfin que le plus grand
hébraïsant de la Réforme, Sébastien Munster, ignorait à
ce point les langues de l'Orient qu'il a traduit par *chantre*
le mot *Sar* que tout le monde sait être l'équivalent de
Seigneur. Et l'on veut que R. Simon soit du parti de ces
ignorants ! Sans doute ils ont rendu le service de pro-
mouvoir jusqu'à un certain point les études bibliques auxquelles ils étaient étrangers eux-mêmes, et R. Simon est
tout à fait de l'avis du savant cordelier Alphonse a Castro
qui remerciait Dieu d'avoir su tourner à la gloire de son
Église les ravages que les protestants y avaient faits,
puisque les catholiques ont abandonné depuis lors plus
d'une étude vaine et ridicule. Mais que ne restaient-ils
dans le sein de la catholicité, comme tant de grands savants
très libres d'esprit leur en avaient déjà donné l'exemple,
comme un Nicolas Clémengis, un abbé Trithème ou un
Jean Reuchlin, qui étaient d'autres hellénistes, d'autres
hébraïsants, il faut en convenir, que les chefs de la Réforme ?
Ces doctes ont eu sans doute à subir quelques tribulations
de la part des moines de leur temps : R. Simon sait trop
bien ce qu'il en est pour ne pas les plaindre, mais il les
félicite encore plus d'être restés fidèles jusqu'au bout à la
confession antique, et d'être demeurés aussi bons catholiques qu'excellents grammairiens et solides exégètes [1].

---

1. *L. C.*, 2, 99 ; 4, 143, 164, 164 ; *B. C.*, 3, 179 : « Staphile, qui connaissait à fond le parti luthérien dans lequel il avait vécu, disait autrefois de la version allemande de Luther qu'on n'osait en parler mal

Peut-être ce jugement de R. Simon sur la Réforme paraî-
tra-t-il quelque peu absolu, et trouvera-t-on que, pour juger
les réformateurs du xvie siècle, il a pris un biais non
moins étroit que singulier. Mais là se reconnaît son tour
d'esprit : c'est à la science qu'il mesure les hommes, et
nul moderne n'a été, semble-t-il, plus pénétré des doctrines bien connues du Talmud : « L'ignorant ne peut être
religieux, la royauté même le cède à la science, et un
bâtard instruit a le pas sur un grand-prêtre ignorant. »
R. Simon avait trop fréquenté parmi les Talmudistes pour
ne pas s'être imprégné de leurs maximes, et peut-être en
contestera-t-on la parfaite justesse : il nous suffit de savoir
quel profond éloignement elles lui inspiraient pour cette
même Réforme dont Bossuet et Arnauld l'accusaient d'être
le secret partisan.

Que de telles accusations aient été sensibles au religieux
Oratorien, c'est ce que démontre assez le soin qu'il prit de
s'en justifier. Mais il est bien remarquable qu'il ne s'en
montra pas autrement surpris et que les plus véhéments
reproches d'hérésie ou de compromission déshonorante
ne parurent pas un instant troubler sa belle placidité d'érudit et de sage. Il avait déploré lui-même plus d'une fois
les excès de polémique parmi les théologiens de son
temps : quoi d'étonnant si l'habitude d'une dialectique
intempérante et passionnée égarait une fois de plus jusqu'aux pires injures des controversistes de parti ? Mais
c'est surtout quand il s'agit de réfuter les allégations de
Bossuet, qu'il montre, avec le plus parfait sang-froid, une
déférence qui ne lui fait pas peu d'honneur. Lui qui faisait
profession de critique, c'est-à-dire, comme on sait, d'absolu
détachement de soi-même, en vue d'arriver à la complète intelligence des autres, se rendait-il compte que ses

sans s'exposer à être maltraité des dames qui en faisaient leur délices,
quoiqu'elle fût remplie de fautes ».

adversaires, admirables discuteurs et polémistes de génie, ne pouvaient l'être sans quelque parti pris de dialectique ni quelque entraînement de passion? Se disait-il, lui qui sentait si vivement les œuvres de goût, qu'après tout ce n'est pas payer trop cher d'un peu d'intempérance oratoire les beautés qui étincellent dans tant de chefs-d'œuvre littéraires et que les qualités de tout écrivain ont pour rançon certains défauts qui tiennent au même fonds et partent du même principe? Savait-il que la joie qu'il goûtait à retrouver sous les surcharges tardives l'état primitif des textes sacrés et la naïve émotion des premiers rédacteurs, le frisson surnaturel qui traverse les *Élévations sur les Mystères* et le *Mystère de Jésus* la procure au même degré, et qu'en fait de religieux ébranlement et de passion mystique il n'est rien peut-être dans le plus lointain passé que n'égalent certaines pages de ses adversaires d'un jour? Bref, lui qui comprenait tant de choses, se donnait-il la satisfaction délicate de comprendre Port-Royal et Bossuet, avec le plaisir en sus de démêler fort bien les raisons qui ne lui permettaient pas d'en être compris? On serait tenté de le croire à voir avec quel humble et patient respect il rétablit les faits, discute les interprétations, oppose de modestes remarques aux plus éloquentes ironies qu'on eût entendues de mémoire de théologien. Certes, les travaux préparatoires de R. Simon à son *Histoire Critique* ne sont pas pour l'exégète et pour l'historien religieux d'un médiocre prix : peut-être serait-ce pour le moraliste une bonne fortune encore plus rare, s'il se trouvait que, comparé à l'œuvre, l'ouvrier ne valût pas moins.

IV

LA PUBLICATION DE L'HISTOIRE CRITIQUE DU VIEUX TESTAMENT

Rien n'est plus connu que les faits eux-mêmes ; qu'il soit permis simplement de les rappeler en peu de mots : ils sont au surplus parmi les plus intéressants et, à quelque égard, parmi les plus significatifs de l'histoire religieuse du xviie siècle[1].

Le grand ouvrage que R. Simon préparait depuis de longues années allait enfin paraître au printemps de 1678, et l'on peut croire que le fin Dieppois ne négligea, pour le publier, aucune des précautions d'usage : concession du privilège, approbation des censeurs, *imprimatur* du Supérieur général de l'Oratoire, l'*Histoire critique* du Vieux Testament portait déjà en tête de ses bonnes feuilles toutes ces précieuses attestations d'orthodoxie. On n'attendait plus que la permission de dédier l'ouvrage au roi, alors en Flandre, et le Père de La Chaise, le célèbre jésuite, confesseur de Louis XIV, qui s'était fait fort de l'obtenir, allait incessamment par ce sauf-conduit assurer les destinées du livre. Déjà même la table des matières, tirée à part, était envoyée à titre de

---

1. Bibliographie. Outre les ouvrages précédemment cités, O. BERNUS, *Richard Simon* ; FLOQUET, *Bossuet, précepteur du dauphin* ; DE LA BROISE, *Bossuet et la Bible* ; BOSSUET, édit. Déforis, les pièces annexées au tome X, etc.

prospectus aux libraires des pays étrangers : un exemplaire, surpris par un érudit orléanais, Toinard, fut remis à l'abbé Eusèbe Renaudot, grand ami de Bossuet et l'un des membres de son *petit concile*. Le prélat, alors précepteur du Dauphin, n'eut pas plutôt reçu communication de cette table de matières, qu'il reconnut, selon ses expressions, « que ce livre était un amas d'impiétés et un rempart du libertinage ». Il s'agissait sans doute de ce titre de chapitre qu'il avait lu dans l'exemplaire : « *Moïse ne peut être l'auteur de tous les livres qui lui sont attribués.* » C'était le Jeudi-Saint 1678 : Bossuet, malgré la solennité du jour, court chez Le Tellier, représente au chancelier le danger qui menace l'Église, et ne s'éloigne pas que le lieutenant de police La Reynie n'ait reçu l'ordre d'interdire la vente de l'ouvrage. Deux exemplaires sont saisis, dont l'un est remis au prélat, et l'autre envoyé à ces Messieurs de Port-Royal, bien choisis, comme l'on sait, pour juger l'œuvre de l'exégète oratorien. La conclusion de leur examen ne pouvait être douteuse : Nicole, très étranger d'ailleurs aux questions de critique, mais profondément scandalisé de la liberté que R. Simon avait prise de combattre saint Augustin sur des points de philologie et de grammaire, rendit un avis défavorable qui, au dire de la partie intéressée, jeta dans la balance un poids décisif[1]. Après quelques semaines de conférences assez confuses

---

1. « Si vous êtes curieux de savoir le fin de toute cette affaire, écrivait R. Simon au P. du Breuil, vous n'avez qu'à vous adresser à M. Nicole qui est de vos amis ; c'est lui qui a eu le plus de part à la suppression de mon livre, bien qu'il n'en ait pas été le premier auteur. Mais je puis vous assurer, sans lui faire tort, que c'est l'homme de Paris le moins capable d'en juger, parce qu'il ne s'est jamais appliqué à cette sorte de littérature dont il ignore même les premiers éléments. Soyez persuadé que je ne vous parle point en l'air. On m'a communiqué une lettre qu'il a écrite là-dessus au prélat (Bossuet) qui l'avait consulté et qui lui avait envoyé de son chef un exemplaire de mon livre. » *L. C.*, IV, p. 50.

entre Bossuet, les censeurs et R. Simon, le Conseil d'État
du roi ordonnait la suppression de l'*Histoire critique du
Vieux Testament*, sans en nommer l'auteur, et La Reynie
faisait mettre au pilon les treize cents exemplaires dont
se composait l'édition. L'acte paraîtra peut-être par lui-
même assez notable, pour qu'on ne juge pas inutile d'y
arrêter un moment l'attention, et, comme il se trouve que
les conséquences n'en sont pas encore éteintes, il ne sem-
blera sans doute pas hors de propos de les apprécier, tant à
l'égard de R. Simon lui-même que par rapport à la science
dont il est demeuré le représentant.

I

On connaît le mot du D' Johnson à qui s'avisait de contester la moindre de ses opinions : « Mon fagot est fait :
malheur à qui, sous prétexte d'en ôter le moins du monde,
viendra en relâcher le lien! » Les théologiens de l'Oratoire partagèrent dès le premier jour les idées de Johnson
et de Bossuet : une seule proposition de moins dans le
vaste catalogue de ce qu'ils considéraient comme des
vérités théologiques, et toute l'orthodoxie leur paraissait
en péril. Aussi l'empressement de la congrégation à séparer sa cause de celle du malencontreux exégète fut-il
unanime : une lettre du Supérieur, le P. de Sainte-Marthe,
à Bossuet pour disculper sa communauté ne parut même
pas suffisante, et l'on n'osa pas se reposer sur les témoignages explicites que le prélat rendit aussitôt à la pureté
d'une foi si inquiète [1]. Le Conseil de l'Ordre fut réuni, et
l'on prononça contre le P. Simon une sentence d'exclusion, qui lui fut signifiée solennellement le 21 mai 1678.

____

1. Lettre donnée par BERNUS, *op. cit.* en appendice.

Certains estimeront peut-être que R. Simon perdait peu
à quitter une congrégation dont il avait si médiocrement
à se louer jusqu'alors. Moliniste déclaré, pouvait-il regretter beaucoup les augustiniens militants dont il se trouvait
entouré à l'Oratoire? N'était-ce pas en somme une bonne
fortune de sortir, par quelque porte que ce fût, d'une communauté dont l'oracle était un P. Des Mares, « qui ne pouvait parler des Jésuites sans que la gorge lui enflât », et
dont les supérieurs, Senault, Sainte-Marthe ou Séguenot
prenaient à tâche de venger par de petites vexations leurs
bons amis de Port-Royal contre le trop clairvoyant exégète [1]. A mesure qu'il se livrait plus ardemment à l'étude de
la Bible, ne la voyait-il pas devenir l'objet d'une défaveur
toujours plus marquée parmi ses confrères, au point que
peu d'années après sa mort le P. Morin, de si docte
mémoire, s'y trouvait totalement oublié, et tandis que
son esprit critique s'affinait toujours davantage, ne dut-il
pas être choqué plus d'une fois par la présomption d'un
dogmatisme absolu sur les plus ardues questions de la
théologie? On a pu écrire à l'entrée de plus d'une communauté religieuse la devise bien connue des moines de
saint Bernard : *Janua cœli*; mais il faut avouer qu'à certains jours le commentateur du Nouveau Testament ne
dut pas trouver cette porte moins étroite et moins hérissée
d'épines que celle dont il est parlé dans l'Évangile.

Cependant, ce serait une erreur de croire que R. Simon
reçut d'un cœur léger la grave sentence qui lui était signifiée par ses supérieurs : l'attention extrême qu'il prit à la
cacher au public pendant toute sa vie prouve assez la
vivacité du coup qu'on lui avait porté : il était religieux par
goût, par vocation; il ne cessa jamais, même dans sa cure
de Bolleville, de se considérer comme tel. Il ne faut pas

1. Sur les griefs que R. Simon croyait avoir, à tort ou à raison
contre l'Oratoire, voir sa *Vie*, par son parent, Bruzen de la Martinière,
en tête des *Lettres choisies*.

d'ailleurs exagérer l'aversion que pouvaient causer à ce combatif les contestations dogmatiques : on y apportait alors presque autant de belle humeur qu'on y mettait en même temps d'âpreté et d'ardeur belliqueuse, et on laissait à ceux qui devaient montrer plus tard si peu de goût pour les discussions des théologiens le souci de s'effaroucher des qualifications théologiques. Qu'on se rappelle plutôt, au fort des débats sur le jansénisme, la représentation demi-sérieuse, demi-burlesque du Triomple de la grâce sur Jansénius dans les collèges des Jésuites, et, chez les Cordeliers de Louvain, le bel appétit théologique dont les novices accueillaient au réfectoire la lecture du traité augustinien de Conrius sur la Damnation des enfants morts sans baptême. Quelle ample collection de traits plaisants et d'anecdotes tragi-comiques devait rassembler là le P. Simon, il n'est pas malaisé de le deviner. Aussi comment lui supposer le moindre venin contre ses confrères, quand on l'entend parler si gaîment du P. du Johannet, augustinien zélé que ses éternuments sonores, semblables à des coups de canon, à travers le cloître, avaient fait surnommer la Bombarde des Jansénistes? Et quand il montrait ce champion de la grâce efficace prenant congé des Pères de l'Oratoire réunis autour de lui pour prendre le mot d'ordre sacré, et leur répétant par trois fois en les embrassant : « Par elle-même, mes Pères, par elle-même! » le moyen de croire que R. Simon ne se sentait pas quelque tendresse de cœur pour une communauté qu'il savait si finement dépeindre? Et puis, il avait là sous sa main, dans cette chère maison de la rue Saint-Honoré, cette admirable bibliothèque qu'il avait classée, cataloguée, et dont il énumérait avec orgueil les manuscrits introuvables partout ailleurs, même dans la bibliothèque du roi. Si l'on ajoute qu'il avait noué à l'Oratoire plus d'une étroite amitié, et que le P. Verjus, le frère d'un jésuite alors célèbre, le P. Bertad, son maître dans la vie religieuse et en même temps son élève en exégèse, les deux disciples de Descartes, Lami et Malebranche, étaient pour le dédommager amplement des légères tracasseries des augustiniens de parti, on comprendra quelle épreuve ce fut pour l'Oratorien d'être obligé de renoncer brusquement à cet idéal de vie docte et retirée : quand elle n'eût pas fait besoin à son cœur, et répondu aux aspirations les plus intimes de sa conscience, tout le monde sait bien qu'il n'était pas alors d'autre genre de vie pour satisfaire pleinement les goûts d'un homme d'étude, pas d'autre asile pour abriter l'existence laborieuse d'un érudit, né hébraïsant surtout et exégète.

Si la sentence d'exclusion qui mettait brusquement le savant religieux hors de l'Oratoire lui fut pénible, les considérants qui l'appuyaient n'étaient pas à la vérité pour lui en adoucir l'amertume. Le censeur Pirot, à qui Bossuet avait vivement reproché l'approbation donnée à l'*Histoire critique*, s'était empressé de se justifier en affirmant que l'auteur avait fait après coup des additions qui transformaient le premier ouvrage, parfaitement irréprochable à ses yeux, en un ouvrage tout nouveau et absolument hétérodoxe. R. Simon convenait, en effet, que la copie soumise à la censure ne contenait pas quelques pages d'appendice, comme par exemple la critique des Prolégomènes de Walton. Mais comment croire que ces additions, si importantes qu'on les suppose, aient seules contenu ces principes pernicieux, ces thèses redoutables et, selon les termes de Bossuet, « ces mauvaises maximes » qui lui faisaient juger que tout l'ouvrage était à refaire ? N'était-ce pas, en effet, l'esprit, la méthode, le caractère strictement historique qu'en condamnait Bossuet, et l'ouvrage n'était-il pas à cet égard un seul bloc que nulle addition ne pouvait réussir à modifier ? Le grief invoqué par le censeur n'en fut pas moins retenu par le P. de Sainte-Marthe, et quand il s'agit de libeller la sentence d'expulsion sur les registres de l'Ordre, on déclara que le P. Simon avait été exclu comme convaincu de duplicité et de mauvaise foi. L'orthodoxie de la Congrégation paraissait sauve et la vigilance du censeur Pirot était mise à l'abri de tout soupçon : maintenant est-il bien sûr que ce docteur de Sorbonne ne fût pas du nombre de ces censeurs qui ne censurent point, et ne ferait-il pas une assez honnête figure entre Tercier, le fameux approbateur de l'*Esprit* d'Helvétius, au xviiiᵉ siècle, et le censeur Pommereuil qui, sous l'Empire, contresignait de confiance les affiches de la conspiration Mallet ? On serait tenté de le croire, si l'on ne se rappelait qu'après tout les hérésies et les impiétés dénoncées par Bossuet étaient d'une espèce assez difficile à saisir, et que de tous ceux qui ont, après lui, parlé des dangereuses erreurs de R. Simon, il est peut-être le seul qui les ait démêlées bien distinctement.

Quant à R. Simon, le parti qu'il avait pris de taire son exclusion de l'Oratoire l'empêcha d'en discuter jamais les motifs réels ou fictifs dans ses écrits. Mais tout ce que ce silence forcé dut lui coûter de contraintes et de sacrifices, il n'est guère possible de l'exagérer. Il semble bien, en effet, qu'à partir de cette époque son caractère se soit quelque peu aigri et que sa plaisanterie soit devenue légèrement acerbe. Le ton épigrammatique, plus fréquent qu'il ne conviendrait peut-être dans des ouvrages de haute et impartiale érudition, déroute parfois et déconcerte, et l'on s'étonne que ce profond critique prenne plaisir à jouer au plus fin avec son lecteur, sinon parfois même à l'égarer par ses malicieux sous-entendus. « C'est un moqueur déclaré » tranchait Bossuet, sans se demander si certaines mesures prises à son endroit n'avaient pas singulièrement contribué à le rendre tel. Le même Bossuet, si sévère pour le trop piquant exégète, n'avait pas assez d'éloges pour célébrer la déférence que témoignait par exemple un Descartes à l'égard des théologiens. On sait, en effet, quelle crainte salutaire inspiraient au philosophe les Très illustres Maîtres de la Sacrée Faculté, auxquels, non content de leur dédier son livre des *Principes*, il faisait le sacrifice de son grand ouvrage *Du Monde*. Cela ne l'empêchait pas, il est vrai, d'écrire en même temps à son ami Burmann : « Avant tout il faut exterminer cette scolastique, dont les représentants ne connaissent, contre leurs adversaires d'autres armes que le .mensonge et la calomnie. Cet art même de calomnier, ils se le sont rendu à tel point familier que, même sans y penser, ils calomnient et ne peuvent faire autre chose que de calomnier[1] ». Certes, de telles vivacités de plume sont toujours demeurées, même dans l'intimité de sa correspondance, étrangères à R. Simon, et nous sommes bien loin de l'ironie discrète qui circule à travers certaines pages des *Histoires critiques*. On peut se demander cependant si les communs adversaires de l'exégète et du philosophe ne se fussent pas, à tout prendre, accommodés plus aisément des diatribes violentes de l'un que de la modération quelque peu narquoise de l'autre.

On sait, en effet, si l'ouvrage de R. Simon fut traité avec plus de clémence qu'il ne l'avait été lui-même personnellement, et s'il put se consoler de ses propres mécomptes par le succès d'une œuvre où il avait mis une si grande part de lui-même. Sans doute, la condamnation avait eu pour premier effet, comme il arrive, d'exciter au plus haut point la curiosité. Quelques exemplaires de l'édition supprimée avaient échappé à la diligence de La Reynie et transportés, puis copiés en Angleterre, ils avaient servi de base à deux éditions hollandaises très rapidement enlevées, malgré les fautes innombrables dont elles étaient semées. Bossuet lui-même que ne quittait jamais la préoc-

----

1. Lett. de Desc. à Burmann, ms. de Göttingen, cité par M. BLONDEL, *Lettre sur l'apologétique*, 1896, in-8°.

cupation de sa polémique contre les protestants ne pouvait pas ne pas sentir le prix d'un ouvrage qui établissait si nettement la nécessité de la tradition et réduisait les hérétiques à la reconnaître [1]. De là une sorte d'hommage involontaire, mais singulièrement éloquent, rendu à l'*Histoire critique* par son adversaire le plus déclaré, quand Bossuet était entré en conférence avec R. Simon pour lui faire corriger son ouvrage et le mettre en état de paraître en France avec toutes les approbations nécessaires. Mais de quoi s'agissait-il en réalité? de faire imprimer avec le nom de R. Simon les idées exégétiques du prélat, qui, du reste, ne s'en cachait pas, puisque, dans ses lettres à ses familiers, il ne se flattait de rien moins que d'avoir arraché à l'ex-oratorien la promesse de se réfuter lui-même : comme si R. Simon n'avait pris pour devise scientifique aussi bien que pour règle de conduite : *Alterius ne sit qui suus esse potest!* et comme si Bossuet pouvait faire partager de semblables espérances à qui que ce fût, même au censeur Pirot! Chargé d'un nouvel examen du livre, celui-ci en effet après deux ans d'atermoiements, se retirait en passant la main à un autre examinateur qui, disait-il, pourrait approuver l'œuvre sans avoir du moins l'air de se dédire. Retirer son manuscrit pour l'envoyer à un éditeur de Rotterdam, et en même temps écrire à Bossuet pour le remercier du bon office qu'il avait voulu lui rendre, non sans lui marquer qu'il ne se souciait pas d'être recommandé plus longtemps à la bienveillance des censeurs, et que ce qui s'était produit dans le passé lui donnait lieu de craindre pour l'avenir [2] : telle fut la seule réponse de R. Simon (combien dépourvue de malice, on en peut juger), à ces avances plus ou moins sincères où d'autres n'auraient voulu voir qu'une comédie légèrement cruelle et comme un jeu de dupes à peine moins perfide que plaisamment combiné.

1. Bossuet, *Défense de la Tradition*, I, 1, 9.
2. R. Simon, *Lettres choisies*, 3, 204.

En réalité, R. Simon se sentait tenu en suspicion. Troublé, intimidé, découragé, il se voyait obligé de laisser en suspens ses travaux sur l'Ancien Testament, en particulier la traduction de la Bible qu'il avait entreprise, et il lui fallait, en pleine possession de son sujet à la fois et de son talent, de sa méthode aussi bien que de ses instruments de recherche, tourner son inépuisable besoin d'activité du côté du Nouveau Testament. Et là encore que de difficultés n'allait-il pas rencontrer! Combien d'alarmes ne devait-il pas s'attendre à provoquer par sa prétention d'être un savant là où tout le monde se contentait d'être un croyant! Quelles pires aventures enfin pouvait-il bien courir, s'il est vrai que cette terrible accusation d'hérésie qui allait infailliblement retentir encore à ses oreilles soit, au dire de saint Jérôme, la seule qu'on ne puisse accueillir de sang-froid sans une espèce d'impiété?

Versé comme il l'était dans l'histoire des dogmes théologiques, il lui était loisible de repasser dans sa mémoire les condamnations de tout genre qui avaient frappé, avant le sien, tel ou tel système d'exégèse biblique. C'était par exemple au vi^e siècle la profonde herméneutique d'Origène, avec ses heureux partis pris d'allégorisme, ses hardies adaptations des vieux textes à la philosophie de son temps, ses libres spéculations à l'usage des esprits éclairés, que Justinien avait si puissamment aidé à faire condamner par ses théologiens. Mais la sentence avait ici porté non sur une méthode d'exégèse universellement suivie dans l'Église, mais sur quelques-unes des conclusions dogmatiques qu'en avait tirées le trop subtil Alexandrin; encore la sentence n'était-elle intervenue que longtemps après la mort de l'intéressé, et certains même pouvaient soutenir que cette condamnation n'était pas sans ressembler à une transaction diplomatique, n'étant destinée dans la pensée du prince qu'à gagner à la cause impériale les couvents ennemis d'Origène et protégés, comme l'on sait, par la

patronne officieuse de tous les moines, la plus zélée
qu'exemplaire impératrice Théodora. Dans des temps
plus récents, c'est l'hypothèse exégétique de Galilée sur
les passages de l'Écriture semblant impliquer l'immobilité
de la terre que les théologiens du Saint-Office avaient
condamnée comme formellement hérétique, *tanquam formaliter hæreticam*[1], c'est à savoir comme faisant brèche au
système alors admis des vérités théologiques et déran-
geant la conception commune qu'on se formait du mystère
de l'Incarnation. Mais comment ne pas voir que c'était ici
la condamnation d'une certaine exégèse par la théologie,
science nettement distincte, tandis que la condamnation
de l'exégèse simonienne, et en particulier de cette proposition que Moïse n'est pas l'auteur de tous les livres qui
lui sont attribués, n'était et ne pouvait être prononcée
qu'au nom d'une autre exégèse, dont on ne se donnait pas
au surplus la peine de démontrer l'autorité dogmatique.
Condamnées pour des raisons d'ordre très divers, quelques
théories spéciales d'Origène n'avaient pas empêché sa
méthode exégétique de lui survivre et même proprement de
triompher en devenant comme le fond même et la substance
de la pensée théologique, jusque chez les Pères qui s'y
crurent et s'y montrèrent le plus hostiles. Quant aux
opinions de Galilée, ce n'est même pas en s'insinuant par
une sourde infiltration dans les écrits des contradicteurs
qu'elles avaient fini par vaincre; c'est en forçant par une
sorte de contrainte inéluctable leurs propres censeurs à

1. On lit dans un article, devenu célèbre, sur les *Bases de la
croyance*, que ce ne sont pas des théologiens, mais des philosophes qui
ont persécuté Galilée, et que ce sont des raisons philosophiques qu'ils
lui ont opposées. (F. BRUNETIÈRE, *Revue des Deux-Mondes*, oct. 1895).
Les termes de la sentence du Saint-Office ne paraissent pas favoriser
la thèse de M. Brunetière. Voir la sentence dans VIGOUROUX, *la Bible
et la Critique rationaliste*, t. IV, p. 478 : « *Omnes dixerunt* » sententiam
esse « *formaliter hæreticam, quatenus contradicit expresse sententiis
S. Scripturæ in multis locis.* »

les partager eux-mêmes, selon l'énergique remarque de
Pascal : « Si l'on avait des observations constantes qui
prouvassent que c'est la terre qui tourne, tous les hommes
ensemble ne l'empêcheraient pas de tourner, et ne s'empêcheraient pas de tourner aussi avec elle. » Mais l'exégèse
historique qu'il venait de fonder, R. Simon pouvait se
demander si elle avait quelque chance de résister avec
succès à cette autre exégèse, assez puissamment installée
dans les esprits pour pouvoir, sans nul considérant, frapper
d'anathème toute tentative rivale. Son œuvre était mise
au ban de l'orthodoxie : la méthode scientifique nouvellement créée pouvait-elle se flatter de triompher de la
méthode vaguement traditionnelle que représentait Bossuet, et la conséquence de sa condamnation n'allait-elle
pas être comme une sorte d'interdit jeté sur l'exégèse
historique elle-même? C'est l'intérêt d'une étude sur
l'œuvre de R. Simon que de provoquer en même temps
au passage l'examen d'une telle question.

II

S'il faut en croire de récents critiques, admirateurs
d'autant moins suspects de Bossuet qu'ils ne se cachent
pas de repousser ses croyances, tout en ne cessant de les
recommander éloquemment aux autres, l'adversaire de
R. Simon n'a pas donné seulement une preuve de clairvoyance en rangeant l'oratorien parmi « les pires ennemis
de sa religion »; il a fait mieux encore : il a répondu à ses
écrits, et la deuxième partie du *Discours sur l'Histoire
universelle* est là pour nous consoler de tout ce qu'a pu
nous envier la condamnation de l'*Histoire critique*[1]. Si
l'on ne va pas encore jusqu'à dire que la sentence de

1. Cf. F. Brunetière, *Études critiques*, p. 81.

Bossuet est un aussi beau trait de génie que telle page de l'*Histoire des Variations*, et que l'interdiction du *Nouveau Testament* de Trévoux vaut la *Politique tirée de l'Écriture sainte*, on n'admet pas cependant que l'admiration comporte les moindres réserves, et à ceux qui seraient tentés de regretter la profonde décadence de l'exégèse biblique depuis la fin du XVII° siècle on oppose victorieusement les propres travaux de Bossuet sur la Bible avec tout ce qu'ils représentent de passion intense, soutenue, infatigable pour cette étude[1].

C'est qu'il y a, en effet, deux manières d'aimer la Bible, et si les uns ont pour l'Écriture une curiosité plus passionnée, elle inspire aux autres une vénération plus tendre, sans qu'il soit possible bien souvent de décider quels sont ceux qui l'aiment véritablement davantage. On connaît l'histoire de ce tournoi exégétique où s'échauffaient à propos d'un texte sacré des théologiens de diverses écoles : un prélat, écartant les docteurs sur son passage, s'en vint baiser les pages du livre divin, et aux hommages non équivoques que rendait à la Bible l'âpre obstination des chercheurs il joignit le témoignage plus touchant de son adoration pieuse. Ce prélat eût pu sans difficulté s'appeler Bossuet. Qui ne sait l'impression unique de clarté et de douceur que lui avait causée, vers la fin de ses études classiques, la première lecture de la Bible latine trouvée pendant les vacances dans la bibliothèque de son père? Combien de fois ne l'a-t-on pas dit, en des termes mêmes que l'on ne peut pas ne point répéter, si l'on veut caractériser ce trait si saillant de son génie? Il resta toute sa vie sur cette première émotion de religieux attendrissement et d'illumination sacrée. Enfant, l'Écriture l'avait en quelque manière révélé à lui-même; jeune homme, il y avait répandu tous les trésors de son imagination, toutes

1. Cf. F. BRUNETIÈRE, *op. cit.*, p. 75.

les richesses de son cœur, toute sa poésie d'adolescent;
apôtre enfin et pasteur des âmes, il en avait fait son
arsenal de combat en même temps que son sanctuaire le
plus intime. Son goût était naturellement pour une simplicité forte et naïve : la Bible le transportait par cet
accent familier et populaire qui lui est propre. Son âme
enthousiaste allait d'instinct vers le grand et le sublime :
c'était justement le genre de beauté qui s'offrait partout à
lui dans les Livres saints. Il n'était pas jusqu'à cet air de
vétusté qui n'enchantât son esprit naturellement antique,
jusqu'à cette variété infinie d'images qui ne conquît puissamment cette âme chez qui l'imagination était sans égale.
Aussi, avait-il quelque sentiment profond à exprimer, un
verset se présentait aussitôt à sa mémoire émue, et si le
sens en était parfois altéré, jamais le texte sacré n'avait
paru plus riche d'idées et de sentiments, et l'on peut dire,
plus chargé d'âme. Qu'il ait après cela plus d'une fois
admiré les inexactitudes ou les contre-sens de la Bible
latine, ce serait la preuve d'un goût littéraire bien étroit
que d'en être autrement choqué. Lorsque dans le beau
sermon sur la *Parole de Dieu* il entendait des vérités
amoindries par l'esprit du monde le fameux *deminutæ
sunt veritates a filiis hominum*, ou que dans le sermon sur
l'*Ardeur de la pénitence* il faisait trembler son auditoire
devant les vengeances de la colombe irritée, au lieu de
parler simplement du glaive menaçant de la justice divine
qu'a décrit le prophète, qui ne pardonnerait volontiers de
semblables erreurs de traduction en faveur d'une telle
plénitude d'émotion et d'une telle sublimité de langage?
Et que lui eût importé à lui-même le sourire de quelque
exégète érudit, d'un R. Simon par exemple, lorsque dans
le sermon sur les *Anges gardiens* il transformait les étoiles
qui combattirent contre Sisara en anges tutélaires qui
nous défendent contre notre ennemi, sans que leur béatitude les abandonne jamais, ou lorsque dans le sermon de

la fête de Pâques, à la date de 1655, il prétendait reconnaître dans les trois *Væ* lancés par l'aigle de l'Apocalypse
la menace de la triple concupiscence toujours suspendue
sur la tête des enfants d'Adam [1]? Ignorant l'hébreu, étranger à la critique proprement dite, il avait bien autre chose
à faire que de rechercher dans la Bible ces superstitieuses
minuties de la grammaire dont il se raillait avec un dédain
si superbe : elle était l'aliment de sa pensée, la substance
de sa vie morale, le livre de chevet, où il avait jour par
jour versé son âme tout entière, sa lecture de prédilection
à jamais bénie. Aussi quand la mort le vint trouver, elle
le trouva pieusement occupé à une traduction des Psaumes
en vers : le vœu qu'il avait inscrit en tête d'un de ses
écrits sur les Livres saints était exaucé : *Certe in his consenescere, in his mori summa votorum est.*

Les critiques, comme Richard Simon, aiment aussi la
Bible : quel livre, en effet, a le don de provoquer à un plus
haut point l'incessant travail de leur pensée? Quelle étude
soulève à la fois plus de problèmes et répand plus de
lumières sur les questions capitales de la conscience
humaine, à tel point que la Bible est infiniment plus indispensable à l'intelligence de toute religion que l'Iliade ne
l'est à l'intelligence de toute poésie! Si la possession sûre
de la vérité totale inspire à un Bossuet une tendresse indicible pour l'Écriture, l'âpre recherche a aussi pour un
R. Simon ses délices et son ivresse. Loin de se décourager
que son travail soit sans terme, c'est là au contraire
comme le secret de sa passion : *Margarita est sermo Dei
et ex omni parte forari potest.* Maintenant, que cette

---

1. Il n'est pas sans intérêt de remarquer que les libertés exégétiques,
familières à Bossuet, ont été reprises par certains de ses récents admirateurs, comme lorsque oubliant le sens du mot *Veritas* dans les
Psaumes, on applique le *Veritas Domini manet in æternum* à la conception que Bossuet s'était faite de l'immobilité du dogme chrétien. (Voir
E.-S. DE NEUILLY, *Les Psaumes, commentaire et traduction*, Paris,
1897, p. 38.)

curiosité passionnée pour la Bible soit difficilement comprise de ceux qui, comme Bossuet, ne professent pour elle qu'un culte pieux, c'est ce qui ressort de cette différence absolue de points de vue, et l'on peut même ajouter, de tempéraments. Entre Bossuet et R. Simon, le malentendu n'était pas seulement naturel, il était inévitable : tout en paraissant avoir un objet commun d'études, ils parlaient en réalité deux langues différentes, et s'il était possible au critique de saisir la pensée de son adversaire, il était impossible de traduire dans sa langue les idées du critique, si manifestement en avance au surplus sur celles de ses contemporains. De ce malentendu si profond à la surprise et au scandale il n'y avait qu'un pas, et R. Simon put bientôt se convaincre que l'étude qu'il avait estimée la plus louable était de fait la plus féconde en tribulations de tout genre. Ne le plaignons pas trop cependant; R. Simon savoura plus d'une volupté, et s'il est quelqu'un à qui fut douce l'assurance de l'Écriture que, pour grands que soient nos sacrifices, Iahwé a de quoi nous en rendre bien davantage, ce fut assurément le religieux critique à qui l'étude de sa parole se trouvait avoir tant coûté [1]. On raconte dans un des traités du Talmud, que Rabbi Jochanan étant venu à passer près d'un champ qui avait appartenu à ses pères mais qu'il avait vendu pour se livrer à l'étude de la Loi, ses disciples lui demandèrent s'il n'avait pas regret d'avoir aliéné son patrimoine : « A Dieu ne plaise que je préfère ce qui a été créé en un seul jour à ce que l'Éternel n'a pas mis moins de quarante jours à donner aux hommes! » R. Simon eût estimé, comme R. Jochanan, que ce n'était pas payer trop cher, en effet, l'honneur d'étudier la Loi; quant au bonheur plus grand encore d'en scruter les plus lointaines origines, et de rencontrer, pour résoudre quelques-uns

1. 2. *Sam.*, 12, 9; Stern, *Liehst*, Talmud, 30.

des plus épineux problèmes qu'elle soulève, la solution la plus lumineuse et la plus simple qui eût été jamais proposée, c'est un genre de jouissance qu'il eût trouvé toutes les comparaisons du Talmud insuffisantes à exprimer. Maintenant, que l'exégèse simonienne ait encore eu pour plus d'un esprit le charme d'une étude défendue et d'une sorte de curiosité proscrite, c'est un résultat qu'a pu amener la rigoureuse condamnation de Bossuet. Mais en général combien rares semblent-ils avoir été ceux qui jaloux de garder leurs liens avec l'orthodoxie la plus scrupuleuse ont cru pouvoir se hasarder sur le terrain désormais interdit de l'exégèse historique? Combien en peut-on compter qui secouant l'autorité de Bossuet, s'affranchissant de la séduction impérieuse de son éloquence, ont cru pouvoir en critique sacrée reprendre une liberté qui n'avait pas été refusée à un saint Jérôme, mais qui avait fait fondre sur la tête de R. Simon de telles tempêtes? L'histoire de l'exégèse en France depuis la fin du xviiᵉ siècle est là pour nous apprendre quel put être l'ascendant d'un homme de génie, même dans les matières qui lui sont étrangères, et si l'on doutait de combien une page éloquente l'emporte dans l'opinion commune sur la découverte du plus grand fait ou la démonstration scientifique la plus capitale, il n'y aurait qu'à se rappeler comment la condamnation de l'*Histoire critique* est devenue à peu près à tous les yeux pendant deux siècles la condamnation même de la critique simonnienne et de la méthode historique en exégèse.

Si les études bibliques ont, au dire de quelques-uns, certain droit de se plaindre de la sentence portée par Bossuet, l'apologétique paraît à plus d'un en avoir souffert encore bien davantage. Le rapport étroit qu'elle a toujours soutenu en effet avec l'exégèse, il n'est personne qui l'ignore. Pour s'en tenir au xviiᵉ siècle, qu'y a-t-il de plus remarquable à la fois et de moins remarqué dans les

Pensées de Pascal que l'effort du grand géomètre pour constituer selon les règles d'une démonstration rigoureuse l'exégèse apologétique, et qui ne sait que s'il nous demande d'abord la plus difficile abdication, le *sacrificium intellectus*, en nous criant avec son énergie familière : Abêtissez-vous! c'est pour nous offrir bientôt cette compensation à son gré inestimable : Vous comprendrez le *chiffre* des Deux Testaments! Quant à Bossuet, c'est encore des Livres saints et en particulier du système si bien lié, ou, comme il dit, du rapport des Deux alliances, qu'il a tiré ses plus puissants moyens apologétiques, dans la seconde partie du Discours sur l'Histoire universelle. Si l'apologie du christianisme est un éloquent appel de la conscience égarée par le péché à la conscience éclairée et guidée par la Révélation, il n'est pas de plus grand apologiste que Bossuet, puisque aussi bien nul n'a eu une plus profonde intelligence des ressources morales de la religion, et si l'on veut apprendre à quel degré de puissance persuasive et contraignante peut atteindre l'apologétique, c'est dans ces pages qu'il faut aller lire la démonstration devenue classique de la vérité chrétienne. Nulle part on n'a mis plus d'éloquence indiscutable au service de cette thèse toujours discutée, que nul ne peut s'écarter de la foi si ce n'est par l'effet de quelque perversité secrète, et que la liberté de penser individuellement en matière de religion ne saurait s'expliquer que par le libertinage des mœurs ou l'orgueil de l'intelligence.

Cependant si l'on rapproche de cette Apologie de Bossuet le *Traité théologico-politique* de Spinoza, dont on nous assure aujourd'hui communément qu'elle est la directe et suffisante réfutation, on ne peut s'empêcher d'éprouver à cette comparaison plus d'un mécompte[1]. Certes Bossuet développe, comme on ne l'a jamais fait

1. F. Brunetière, *op. cit.*, p. 75, sq.

avant lui, ce qu'il appelle « la chaîne de la tradition », mais on se demande si les mailles en sont partout assez serrées, et si l'objection de Spinoza ne se fait pas jour en maint endroit. Lorsque celui-ci, par exemple, pour montrer le caractère purement humain et naturel de l'Écriture, s'efforce de prouver qu'elle n'est rien de plus que la littérature du peuple juif, et que les auteurs sacrés n'ont jamais fait parler Dieu que selon leur tour personnel d'imagination, riant ou sombre, doux ou violent, suffit-il d'opposer à cette théorie des arguments aussi généraux que l'antiquité de la Loi, la majesté des traditions, la suite ininterrompue de la religion révélée? De même encore quand il prétend établir que le surnaturel n'est pour les écrivains hébreux rien autre chose que l'extraordinaire, et que les miracles de la Bible ne sont qu'une sorte de projection de la conscience religieuse qui ne veut voir en toutes choses que l'intervention immédiate et comme la main de Dieu; lorsque, pour préciser davantage, il affirme que des faits comme l'apparition du Seigneur à Agar ou la destruction des cent quatre-vingt cinq mille Assyriens par l'Ange exterminateur sont une manière tout orientale de dire qu'Agar découvrit une source à l'improviste et que la peste détruisit une immense armée, est-ce une réponse aujourd'hui satisfaisante de soutenir en général que les difficultés de l'Écriture sont si aisées à vaincre que, loin de l'ébranler, elles ne servent en réalité qu'à l'affermir? A coup sûr, il sied à Bossuet, plus encore qu'à tout apologiste chrétien, s'il est possible, de ne douter jamais de la religion qu'il professe, mais on aimerait à le voir douter quelquefois des démonstrations dont il l'appuie. Qui ne remarque, en effet, que le parti pris d'opposer à toute objection, non des arguments en somme, mais de véritables fins de non-recevoir, comme l'antiquité des traditions ou les intérêts de la morale, est le moyen le plus sûr de rendre suspecte à la longue la meilleure des causes? Qui ne voit

qu'il y a quelque chose de plus redoutable pour la vérité
que les attaques dont elle est l'objet, c'est à savoir l'insuffisance et plus encore, l'arbitraire des procédés d'argumentation qu'on emploie pour la défendre? Qui ne reconnaît enfin que pour réfuter Spinoza, comme pour combattre plus tard Voltaire et Lessing, il n'y a eu en définitive qu'une exégèse possible, l'exégèse historique, celle
que venait de fonder précisément R. Simon? Ce qu'il fallait
désormais pour soutenir les attaques d'une incrédulité
singulièrement méthodique et clairvoyante, n'était-ce pas,
en effet, une critique aussi bien informée et non moins
pénétrante, armée de méthodes plus rigoureuses encore
et d'instruments plus aiguisés? Quand les grands *assembleurs de nuages* du xviiie siècle allaient répandre sur tous
les problèmes religieux une obscurité si profonde, que
pouvait-on souhaiter de plus à propos que cette libre vue
historique des choses qui permet seule de voir clair en
ces questions, parce qu'elle permet seule aussi de se tenir
au clair avec soi-même? Enrichir la théologie de points de
vue hardis et nouveaux, proposer des solutions inattendues à mille difficultés d'autant plus redoutables qu'on
les soupçonnait à peine, démontrer même aux dogmatisants qui croient y voir dans les ténèbres qu'ils prennent
simplement la nuit pour le jour, il n'est pas beaucoup
de services plus précieux à rendre à l'apologétique, et
c'était précisément le but de l'exégèse simonienne « de
servir ainsi l'Église, en retrempant ses armes contre des
hérésies subtiles et raisonnantes qui tiraient tout leur
avantage de l'étude de l'histoire et de la connaissance littérale des textes [1] ». On comprendra que d'aucuns ne
réussissent pas à se consoler de la voir frappée ainsi de
discrédit par l'autorité d'un grand évêque, et ceux-là ne
sont peut-être pas les moins sincères admirateurs de
Bossuet.

1. J. DENIS, *Bossuet et R. Simon* (*Mémoires de l'Acad. de Caen*, 1870).

S'il fallait en croire enfin certains juges peut-être un peu bien chagrins des choses du passé, ce ne seraient pas seulement l'exégèse, l'apologétique, les divers modes de l'activité religieuse qui auraient plus ou moins pâti du coup d'état théologique de 1678 ; ce serait la religion elle-même dans ce qu'elle a de plus essentiel et de plus profond. Il faut remarquer, en effet, qu'à partir de cette date, c'en est fait de l'admirable fécondité qui venait de régner dans les sciences religieuses ; la grande et forte génération des Jésuites éclairés, si chers à R. Simon, a disparu, et les Petau et les Sirmond, les Labbe et les Halloix semblent avoir emporté avec eux la tradition des libres recherches, la conviction que toute histoire, fût-elle sacrée, tombe nécessairement sous la critique, et cette grande idée enfin que le vrai savant ne saurait faire à aucune convention le sacrifice de son devoir, qui est de trouver et de dire la vérité. Launoy, celui qu'on nommait le dénicheur de saints, mais qui ne fut en réalité que le défenseur des gloires authentiques de l'Église contre les entreprises toujours suspectes des faussaires, Launoy vient de mourir, et il se passera deux siècles avant qu'il se rencontre un seul héritier de sa puissance de labeur, de son courage ingénu et de sa clairvoyance critique. La vie intellectuelle va s'affaiblir singulièrement dans l'Église, et l'on est sur le point de traverser une période d'inertie et de stérilité comme on n'en a vu nul autre exemple, même aux pires heures de son histoire : sera-ce du moins au profit de la vie religieuse ? Il faudrait pour le croire, oublier ce qu'a été le xviiᵉ siècle ; il faudrait s'imaginer que les époques où règne le plus grand silence sont aussi les plus croyantes ; il faudrait se persuader enfin que c'est une foi forte et sincère que celle qui s'obtient par le refus de connaître les questions, par l'horreur de la recherche, et pour tout dire, par la paresse d'intelligence. On avait désavoué la critique et condamné le vrai savoir ; on aura quelque chose d'infiniment plus

redoutable encore que les pamphlets les plus acérés de
Voltaire qu'on s'est mis dans l'impuissance de réfuter,
c'est à savoir la complète indifférence religieuse de tout
un siècle. Le moyen de s'en étonner quand on songe quel
fait intime est la religion dans une vie et quelle harmonie
elle exige entre nos croyances et nos facultés, entre notre
credo et notre connaissance! Et comment croire que des
générations qui se montrent si insouciantes de vérifier les
titres de leur foi seront plus jalouses de les conserver et
de les défendre contre toute injure? Les convictions de
quelques-uns ont beau être énergiques; du moment que
la science chrétienne n'est plus là pour résoudre des difficultés sans cesse renaissantes et qui font, combien heureusement! de la vie religieuse un véritable train de
guerre, la croyance commune la plus robuste porte en
elle un germe de mort, et la vie morale, jusqu'aux extré-
mités du grand corps, va s'affaiblissant. On avouera que
telle apologie, fondée sur le baptême des cloches ou
l'analogie de la Trinité avec les Trois Grâces, n'est pas de
nature à paraître à tous une compensation suffisante.

On peut répondre cependant que ces conséquences
éloignées ou prochaines de la proscription de l'*Histoire
critique* sont, en somme, moins attribuables à Bossuet lui-
même qu'à l'état d'esprit très général dont il était le représentant. Si, en ce tournant du siècle, Bossuet a réussi, en
effet, à imposer ses vues au plus grand nombre, c'est précisément parce que le plus grand nombre se trouvait,
peut-être même à son insu, partager ses vues en ces
matières. L'illustre prélat, et ce fut là sans doute un des
motifs les plus manifestes de la condamnation de R. Simon,
était avec une volonté impérieuse un esprit naturellement
timide. La critique lui causait comme un frisson intérieur,
un secret tremblement pour le dogme traditionnel. On
sait la riposte qu'il s'attira le jour où il s'avisa de reprocher
à M. de Tréville, esprit fin et cassant, de n'avoir pas de

jointures : Et lui, il n'a pas d'os, répondit M. de Tréville. Ce n'est pas seulement devant les puissances du monde qu'il semblait parfois se montrer quelque peu faible et pliant ; il y avait évidemment certaines questions qu'il n'aimait pas à regarder en face, et quand il voyait la science les aborder de front il ne se cachait pas de lui trouver une sorte de familiarité indiscrète avec les origines mystérieuses de notre foi. Ce qu'il fallait à sa conscience religieuse évidemment, ce n'était pas le langage de la sagesse humaine, c'était celui de la volonté divine lui parlant dans le buisson de feu ou sur les hauteurs du Sinaï. Or, on peut le demander, est-il une disposition d'âme plus générale, et en quelque manière plus caractéristique de la conscience religieuse ? Tandis que la tradition, la majesté des souvenirs et des noms consacrés exercent sur l'esprit religieux un souverain empire, la critique froisse en lui certains sentiments profonds et mal définis ; elle inquiète les pudeurs de l'âme et blesse certaines délicatesses de la foi. La précision critique qui cherche à dissiper les confusions, à débrouiller les notions complexes passe aisément pour témérité ; l'ardeur de tout comprendre est tenue pour curiosité frivole, sinon sacrilège ; on trouve je ne sais quel air irrespectueux à cette audace méthodique qui aborde froidement toutes les questions, et d'autre part les hésitations d'un esprit juste et mesuré qui, croyant avoir trouvé la clé de mainte énigme, la propose timidement sans l'imposer sont taxées de scepticisme. Aussi, quand de tels intérêts spirituels sont en jeu, le moyen d'être surpris des procédés sommaires dont on use pour défendre ce qu'on croit être la seule conception légitime de la religion !

On le comprendra mieux encore si l'on se rappelle que Bossuet était avant tout un homme de gouvernement. Ceux qui l'ont défini « un conseiller d'État » n'ont pas après tout si mal apprécié son caractère. Si l'on en dou-

tait, qu'on se rappelle quelle autorité il invoqua précisément contre R. Simon, quand il s'agit d'obtenir de Pontchartrain à l'égard du *Nouveau Testament de Trévoux* les
mêmes mesures que Le Tellier avait si complaisamment
accordées contre l'*Histoire critique*. Cette autorité, que
citait le grand évêque pour faire supprimer les œuvres
exégétiques du savant oratorien, c'était simplement celle
du lieutenant de police La Reynie : « De telles gens,
disait à Bossuet le célèbre organisateur des dragonnades,
de telles gens devraient être renfermées comme des pestes
publiques [1] », et Bossuet trouvait tout naturel de s'armer
contre R. Simon de la sentence de La Reynie : n'était-elle
pas émanée d'un représentant de la force publique, dictée
par des nécessités de gouvernement, et tout esprit libre et
curieux n'entreprenait-il pas, en réalité, contre la tranquillité de l'État? Qu'on ne parle pas après cela du malaise
répandu dans les esprits, de la vie intellectuelle suspendue,
du trouble même et du désarroi de certaines consciences
délicates : qu'est-ce que cela au prix d'une autorité forte?
et du moment que religion et gouvernement ne sont qu'un
tout indissoluble, comme l'a toujours d'ailleurs professé
Bossuet, quel danger plus manifeste que celui de tout
perdre, dès là qu'on renonce à tout défendre? Certes, rien
n'est irascible comme les opinions théologiques que l'on
dérange, et l'on sait si les Docteurs de Sorbonne ou les disciples de Port-Royal ont cultivé l'art de découvrir des propositions suspectes et malsonnantes, de subodorer partout
l'impiété ou l'hérésie. Mais Bossuet n'avait pas seulement,
comme quelques théologiens de son temps, cette foi d'autorité qui ne connaît pas la science et se montre d'autant plus
énergique que ses horizons sont volontairement plus
étroits : les principes de sa politique étaient si étroitement liés à sa croyance que toute divergence d'opinions

---

1. Bossuet, *Lett. à Noailles*, 1702.

devait lui paraître un attentat contre les lois divines et humaines. Uniquement préoccupé de direction des âmes et d'édification, un exégète tel que R. Simon n'était plus à ses yeux un docte religieux, spéculant en vue de la défense de l'Église, sur des sujets qui pour déplaire à Bossuet, n'en étaient pas moins licites : c'était un boute-feu, ou comme disait La Reynie, une peste publique qu'il importait de recommander à l'attention particulière des autorités constituées.

On ne saurait omettre enfin que ce qui a triomphé autant et plus que Bossuet de l'exégèse simonienne, c'est une certaine conception de la religion que Bossuet représentait à merveille, mais dont il est loin d'être le seul partisan. Intelligence timide et en même temps homme de gouvernement, Bossuet se trouve caractériser admirablement ce qu'on nomme l'esprit conservateur. Or c'est le propre de la religion d'être une puissance retardante, si l'on veut, mais conservatrice. Si elle résiste à toute innovation, ce n'est pas, comme on l'imagine assez communément, par l'effet de quelques volontés aussi étroites qu'opiniâtres, et il est plus spirituel que juste d'appliquer aux théologiens le mot de H. Börne : « Depuis que Pythagore voua aux dieux un sacrifice de cent bœufs en reconnaissance de ses découvertes, la panique est au camp des docteurs dès qu'il est question d'une idée nouvelle. » Rien n'est plus aisé que de railler le théologien qui se cramponne à ses dogmes : c'est, en réalité, se contenter d'une vue très superficielle des choses. La vérité est que ce n'est nullement la marque d'une théologie bornée, mais le propre de la religion elle-même de servir de frein à l'émancipation illimitée et de fixer notre agitation inquiète. On a comparé le besoin de connaître à un ferment ; rien n'est mieux vu ; mais un ferment ne suffit pas à la vie ; la foi est la substance permanente, seul principe de cohésion et de fixité dans l'histoire religieuse. C'est pour l'avoir compris, c'est pour avoir senti que l'efficace en religion gît précisément dans tout autre chose que la critique, et que la vérité est d'autant plus aimée qu'elle exige plus de foi, que Bossuet a une si notable place entre tous ceux dont le talent apologétique ou oratoire correspond à une profonde conception de l'essence du christianisme; c'est pour avoir retrouvé par un énergique parti pris doctrinal la thèse fondamentale de saint Augustin et jugé hardiment que la religion tient lieu de philosophie et de critique, qu'il a été en somme un digne et complet adversaire de R. Simon.

On le voit, le débat ne fut pas entre deux personnalités, même éminentes par le génie; il s'agissait d'un duel entre deux systèmes, entre deux idées. Duel dramatique au jugement de tous ceux que touchent les choses de la pensée, mais qui le devient encore bien davantage à en considérer l'issue. S'il arrivait, en effet, qu'après deux siècles du plus incontesté triomphe, le vainqueur parût plus atteint par sa victoire même que le vaincu ne le fut jamais par sa défaite, ce ne serait pas une des moindres surprises que réservent parfois les conflits théologiques. Mais combien le coup ne serait-il pas encore plus imprévu, s'il se trouvait qu'avec le temps la défaite semblât prendre en quelque manière les allures et porter les conséquences d'une victoire, et si l'on voyait se vérifier par un exemple sans prix le mot profond de Newman que les énonciations théologiques les plus absolues ont, comme toutes choses, leurs vicissitudes et leurs saisons[1]. Il ne paraîtra pas sans doute de peu de fruit, pour se former à cet égard une opinion, d'étudier avec quelque attention l'*Histoire critique du Vieux Testament*.

1. NEWMAN, *The media Via of the anglican Church*, 1877, p. LVII.

CHAPITRE V

Le premier devoir de la critique, disait R. Simon dans
la Préface de son grand ouvrage, c'est de rechercher la
vérité en elle-même, sans préoccupation, sans s'arrêter
au nom des personnes. Cette règle, dont le vieil érudit
faisait la première loi de son exégèse, serait-elle d'un
moindre prix en critique littéraire? N'aurait-on pas le
droit d'y voir, en même temps qu'un principe d'herméneutique, comme un retour de l'auteur sur son propre
ouvrage, et un pressentiment au moins confus de ses
futures destinées? n'est-ce pas, en effet, l'oubli de cette
élémentaire maxime qui suffit à expliquer tant de juge-
mens erronés portés aujourd'hui encore sur l'*Histoire
critique*? Le chef-d'œuvre du vieil oratorien passe communément en exégèse pour un ouvrage divinateur. Il se
trouve ne l'être pas moins en histoire littéraire. Pourquoi
faut-il seulement que ce soient les plus célèbres des critiques contemporains qui viennent témoigner, d'une
manière quelque peu inattendue, de l'excellence de son
principe et de la justesse de ses pressentiments?

Sainte-Beuve, on s'en souvient, avait pour règle, lui
aussi, de briser la glace et de « remonter le courant », en

1. Voir *Revue*, I (1896), 1, 159; II (1897), 17, 223.

tout sujet : a-t-il su lui-même, par exemple, rompre
cette couche de glace que forment peu à peu autour des
grandes œuvres les décisions aveuglément suivies du passé,
quand il a reproduit avec une si parfaite docilité le jugement de Bossuet sur les travaux de l'érudit oratorien ? L'auteur de *Port-Royal* a beau en effet mettre autant d'hyper-
bole dans l'éloge que Bossuet avait apporté de rigueur
dans la condamnation : au fond, c'est à travers la *Défense
de la Tradition* qu'il semble avoir étudié l'œuvre de l'oratorien et mesuré « la portée de sa tentative » ; c'est le langage même du prélat qu'il emprunte, quand il signale le
danger des explications philosophiques en germe dans le
périlleux ouvrage. Sans doute, en France, nous assure-
t-il, ce seront des troupes plus légères qui, sans dire gare,
s'empareront des hauteurs d'où l'on ne saura plus comment les débusquer. « Mais, en Allemagne, c'est par cette
espèce de critique que la foi en l'Écriture périra. Strauss
est au bout[1]. » Ce que recèlent de cauteleuse ironie ces
avertissements d'apparence si bénévole, ce n'est pas le
lieu de l'indiquer, mais qui ne reconnaît, transposée dans
le style de la critique moderne, l'accusation la plus redoutable portée jadis contre R. Simon par celui qui s'était
fait le dénonciateur « de ses impiétés et de son libertinage » ? Comment ne pas retrouver de même encore les
considérants de la sentence de 1678 dans telle page d'un
récent critique, où Bossuet n'est pas moins loué d'avoir
rangé R. Simon parmi les pires ennemis de sa religion que de n'avoir laissé aucun de ses arguments
sans réponse[2] ? Et n'est-ce pas toujours le même arrêt,

---

1. *Port-Royal*, IV, 509 ; *Causeries du Lundi*; XII, 273.

2. BRUNETIÈRE, *Études critiques*, V, 81. Est-il permis de remarquer,
sans porter atteinte à la religion désormais consacrée de Bossuet, que
d'accepter comme autant d'arrêts toutes ses vivacités de plume, toutes
ses brusqueries d'argumentation contre quelques-uns de ses adversaires
et confondre ainsi perpétuellement Bossuet polémiste avec Bossuet

enregistré avec une égale complaisance, dans tel chapitre d'une étude contemporaine, où l'on fait honneur à Bossuet d'avoir poursuivi, sous le nom de R. Simon, l'ennemi de demain, l'exégèse rationaliste[1]? Tous sans exception, c'est à Bossuet que les critiques contemporains empruntent jusqu'aux termes de leur appréciation sur l'*Histoire critique*, de sorte que, pour juger l'œuvre du savant religieux, on peut se demander si ce n'est pas le *Discours sur l'Histoire universelle* qu'ils se sont contentés de lire.

Il ne paraîtra donc peut-être pas sans intérêt d'étudier en elle-même une œuvre dont tout le monde parle avec d'autant plus d'assurance que la connaissance directe en paraît être plus rare, et puisque le premier livre de l'*Histoire critique* était plus spécialement visé par son illustre adversaire, l'analyse n'en sera sans doute pas tenue pour inutile, qui nous apprendra si c'est avec quelque justice que le pieux érudit a pu passer jusqu'à nos jours pour l'héritier de Spinoza et pour l'ancêtre de Strauss.

I

Le premier livre de l'*Histoire critique du Vieux Testament*, le plus important et le plus fécond des trois qui composent tout l'ouvrage, ne traite en apparence que

philosophe ou historien, c'est commettre, dans une certaine mesure, la même erreur qu'on reprocherait sans doute — avec quelle véhémence! — à qui s'aviserait, par exemple, de juger Malherbe sur le témoignage de Mathurin Régnier, Fontenelle d'après les dires de La Bruyère et Bossuet lui-même sur certains mots échappés, plus ou moins délibérément, à Fénelon?

1. LANSON, *Bossuet*, p. 372 et 373, où l'on a réussi à tracer, à l'aide de divers passages de Bossuet, une certaine effigie de R. Simon, qui pourrait être le portrait, non pas même de Strauss ou de Renan, mais de Dupuy ou de Volney.

d'un sujet unique, c'est à savoir « des révolutions du texte hébreu depuis Moïse jusqu'à nos jours »; il contient en réalité deux parties bien distinctes. C'est tout d'abord, en effet, une critique du dogmatisme en matière d'exégèse et c'est, en outre, un essai de reconstruction de l'histoire littéraire du peuple juif. Bien que les vues critiques de l'auteur, ses objections contre le dogmatisme exégétique soient un peu éparses ici et là dans les trente et un chapitres de son premier livre, c'est par là qu'il importe de commencer : il n'est peut-être pas, au surplus, dans une étude d'apparence plus spéciale et en quelque manière plus technique, une discussion plus pénétrante et plus complète du dogmatisme en général, et l'on verra si le dogmatisme de l'incrédulité en particulier s'y trouve plus ménagé qu'aucun autre [1].

C'est un des caractères propres du dogmatisme intempérant en exégèse d'ériger une opinion quelconque en tradition antique et immuable. « On a toujours cru... il a été constamment enseigné... c'est une tradition aussi ancienne que le monde... » telles sont quelques-unes des formules les plus familières de l'herméneutique dogmatisante du xviie siècle. Si l'on en veut des exemples plus précis, il suffira de se rappeler les thèses des principaux exégètes de cette époque. Que la langue révélée par Dieu à Adam ait été l'hébreu, c'est ce qui n'a jamais été mis en doute ; que le texte de l'Écriture ait été l'objet d'une conservation providentielle et proprement miraculeuse, c'est ce que les Buxtorf, par exemple, regarderaient comme un sacrilège de nier ; que Moïse ait écrit intégralement les

____

1. Dans les chapitres I-XII, R. Simon recherche comment l'Ancien Testament a été composé ; les chapitres suivants, XIII-XV, sont une digression sur l'écriture et contiennent des vues intéressantes sur l'origine phénicienne des alphabets sémitique, grec et latin ; dans les derniers chapitres, XVI à XXIX, il est question de l'histoire du texte à partir de ses derniers rédacteurs.

cinq livres du Pentateuque, y compris le récit de sa mort, c'est ce que personne, au témoignage des plus doctes, ne s'est jamais avisé de nier. Malebranche, le disciple peut-être médiocre, mais le fidèle ami de R. Simon, se moquait fort de ceux qui recherchent en philosophie l'histoire généalogique de telle chimère comme les formes substantielles. Son docte confrère eût été à même de lui apprendre que dans cette exégèse qu'il goûtait si peu il pouvait du moins trouver plus d'un exemple pour prouver « la préoccupation des personnes d'étude » comme il disait, et « leur entêtement pour l'antiquité[1]. »

Cet abus de l'argument de tradition, comment l'auteur de l'*Histoire critique* va-t-il le combattre, sans porter toutefois la moindre atteinte à cette science traditionnelle et toute d'autorité qu'est la théologie? Par une méthode des plus simples à la fois et des plus ingénieuses, qu'il semble avoir sinon créée, du moins renouvelée avec bonheur, et où il est passé maître. Vous prétendez, dit-il aux uns, que tout le monde a toujours regardé l'hébreu comme la langue enseignée à l'humanité. Vous oubliez ce que dit saint Grégoire de Nysse, que Dieu ne fut jamais pour l'homme un maître d'école et qu'il serait absurde de lui faire enseigner l'hébreu ex-professo à nos premiers parents[2]. Vous soutenez, dit-il aux autres, que les docteurs sont unanimes à voir dans l'intégrité absolue du texte de la Bible, la preuve manifeste d'une intervention spéciale de la Providence; or, savez-vous ce qu'enseignent en réalité les Pères des premiers siècles avec une unanimité quasi absolue? c'est qu'au contraire, le texte hébreu de la Bible a été falsifié, corrompu, mutilé par la perfidie des Juifs[3]. Vous affirmez, dit-il encore, que l'on a tou-

1. *Recherche de la Vérité*, III, 2, 5 et 6.
2. *H. C.*, ch. XIV.
3. *H. C.*, ch. XVIII.

jours cru à la composition totale du Pentateuque par
Moïse ; ignorez-vous donc qu'il n'est pas un seul Père de
l'Église qui ait pris à son compte l'absurde tradition rabbinique que c'est Moïse lui-même qui a écrit le récit de sa
propre mort? et ne savez-vous pas que tous, au contraire,
ont fait une part plus ou moins étendue à l'activité
d'Esdras dans la constitution définitive du texte de la
Loi[1]? Ces prétendues traditions, qu'on veut faire si
anciennes, n'ont donc, en fait, rien que de très récent.
Sait-on quelle est, en réalité, l'origine première de ces
soi-disant dogmes de l'exégèse biblique? Ce sont les Juifs
qui les ont inventés de toutes pièces. Leurs rabbins, jaloux
d'assurer à l'objet de leurs études tous les genres de consécration, antiquité prodigieuse des écrits, célébrité des
écrivains, conservation miraculeuse des manuscrits,
immobilité surnaturelle du texte, ont poussé au delà de
toutes les bornes leur dogmatisme exégétique. Les chrétiens auront même beau rivaliser avec eux d'intrépidité
doctrinale : ils n'iront jamais si loin que les Pères de la
Synagogue. On veut, par exemple, reculer le plus loin possible la rédaction dernière du Pentateuque. Rabbi Rasci a
d'avance fermé la bouche à tous ses émules en déclarant
que la Thora était de mille ans plus ancienne que le
monde. On n'admet comme auteurs inspirés que les personnages les plus fameux de l'histoire israélite : origine
combien basse et absurde au prix de la tradition du
Talmud, qui fait de Dieu lui-même l'unique auteur de
l'Écriture et le représente peignant de sa propre main,
non seulement les lettres du texte, mais les couronnes et
les signes divers qui les surmontent! On affirme, parmi
les protestants, que la Massore ne constitue pas seulement une interprétation très estimable du texte, mais
qu'elle participe à l'inspiration générale des écrivains

1. *H. C.*, p. 21.

sacrés; qu'est-ce que cela auprès de la divinisation du texte massorétique par certains rabbins qui enseignent que les points-voyelles ont été révélés par Dieu lui même? Montaigne excellait, par l'aveu, plus ou moins sincère, il est vrai, de son ignorance, à émousser la pointe des affirmations téméraires; on voit si, par la connaissance approfondie de la tradition, le docte R. Simon y a moins réussi.

C'est encore une manière trop fréquente de dogmatiser en exégèse que de traiter les questions d'ordre purement scientifique moins en savant qu'en théologien et d'inscrire au nombre des articles de foi des opinions courantes plus ou moins fondées. L'admirable traité du Dogmatisme qu'est la *Recherche de la Vérité* est là pour nous fournir le signalement de cette erreur alors si répandue. Malebranche, en effet, parlant de la coutume qu'ont les théologiens de faire dépendre de la foi à l'Écriture l'adhésion à telle conception purement humaine, ne craignait pas de dire avec une bien rare franchise de langage : « Lorsqu'ils se sont servis de l'Écriture sainte pour établir de faux principes de physique ou de métaphysique, ils ont été souvent écoutés comme des oracles par des gens qui les ont crus sur parole; mais il est aussi arrivé que quelques esprits mal faits ont pris sujet de là de mépriser la religion, de sorte que, par un renversement étrange, l'Écriture sainte a été cause de l'erreur de quelques-uns, et la vérité a été le motif et l'origine de l'impiété de quelques autres[1]. » Mais Malebranche se contentait de dénoncer, en général, ce principe d'erreur, et c'est pour des causes toutes morales qu'il condamnait la déplorable facilité qu'ont certains esprits dogmatiques à mêler, selon ses fortes expressions, *les choses mortes avec les choses vivantes*. R. Simon allait, en combattant le dogme exégétique de l'immobilité absolue des textes sacrés, réfuter la

1. *Recherche de la Vérité*, II, 2, 8.

même erreur par les exemples les plus précis, pour des raisons d'ordre matériel et pour ainsi dire palpables, avec cette force contraignante qu'ont les faits d'observation et les réalités concrètes.

L'examen des causes d'altération du texte sacré, en effet, n'est pas seulement dans l'Histoire critique la partie la plus définitive et le point sur lequel R. Simon a le moins laissé à dire; il n'est peut-être pas de démonstration plus probante et plus décisive contre le dogmatisme que ce simple exposé de faits, et, si l'on peut dire, ce constat juridique de l'état matériel des Livres saints. Comment parler, en effet, de l'incorruptibilité de la lettre de l'Écriture, quand on assiste à l'inventaire des variantes souvent importantes du texte, des lacunes manifestes, des divergences les plus notoires, portant sur des données positives et des chiffres précis. Le moyen de ne pas admettre, avec plus d'un Père, des fautes de copistes ou des erreurs de bibliothécaires, quand on se rend compte des difficultés spéciales qu'offraient, pour la reproduction et la conservation du texte, un genre d'écriture qui laissait tant à deviner au lecteur, et un système de rouleaux indépendants si faciles à intervertir[1]? Comment enfin ne pas soupçonner quelles modifications de toute nature ont dû faire subir aux textes l'ignorance, la maladresse ou l'arbitraire des transcripteurs, quand on arrive à toucher du doigt l'exactitude rigoureuse de la grande règle de critique posée par R. Simon : plus un texte est obscur et estropié, plus il a chance d'être ancien, et entre plusieurs données généalogiques divergentes, pour prendre un exemple, c'est toujours à la leçon la moins intelligible qu'il faut s'attacher. On sait quel système étrange et

---

1. On a considéré la théorie de R. Simon sur l'interversion des rouleaux (ou des *feuillets*) comme chimérique (BERNUS, *R. Simon*). On ne peut cependant pas encore aujourd'hui expliquer autrement l'absence de suite si manifeste dans les Proverbes et l'Ecclésiastique. (LOISY, *Hist. critique du Texte et des Versions de la Bible*, p. 102.)

puissant Pascal avait fondé sur les obscurités de l'Écriture,
voulues par la Providence, disait-il, pour humilier la
superbe de l'homme et nous révéler, en le voilant,
celui qu'il appelait le *Dieu caché*. Ces obscurités,
R. Simon ne prétendait pas apparemment les expliquer
toutes, mais en nous fournissant la clé de maintes
énigmes et de prétendus *chiffres*, il ne réussissait pas
moins que Pascal lui-même à ébranler cette confiance
présomptueuse d'un dogmatisme immodéré que l'auteur
des *Pensées* avait réputée comme une des maladies les
plus invétérées de notre intelligence.

Ce qui caractérise enfin le dogmatisme en matière
d'exégèse, c'est d'attribuer une valeur égale à toutes les
preuves dont s'étayent les vérités théologiques, de peser
moins les arguments en somme que de les compter, et
de s'emparer des moindres faits, démonstratifs ou non,
pour en faire matière à syllogisme. Le trait n'a pas été
omis par Malebranche dans sa peinture si complète du
dogmatisme au xviie siècle. Rien ne devait le choquer
plus, en effet, que de voir toute espèce d'argumentation
justifiée par le but apologétique qu'elle se flatte d'atteindre, et ce qui l'étonnait le plus chez des raisonneurs
soi-disant disciples d'Aristote, c'est qu'ils ne voulussent
pas plus accepter la discussion sur la preuve des choses
de foi que sur les choses de foi elles-mêmes. « La liberté
de raisonner sur les notions communes, disait-il hardiment,
ne doit point être ôtée aux hommes, c'est un droit qui
leur est naturel, comme celui de respirer. » Et il demandait, plaisamment, si le refus de soumettre à l'examen
les thèses et les démonstrations traditionnelles, ne faisait
pas de la raison de certains docteurs comme un habit de
cérémonie dont ils se couvrent et se dépouillent à
volonté [1].

1. *Entretiens sur la Métaphysique*, XIV.

Le ridicule que signalait, en général, le philosophe, c'est au critique qu'il appartenait de le combattre par des raisons que leur précision même rendait invincibles. Il n'est pas d'apologiste qui, par exemple, ne prétende prouver, par l'existence d'un texte samaritain du Pentateuque, sinon l'origine mosaïque de la Loi, du moins son antiquité très reculée; quoi qu'il en soit de la thèse elle-même, n'est-il pas permis de remarquer que les habitants de Samarie ont pu emprunter leurs livres aux Israélites du nord après leur retour de l'exil? Certains ont coutume d'établir l'antiquité des livres saints par le type d'écriture qu'offrent les manuscrits; cependant, ne peut-on faire observer que les formes d'écriture dépendent, non de la date des manuscrits, mais de leur lieu d'origine et de la province où ils ont été rédigés? D'autres font grand état de tel manuscrit, dit de Hillel, qui remonterait au premier siècle de l'ère chrétienne; mais osera-t-on glisser cette réflexion que plusieurs des textes de ce manuscrit ont pour objet des questions de ponctuation et ne peuvent, par conséquent, remonter avant l'école de la Massore, c'est-à-dire avant le sixième siècle de notre ère [1]? Quelques esprits bienveillants ne pourront, sans doute, s'empêcher de plaindre la déconvenue des théologiens qui se voient, par un critique rigoureux, désarmés soudain de leurs arguments réputés les plus invincibles. Mais quoi! R. Simon estimait que c'est faire peu d'honneur à une cause que de la défendre par des preuves qui ne prouvent rien, et peut-être estimera-t-on qu'entre nombre d'apologistes ce n'est pas lui qui a le moins bien servi les intérêts de la vérité.

Cette critique si pénétrante du dogmatisme atteignait donc, on n'en peut douter, plus d'un docteur de Sorbonne, plus d'un représentant plus ou moins fidèle de

1. *H. C.*, ch. XXII.

l'ancienne scolastique. Mais ce serait se méprendre singulièrement que de croire qu'elle ne frappa point encore davantage les Juifs, ces exégètes dogmatisants par excellence, avec lesquels la controverse, comme on l'a vu, se trouvait être si vive à cette époque. Quant au *biblisme* immodéré des protestants, il suffit, pour se rendre compte de la portée des coups qui l'atteignirent, de se rappeler d'abord le désir que manifesta constamment Bossuet d'utiliser pour sa grande œuvre de la réfutation du Protestantisme, l'ouvrage condamné d'abord avec tant de rigueur, puis, aussi, l'émoi prodigieux que causa dans toutes les Églises réformées l'apparition de l'*Histoire critique*, et, enfin, le peu de sympathie, pour ne pas dire la défaveur, que n'ont cessé de témoigner à R. Simon, en lui rendant à peine justice, les protestants de toutes les écoles. Que sont cependant ces atteintes portées au dogmatisme théologique ou rationaliste, juif ou protestant, quand on considère de quels traits infiniment plus directs et plus meurtriers il a percé le dogmatisme des libertins, celui de Spinoza, par exemple, dont on veut aujourd'hui, par la plus étrange méprise, que R. Simon ait été précisément l'élève! Sous prétexte en effet que le *Traité théologico-politique* (1670) est de quinze années antérieur à l'*Histoire critique du Vieux Testament*, et que des deux parts, il est question de l'authenticité et de l'interprétation des Écritures, faire dépendre la critique simonienne de la philosophie spinoziste, ce n'est pas seulement commettre le plus lourd contre-sens historique, c'est montrer une ignorance bien singulière de l'œuvre qu'on prétend juger, puisque de tous les auteurs modernes Spinoza se trouve être le seul qui y soit nommément réfuté et condamné.

De quel œil aussi bien croit-on que R. Simon ait pu lire ce *Traité théologico-politique*, qui, parfaitement fidèle à son titre, prétend tirer de l'Écriture un certain système

de gouvernement, et fonder sur les Prophètes l'utilité de
la liberté de penser pour un État? Il suffit, pour le deviner, de se souvenir des questions qu'agite Spinoza. Pourquoi les mœurs des chrétiens, professant la religion de
la Bible, ne sont-elles pas les fruits légitimes de cette
religion et rencontre-t-on haines et luttes fratricides là où
l'on ne devrait, en vertu de l'idéal biblique, trouver que paix
et amour? Quel changement produira dans les relations de
la société avec la religion chrétienne la certitude désormais
acquise qu'il y a des erreurs et des contradictions dans
l'Écriture, et comment les gouvernements traiteront-ils
les Églises fondées sur l'antique conception de la divinité
de la Bible[1]? Tel est le genre de problèmes qu'agite principalement Spinoza, tenant ses propres remarques d'exégèse ou d'histoire pour de simples digressions : *Non est
cur circa hæc diutius detinear... nolo taediosa lectione
lectorem detinere*. Or ces spéculations politico-bibliques,
ce n'est pas assez de dire qu'elles sont étrangères à la
pensée de R. Simon; rien ne répugne davantage à sa
méthode et n'est en plus complète opposition avec son
esprit. Conçoit-on de quelles questions préalables soulevées à l'infini l'auteur de l'*Histoire critique* accablera
le publiciste quelque peu naïf qui prétend tirer de l'Écriture un idéal de gouvernement libéral et pacifique, qui
attribue à tous les textes de l'Écriture, quels qu'ils soient,
une même autorité morale, qui construit, enfin, comme en
l'air, avec une témérité extravagante, l'œuvre la plus
dépourvue de base scientifique et de support? Et peut-on
hésiter à croire que, comparée à l'écrit de Spinoza, la
Politique tirée de l'Écriture sainte n'eût paru à R. Simon un
chef-d'œuvre de sens critique et d'exactitude, si tant est
qu'il ne se soit pas contenté de renvoyer l'un à l'autre les
deux philosophes avec leurs théories reposant, en appa-

----

1. *Tract. theologico-politicus*, præf., cap. XVI-XX.

rence, sur des fondements si identiques et aboutissant à des conclusions si diamétralement contraires?

Si l'on a raison de se représenter, en somme, le Spinoza du *Traité théologico-politique* sous les espèces d'un publiciste libéral et doctrinaire du temps de Guillaume d'Orange, il est difficile de rien imaginer de plus étranger a son œuvre que l'*Histoire critique* de R. Simon; que sera ce pourtant, si nous ajoutons que le livre du philosophe juif est d'un rationaliste, et que toutes les accusations portées contre R. Simon ne pourront pas faire qu'il ne soit, avant tout et exclusivement, un historien? Qui ne sait, en effet, que la méthode exégétique de Spinoza se réduit à cette affirmation que l'Écriture n'a pas d'autre contenu que la loi morale naturelle, tandis que R. Simon n'a jamais vu dans les Livres saints qu'une révélation positive, ou, comme il disait si profondément, *une prophétie* [1]? Et pendant que R. Simon n'estime rien de plus essentiel que la tradition historique de l'Ancien Testament avec ses cérémonies et ses croyances, ses données mystérieuses ou surnaturelles, qui ne reconnaît, dans l'effort constant de Spinoza pour trouver le fond de vérité caché sous l'enveloppe miraculeuse, le plus profond dédain de ce que le critique recueille avec tant de soin, les rites, les traditions, les miracles? Que peut-on enfin imaginer de plus contraire à l'esprit historique d'un R. Simon, que ce rationalisme hautain et superficiel qui, prenant en bloc tous les textes bibliques, les interprète hardiment sans en scruter l'origine, sépare les faits naturels des récits miraculeux, conserve les premiers, rejette les seconds, retranche, en un mot, des livres saints, tout ce qui en est l'âme et la vie, avec une préoccupation autrement aveuglante que la crédulité la plus naïve ou la théologie la moins éclairée et la moins libre? Certes, R. Simon

---

1. *H. C.*, ch. XII; *Tract. theol.-pol.*, cap. I.

a su appliquer à l'étude des textes la méthode la plus *rationnelle*, mais ce serait se méprendre singulièrement sur le sens des mots que d'en faire pour cela un *rationaliste*, et si quelque chose pouvait prouver combien il était, en réalité, hostile au rationalisme spinoziste, c'est la diligence scrupuleuse de cette enquête toute rationnelle sur les vieux textes qu'un Spinoza tenait pour les plus informes bégaiments au prix du langage viril de la pure Raison.

Toutes ces différences, au surplus, se ramènent, en définitive, à une seule qui les résume en les expliquant : c'est que Spinoza est, par excellence, un dogmatiste, en exégèse comme en philosophie, tandis que R. Simon est, on l'a vu, un pur critique. Le premier ouvrage que le jeune disciple de Descartes ait médité d'écrire fut une grammaire hébraïque conforme à la méthode des géomètres, *more geometrico demonstrata*. On peut dire qu'il ne fit, pendant toute sa vie, qu'appliquer à divers ordres de spéculation les principes de sa grammaire hébraïque. Ce n'est pas le lieu de montrer le caractère absolu de son dogmatisme impérieux et tranchant dans la géométrie de son *Éthique*; mais si son exégèse est faite pour scandaliser un R. Simon, c'est bien avant tout par l'audace de ses affirmations. Ce n'est pas assez de prétendre, dès le début de son Traité, « reprendre la connaissance de l'Écriture par les fondements », et de poser, en principe, qu'on peut toujours clairement saisir le sens de l'Écriture, ou, comme il dit, le pur enseignement de Dieu; il expose une méthode d'interprétation qui est bien le plus accompli chef-d'œuvre du dogmatisme exégétique : « Il faut, dit-il, commencer par les idées les plus générales en recherchant avant toutes choses, par les maximes les plus claires de l'Écriture, ce que c'est que prophétie, révélation, miracle, puis descendre aux opinions de chaque prophète, et de ces opinions, en venir au sens de chaque pro-

phétie, de chaque révélation, de chaque miracle [1]. »
Une fois en possession d'une telle méthode, on ne sera
pas surpris si ce mathématicien de l'exégèse n'est arrêté
par aucune difficulté, et, selon son expression, ne trouve
aucun mystère dans l'Écriture. Il sait, par exemple, et
nous explique longuement quel concept Adam s'est formé
de Dieu, quelle idée se firent successivement de l'essence
divine Caïn, Énoch, Abraham, Moïse[2]; il affirme que si les
miracles et les visions sont, en général, des faits purement imaginaires, les Israélites ont, du moins dans le
désert, entendu une véritable voix, *veram vocem*; il sait
que les prophètes ont eu en vue le *summum bonum*, et
que la *vera vita*, qui est son propre idéal, fut également
l'idéal de Salomon; il n'ignore pas quels sont les auteurs
de chacun des Livres saints, et de même qu'à ses yeux « il
est plus clair que le jour que Moïse n'a eu aucune part
au Pentateuque », de même il lui paraît manifeste que la
moitié de la Bible a été composée par Esdras au retour de
l'exil, tandis que les derniers livres, *Daniel, Esdras,
Esther, Néhémie* ont eu pour auteur unique un contemporain de Juda Machabée[3]. Bref, que ne sait-il pas? et
de tout ce qu'ignorent, en général, les Richard Simon,
qu'éprouve-t-il le moindre embarras à trancher dans les
termes les plus péremptoires? Comment, dans la
seconde partie du *Discours sur l'Histoire Universelle*, Bossuet répondit à ces affirmations en soutenant que la
suite ininterrompue de la religion en démontre la divinité
pour les hommes que n'aveuglent pas leurs passions,
c'est ce qu'on regarde aujourd'hui communément comme
son plus beau trait de génie et ce que nous avons essayé
précédemment d'apprécier. Au dogmatisme de Spinoza,
R. Simon, lui, ne répondait que par de légers

1. *Tract.*, cap. VII.
2. *Tract.*, cap. I.
3. *Tract.*, cap. VIII.

doutes, des questions modestes, timides peut-être, mais on ne peut s'empêcher d'estimer qu'à côté de la grande et majestueuse argumentation de l'orateur, la fine et incisive discussion du critique avait bien aussi son prix.

II

L'*Histoire critique du Vieux Testament* n'aurait, sans doute, pas produit une aussi vive émotion parmi les théologiens, si R. Simon s'était borné dans son premier livre à réfuter les excès du dogmatisme exégétique. On ne paraît vraiment condamner que ce qu'on remplace. C'est ce qu'il a voulu faire, sans nul doute, en essayant de substituer, à des conceptions que sa critique lui faisait considérer comme insoutenables, des vues nouvelles sur l'origine des livres saints. C'est cet essai de reconstruction scientifique de l'histoire littéraire des Israélites que ses adversaires ont eu, en effet, le plus de peine à lui pardonner.

Sa première thèse, celle qui devait provoquer d'abord contre l'auteur de si violentes tempêtes et qui était, cependant, destinée, dans la suite, à une si brillante fortune, est contenue tout entière dans le cinquième chapitre, qu'il importe d'analyser. Moïse, y est-il dit, n'est pas le seul auteur du Pentateuque; d'autres écrivains ont dû prendre une part plus ou moins large à la composition de cette œuvre éminemment successive et anonyme. Il est clair d'abord que l'histoire des longs siècles qui précédèrent Moïse († 1475, selon le comput ordinaire) est dérivée de traditions bien antérieures à l'écrivain sacré, et d'autre part des additions évidemment postérieures à Moïse, comme le récit de sa mort, ou la mention des données postérieures de l'histoire cananéenne, ne permettent pas de lui attribuer la rédaction définitive des cinq livres rangés sous son nom. Il faut remarquer de plus que les récits attribués à Moïse n'offrent qu'une unité de composition toute relative, comme celle qu'on obtiendrait en amalgamant des compositions d'abord séparées et profondément distinctes. Ce qui le prouve, ce sont les répétitions et les surcharges si fréquentes que n'explique pas toujours, quoi qu'on en ait dit, la naïveté de ces vieux récits; c'est encore le défaut de suite, si manifeste, qu'il est plus d'une narration biblique dont il y a avantage à commencer la lecture par le dernier verset en remontant jusqu'au premier pour trouver un fil conducteur : telles par exemple les narrations de la naissance d'Isaac, de l'alliance de Jacob avec Laban, de la mort d'Isaac, que R. Simon analyse en suivant une marche régressive qui est de l'effet le plus inattendu et le plus piquant. Ce sont encore les liaisons artificielles, *en ces jours-là, en ce temps-là*, qui décèlent, à coup sûr, un travail d'arrangement, ou, comme dans l'histoire de Jethro, permettent de discerner du premier regard de véritables hors-d'œuvres. Ce sont enfin les divergences et les contradictions qui abondent dans toutes les parties narratives ou législatives du Pentateuque; non seulement on se trouve maintes fois en présence de données historiques incompatibles, comme dans les récits de la création de l'homme et du partage des troupeaux entre Jacob et Laban, ou dans le dénombrement des enfants de Jacob qui vinrent avec lui en Égypte, mais les allégations les plus précises se heurtent entre elles, comme par exemple quand il est dit ici que la mesure nommée *homer* est la dixième partie de l'*epha*, et ailleurs qu'un homer égale un épha (*Lév.* 3; *Éz.* 16). Il faut lire à cet égard dans l'*Histoire critique* l'analyse détaillée du récit biblique du déluge; jamais on n'a rendu plus évidente, et, l'on peut dire, plus palpable, la multiplicité des sources dont la combinaison encore apparente a constitué notre texte actuel. On ne peut s'empêcher, en lisant cette originale démonstration, de se rappeler les théories de l'abbé d'Aubignac (1657) et de Wolf (1794), sur la formation successive et anonyme de l'épopée homérique. Mais tandis que l'argument invoqué dans la *Pratique du Théâtre* comme dans les *Prolégomènes* est tiré de la non-existence de l'écriture, il est remarquable que R. Simon s'est passé de cette preuve considérée aujourd'hui comme ruineuse, puisque aussi bien on a, par de nombreux exemples, prouvé depuis lors qu'en l'absence de l'écriture, il était impossible de fixer une limite à des mémoires puissantes et suffisamment exercées. Mais tout ce qu'a dit depuis la critique contemporaine sur les redites, les incertitudes de place, les contradictions des poèmes homériques, ce n'est pas une médiocre preuve de la pénétration du vieux critique d'en avoir fait le principe même de l'histoire littéraire du peuple juif.

On sait l'objection que dès le premier jour Bossuet souleva contre la théorie de R. Simon dans l'un des chapitres les plus éloquents de son *Discours sur l'Histoire universelle*, celui qui traite *des difficultés qu'on forme contre l'Écriture* et montre combien *elles sont aisées à vaincre par les hommes de bon sens et de bonne foi.* « N'y a-t-il pas des choses ajoutées dans le livre de Moïse, se demande-t-il, et d'où vient qu'on trouve sa mort à la fin du livre qu'on lui attribue?   Quelle merveille, répondit-il aussitôt, que ceux qui ont continué son histoire aient ajouté sa fin bienheureuse au reste de ses actions, afin de faire du tout un même corps? Pour les autres additions, voyons ce que c'est. Est-ce quelque loi nouvelle, ou quelque nouvelle cérémonie, quelque dogme, quelque miracle, quelque prédiction? On n'y songe seulement pas, il n'y en a pas le moindre soupçon, ni le moindre indice; c'eût été ajouter à l'œuvre de Dieu; la loi l'avait défendu et le scandale qu'on eût causé eût été horrible. Quoi

donc! on aura continué peut-être une généalogie commencée, on aura peut-être expliqué un nom de ville
changé par le temps... quatre ou cinq remarques de
cette nature faites par Josué ou par Samuel ou par
quelque autre prophète d'une pareille antiquité, auront
naturellement passé dans le texte, et la même tradition nous les aura apportées avec tout le reste :
aussitôt tout sera perdu [1]! »

On voit que Bossuet, avec le sentiment qu'il a de sa responsabilité morale et de sa charge d'âmes, se préoccupe surtout de l'effet que produiront les nouveautés de la critique
sur les consciences qu'il a à gouverner : mais les intérêts de
la science même de l'Écriture lui sont-ils aussi présents?
C'est ce que R. Simon va se permettre de révoquer en doute,
en estimant d'ailleurs que les idées qu'il défend ne sauraient
avoir, si elles sont vraies, de si pernicieuses conséquences.
Sans doute, fait-il remarquer dans son *Histoire critique* [2], comme s'il avait prévu d'avance l'objection de
Bossuet, la loi avait défendu la moindre addition aux
Livres saints. Mais n'en est-il pas de cette prohibition
comme des anathèmes qu'ont prononcés les Pères de
tous les Conciles à l'issue des assemblées contre quiconque
ajouterait ou ôterait aux formules arrêtées en commun?
Bientôt le besoin se fait sentir d'une explication plus précise ou d'un développement nouveau, et les membres du
Concile seraient les premiers à approuver la violation qui
est faite de leurs défenses les plus solennelles. Ailleurs,
R. Simon ajoutait avec une rigueur de raisonnement
qu'on ne peut s'empêcher d'admirer presque autant que
la fougue oratoire de son contradicteur : « Il importe peu
de savoir si Josué ou Samuel sont les auteurs de ces additions, ou si elles viennent de la main d'Esdras. C'est

1. *H. C.*, II, 28.
2. *H. C.*, ch. IV.

assez qu'il y ait des prophètes qui après la mort de Moïse aient continué son histoire, qui aient achevé une généalogie commencée, expliqué un nom de ville changé par le temps ou quelque autre chose semblable [1]. » La brèche une fois ouverte par Bossuet lui-même, qui ne voit, en effet, passer du même coup, toutes les hardiesses de la critique simonienne, et à qui demandera pourquoi ces changements seraient les seuls, pourquoi les gloses ne seraient pas des interpolations, pourquoi les retouches n'auraient pas pris forme de remaniements, le moyen d'opposer désormais l'argument traditionnel de l'unité absolue des Livres saints? Quant au caractère surnaturel et inspiré de ces additions successives, il va sans dire que R. Simon est le premier à le maintenir, et si on avait à ce sujet la moindre hésitation, il suffira de se rappeler que jamais Bossuet n'a sur ce point élevé de difficultés contre les théories de l'*Histoire critique*. Pour R. Simon, comme pour Bossuet, les écrivains anonymes qui collaborèrent à l'œuvre de Moïse étaient et ne pouvaient être que des hommes inspirés de Dieu, de véritables *prophètes* [2].

Reste à savoir quels sont ces écrivains anonymes dont l'activité s'est exercée soit avant, soit après Moïse, soit encore de son vivant et en quelque manière sous sa direction et son contrôle [3]. Pour donner une idée de leur rôle assez difficile à définir, eu égard aux habitudes intellectuelles de nos littératures classiques, R. Simon les compare aux scribes officiels qui dans les monarchies orientales sont chargés de mettre par écrit tout ce qui concerne l'État et la Religion. Véritables annalistes de la

1. *Lett. crit.* III, 223.
2. *H. C.*, préf., ch. I et II. Que ces scribes n'aient rien de commun, quoi qu'on en ait dit, avec la Grande Synagogue des Juifs, c'est ce que montrent les plaisanteries de R. Simon contre cette prétendue assemblée littéraire, qui aurait, au dire des rabbins, composé en grand conseil et par voix délibérante, les livres transmis sans nom d'auteur.
3. *H. C.*, ch. II et ch. VIII.

théocratie juive, les prophètes ont pu tenir à jour le récit des événements qui intéressaient leur nation et même ajouter de nouveaux éclaircissements aux traditions anciennes ; orateurs religieux, investis d'une mission publique, ils ont pu insérer leurs harangues, leurs instructions dans le corps d'un livre qui n'en demeurait pas moins véritablement révélé. Mais comment ont-ils collaboré à l'œuvre qu'ils considéraient eux-mêmes et qu'on doit, après eux, considérer comme étant éminemment celle de Moïse ? Est-ce en ajoutant simplement des morceaux distincts, de manière à former comme un assemblage de parties juxtaposées et une mosaïque de pièces indépendant ? Le récit du déluge, à en juger par l'analyse qu'en donne R. Simon, le ferait penser. Mais n'ont-ils pas procédé aussi par voie d'amplification, et pour ainsi dire d'étirement, en développant une donnée antérieure, soit pour l'éclaircir, soit pour l'approprier à des besoins d'esprit nouveaux ? C'est un procédé que R. Simon semble admettre également, lorsqu'il attribue par exemple à ces scribes anonymes un but didactique, une tendance oratoire et parénétique, qui fait de la Bible tout entière comme une vaste prophétie. On voit quelle importance R. Simon a le premier attachée à cette forme littéraire du prophétisme, si notoirement caractéristique du génie d'Israël, et là encore tous les exégètes de ce siècle qui ont retrouvé jusque dans les plus anciens livres de la nation l'influence de l'antique *nabi*, prédicateur de Iahvé, n'ont fait que suivre les traces du critique oratorien.

Il en est au surplus, selon R. Simon, de la plupart des livres de la Bible comme du Pentateuque [1] : les *Livres Historiques* ne présentent pas plus que les *Proverbes*, pas plus que les psaumes ce caractère strictement *personnel et unitaire* qui pourrait permettre de les attribuer, avec la

1. *H. C.*, ch. VIII.

tradition juive, à un seul auteur. Ce ne sont pas seulement
les preuves internes qui l'établissent, comme, par exemple,
les deux rédactions profondément divergentes d'un même
morceau, à moins qu'on ne dise, avec les rabbins, que
David a donné deux éditions différentes d'un même
psaume, ou que Samuel a transmis deux relations distinctes d'un même fait. Ce sont encore des arguments
d'autorité qui vont, en dépit de ses adversaires, fortifier
singulièrement la position du critique. Si, en effet, sur
l'origine du Pentateuque, saint Jérôme s'était contenté
de dire que la recherche du véritable auteur lui paraissait
oiseuse et qu'il ne se souciait pas de faire exactement la
balance entre Moïse et tel scribe comme Esdras [1], le
témoignage d'un Théodoret, par exemple, sur *Josué* et
les livres similaires est beaucoup plus explicite, et il ne se
fait pas faute d'y reconnaître des pièces rapportées.
Fort de son aveu, R. Simon ne se contentera pas, comme
les Jésuites Bonfrerius et Pererius, d'attribuer ces divers
fragments à Samuel, à Gad ou à Nathan, mais il les
mettra sans hésiter sur le compte d'écrivains beaucoup plus récents. Est-ce à dire que ces écrits, résul-
tant d'une rédaction collective, manquent par le fait
d'individualité, et que les diverses parties de la Bible
n'offrent au critique rien de distinct et de personnel? C'est une erreur où R. Simon, entraîné par l'exagé-
ration de ses propres théories, eût pu aisément se laisser
induire; il n'en est pas qu'il ait plus fortement combattue,
et l'on peut se demander si le grand critique a donné une
preuve plus singulière de sa pénétration et de sa justesse
d'esprit. Il ne faut jamais, dit-il avec décision, corriger un
livre de la Bible par l'autre ; chaque scribe a eu ses raisons
de changer, d'ajouter, de retrancher; chacun de ces écrivains anonymes étant une personnalité littéraire à part,

1. *Adv. Helvidium.*

d'une physionomie parfaitement distincte, c'est lui faire tort de son originalité propre que de lui attribuer les idées ou les expressions de quelque autre [1]. Quand on songe à tout ce que ce principe de critique textuelle recélait en réalité de vues neuves et profondes sur la formation littéraire des Livres saints, on se demande ce que R. Simon laissait après lui dans ce domaine à découvrir, et sans diminuer la part d'invention des principaux exégètes modernes, on peut trouver que la restitution des grandes figures anonymes de l'histoire littéraire d'Israël, Jéhoviste, Élohiste, Écrivain sacerdotal, Anonyme de la Captivité, a encore quelque peu à envier à la singulière divination du créateur de l'exégèse.

Mais tandis que dans toutes les directions qu'a suivies, non sans quelque heureuse hardiesse, la critique biblique de ce siècle, elle a trouvé un guide merveilleusement sûr en R. Simon, peut-on dire que ce premier livre de l'*Histoire critique* ait profité même dans la plus faible mesure des travaux accumulés par le passé, et que, comme tant d'autres œuvres de génie, il soit une résultante en même temps qu'il est un principe, un point d'arrivée en même temps qu'il est un point de départ ? Certes les Pères des premiers siècles avaient su reconnaître dans les Livres saints quelques-uns des caractères qui ne sauraient faire défaut à aucune littérature nationale, et ignorant encore les raideurs d'une exégèse hiératique, ils avaient réussi plus d'une fois à parler des écrivains hébreux en hommes qui ont vécu avec leurs écrits en un commerce familier. Tel rapprochement de saint Jérôme entre David et le chœur des poètes lyriques de la Grèce [2], telle distinction précise de saint Augustin entre la prose rustique du berger Amos et le style brillant et châtié du noble Isaïe [3] semblait déceler

1. *H. C.*, ch. III.
2. *Epist.* 3 ; cf. præf. *in Isaiam et Jer.*
3. *De Doctrina Christ.*, IV, 4.

aussi libre que judicieuse une vue de la littérature d'Israël. Plus tard, les grands docteurs du moyen âge, on ne l'ignore pas, traitèrent plus d'une question biblique avec la même hardiesse de génie qu'ils apportèrent dans la discussion des grands problèmes philosophiques. Mais si l'on compare les vues historiques de R. Simon à l'enseignement traditionnel, tel qu'on le répétait depuis des siècles dans les chaires de Sorbonne, quelle différence, non pas seulement de résultats, mais de principes et de méthode, pour ne pas dire même de sujet! D'un côté, d'abstraites démonstrations portant en bloc sur l'intégrité ou l'authenticité de toute l'Écriture; de l'autre, le discernement ingénieux et pénétrant de tout ce que le travail des générations successives a réussi à incorporer des dictées de la Révélation divine dans la Bible; d'une part, une critique absolue de oui et de non sur l'éternelle question de savoir si ce qu'il faut attribuer à l'inspiration c'est tout ou rien; de l'autre, le sentiment profond d'une œuvre, humaine en même temps que divine, qui se développe, s'accroît, parfois même se transforme et se métamorphose comme un organisme vivant[1]. Qu'on lise telle page où le critique nous fait assister, en quelque manière, à la lente évolution du texte sacré; que, partant de la dernière compilation rédigée, par exemple, au temps d'Esdras, on remonte avec lui par la pensée jusqu'aux Mémoires anciens d'où les récits bibliques ont été tirés, non sans subir de la part des scribes plus d'un développement ou d'une abréviation, que de là on s'élève plus haut encore, jusqu'aux vieux textes qu'ont plus ou moins amendés les prophètes pour les proportionner à l'esprit des temps, et qu'ainsi enfin on atteigne la révélation mosaïque qui est le germe puissant, et, comme disent les naturalistes, le *punctum saliens* de cette matière infiniment plastique et

---

1. Voir R. Simon, *Réponse à la Défense des sentiments*, p. 137.

féconde : on pourra chercher parmi les philosophes modernes de l'évolution un autre exemple de la doctrine du développement appliquée aux choses historiques ; il n'est pas qu'on en trouve un plus démonstratif à la fois et plus nouveau. Si l'on songe après cela que cette découverte proprement définitive, ce n'est pas dans un domaine plus ou moins exploré qu'elle a été accomplie, mais dans les parties les plus désertes de cette histoire littéraire, dont l'auteur du *Novum Organum* disait peu auparavant qu'il n'y avait pas sur les cartes de terre plus inconnue, de solitude plus dévastée, on comprendra qu'il ne soit guère possible de se défendre d'un profond sentiment d'admiration pour cet heureux trait de génie. Et si l'on ajoute enfin qu'il n'est pas de plus enviable mérite pour une œuvre que d'ouvrir de lointaines perspectives sur une longue série de grandes découvertes, issues du même esprit et dirigées par la même méthode, on ne pourra classer trop haut parmi les chefs-d'œuvre d'une érudition devenue, à son exemple, aussi patiente et judicieuse que hardiment conjecturale cette féconde restitution d'une littérature primitive qu'est le premier livre de l'*Histoire critique*.

Est-ce à dire cependant que ce premier livre soit une œuvre aussi achevée en toutes ses parties qu'elle est dans l'ensemble originale et suggestive? Ce serait bien mal comprendre le genre de mérite propre à cet ouvrage que d'hésiter à en reconnaître les imperfections. Précisément parce qu'elle témoigne d'une surprenante finesse d'analyse et dénote une habileté suprême à faire tenir en équilibre les données les plus complexes, à mettre en balance les éléments d'appréciation les plus divers, l'œuvre de R. Simon n'offre pas partout, il faut bien l'avouer, une égale lucidité didactique, et l'on y regrette ici et là quelque embarras, quelque confusion qui ne tient pas seulement à l'exposé. On a même pu accuser le savant critique de vaciller en ses dires sur certains points et d'attribuer la plus grande part dans la rédaction des Livres saints, tantôt aux plus anciens, tantôt aux plus récents des écrivains hébreux. Mais le défaut le plus saillant à tous les yeux, ce sont évidemment les lacunes que présente l'ouvrage, et ce que l'*Histoire critique* réclamait évidemment tout d'abord, c'étaient des continuateurs qui s'appliquassent à reconstruire d'après ce vaste plan l'histoire de la composition des Livres saints. R. Simon s'était contenté de tracer les grandes lignes du pays à parcourir, et, comme on l'a dit de Bacon, il avait quelque peu imité ces Français du temps de Charles VIII qui conquirent l'Italie, non avec leurs armes, mais avec la craie dont ils marquèrent leurs quartiers d'occupation. Après lui aussi bien, il restait à s'assurer de toutes les positions conquises, à ne laisser aucun point sans s'en rendre maitre, aucune route sans la commander, à occuper enfin jusqu'à ces petits sentiers qui, selon le mot de Fontenelle, épargnent tant de combats aux conquérants et tant de peine aux voyageurs.

Cette œuvre, on a vu plus haut pour quelles raisons il ne fut pas donné à R. Simon de la poursuivre et de l'achever lui-même. Avait-il, au moins dans les premiers temps qui suivirent la condamnation de son livre, espéré que d'autres après lui pourraient travailler à la continuer? S'était-il flatté, par exemple, que les confrères de son protecteur déclaré, le P. de la Chaize, s'ils ne réussissaient pas à lui faire rendre le droit de se faire entendre sur ces questions, pourraient du moins reprendre à leur compte les principes d'une exégèse qui leur était notoirement si sympathique? Ne pouvait-il pas, pour se confirmer dans ses espérances, se dire après tout que rien ne faisait plus d'honneur à la Compagnie de Jésus que son admirable école scientifique de la première moitié du siècle, et que le plus sûr moyen de réduire au silence le nombre toujours croissant de ses adversaires, c'était simplement de continuer les nobles traditions de probité scientifique, telles qu'on les avait admirées dans les travaux d'un Mariana sur l'Apocalypse, dans le savant et libre commentaire des Évangiles de Maldonat, dans les hardies recherches historiques de Petau, et même dans les théories d'un Lessius ou d'un Hamel sur l'inspiration? Il est permis de le croire quand on lit dans ses lettres l'expression des amers regrets que lui cause le trop juste sentiment d'avoir été de ce côté si tôt abandonné et en définitive si complétement oublié.

Ce n'était pas à la vérité la seule surprise que l'avenir eût réservée au savant religieux. Son œuvre, qui n'avait pas trouvé de continuateurs parmi les catholiques de son vivant, et n'en devait même pas trouver de longtemps après sa mort, devait lui susciter des émules et des imitateurs, dont le nombre prodigieux n'égalerait en quelque sorte que l'opiniâtre activité, parmi les ennemis les plus déclarés de sa foi. Telle devait être même un jour l'ignorance générale en ces matières qu'on en arriverait à confondre son œuvre avec les travaux du rationalisme protestant et à réunir dans une sorte de vague et lointaine perspective des écrits qui n'avaient guère de communs que la ressemblance du sujet et l'intensité patiente et méthodique de la recherche. Mieux encore, on devait voir les catholiques, se faisant avec docilité l'écho de certains incrédules qui n'ont pas d'autre tactique que de réduire les sciences religieuses à une sorte d'hiératisme théologique sous couleur d'admirer Bossuet, ranger, parmi les écrits hérétiques ou impies, l'ouvrage qui était le mieux fait pour les réfuter. On devait voir enfin jusque dans les Manuels bibliques d'une certaine école, aussi bien que dans les œuvres injurieusement élogieuses des incrédules, le nom de R. Simon accolé à celui de Strauss, comme si rien n'était plus étranger à l'auteur de l'*Histoire critique* que l'interprétation mythique, cette ressource désespérée des exégètes protestants pour concilier au texte de

l'Écriture un reste de respect religieux ; comme si le théoricien, on pourrait presque dire le théologien, qu'est excellemment Strauss avait rien de commun avec le pur historien qu'a voulu et qu'a su rester R. Simon, comme
si enfin toute l'œuvre de l'érudit oratorien ne protestait
pas contre l'entreprise aussi chimérique que sacrilège
d'atteindre le principe même des choses religieuses par
les procédés étroits et raides du rationalisme exégétique !
Après tout, R. Simon était trop au courant des surprises
sans nombre que ménage l'histoire littéraire de tous les
temps pour s'affecter outre mesure de la singulière transformation que feraient subir à son œuvre ses imprévus
admirateurs. On peut même croire qu'il n'eût pas vu sans
sourire son nom et ses travaux traités avec le même sans
façon audacieux qu'il avait cru découvrir dans les procédés de l'historiographie antique. Mais de voir, à la suite
d'une condamnation purement individuelle, et par suite de
la plus étrange méprise, l'histoire littéraire de la Bible
devenir comme le monopole exclusif des protestants et
des libertins, d'être obligé de constater le zèle passionné
de certains catholiques à s'interdire toute espèce d'exégèse scientifique et à se fermer ainsi l'accès des esprits
même les moins exigeants en fait de méthodes et de raisons, il est permis de croire par tout ce qu'on sait de sa
foi et de son amour pour la vérité qu'il ne s'en fût pas
aussi aisément consolé.

CHAPITRE VI

LE SECOND LIVRE DE L'HISTOIRE CRITIQUE OU LES VERSIONS DE L'ANCIEN TESTAMENT [1]

On n'ignore pas combien de causes, toutes subtilement démêlées et savamment déduites, ont été alléguées de notre temps, pour expliquer l'absence de méthode et d'esprit historiques au xvii° siècle. Les uns, estimant par exemple, que nulle influence ne s'est exercée plus profondément sur l'ensemble de notre littérature classique que celle de Descartes, rappellent en quel singulier mépris le *Discours de la Méthode* a dû faire tomber universellement l'étude de l'histoire : le moyen que la science des faits contingents fût en quelque honneur parmi les disciples, quand le maître se scandalisait de voir une dame savante consacrer quelque temps chaque jour à la lecture de la Bible hébraïque, ou quand, sans couleur de s'en excuser, il se flattait, non sans adresse, de rester des six mois

1. Les dix premiers chapitres de ce second livre traitent de la version des Septante et des autres versions grecques. L'étude de la Vulgate latine comprend ensuite quatre chapitres : de l'auteur de la Vulgate (xi), comparaison de la version de saint Jérôme avec ses *Questions sur la Genèse* (xii), comparaison de la Vulgate avec les Septante (xiii), du décret du concile de Trente sur l'authenticité de la Vulgate (xiv). Les quatre chapitres qui suivent sont consacrés aux versions syriaques, arabes, éthiopiennes, chaldaïques, et c'est, pour le dire en passant, à cette source que les auteurs catholiques semblent avoir le plus généralement puisé. Enfin, dans les six derniers chapitres, il est traité des versions en langue vulgaire faites par les Juifs, les catholiques et les protestants.

entiers sans rendre visite aux hommages d'auteur dont
se composait toute sa bibliothèque! D'autres, professant au contraire que c'est autour de Port-Royal que
gravite toute la littérature du xvii° siècle, citent et
commentent les rigoureuses sentences portées par
Jansénius contre cette curiosité inquiète de l'esprit,
que l'on décore du nom de science et qui n'est que la
démangeaison de savoir : *Libido sciendi*. Comment de ce
côté encore s'attendre à une étude diligente des réalités
historiques, quand la recherche scientifique y est communément tenue, non pas même pour un vain divertissement,
mais pour une forme, et non la moins perfide, de la concupiscence? Quant à ceux qui partagent le siècle tout
entier entre ces deux influences et distribuent les contemporains de Louis XIV en deux catégories, sous la rubrique
de jansénistes ou de cartésiens, on devine s'ils éprouvent
le moindre embarras à expliquer, à justifier même l'infé-
riorité notoire, avérée du genre historique à cette époque.
Dans ce grand siècle d'autorité, la foi à l'absolu, à
l'immuable, n'exclut-elle pas cette idée de la relativité
universelle qui est à la base de toute critique, et qui donc
s'aviserait de demander le sens de la diversité historique
à tel écrivain dont c'est le principe constant que la vérité,
toujours semblable à elle-même, ne saurait pas plus se
modifier que Dieu, et qui aurait pu inscrire en tête de
tous ses livres le mot de l'Écriture pour épigraphe : « Je
suis le Seigneur et je ne change pas? »

De quelle finesse d'analyse, de quelle vigueur de dialectique les critiques ont fait preuve dans la démonstration de
cette thèse, ce n'est pas le lieu de le remarquer ici. On ne
peut s'empêcher de se demander pourtant si le point de départ de ces savantes déductions est aussi sûr qu'il est
d'usage de l'accorder et s'il n'en est pas de l'absence d'esprit
historique au xvii° siècle comme de la fameuse dent d'or
de Fontenelle. Hortius et Rullandus, Ingolstetcrus et Liba-

vius firent de gros livres pour prouver, les uns que la dent du jeune Silésien était naturelle, les autres qu'elle était miraculeuse, ceux-ci qu'elle était un *lusus naturæ*, ceux-là qu'elle était un argument providentiel contre les Turcs. Il se trouva finalement que la dent n'était pas en or.

Le xvii⁰ siècle n'eut-il compté en effet que de purs érudits comme Baluze, Du Cange ou Mabillon, il serait déjà permis de se demander s'il fut, aussi totalement qu'on l'affirme, dénué du sens de l'histoire. Mais qui pourrait désigner, même dans les siècles les plus réputés pour leur génie historique, beaucoup d'écrivains qui aient eu plus de parties de l'historien, on ne dit pas seulement qu'un Bossuet, mais qu'un Le Nain de Tillemont ou, plus sûrement encore, un Denis Petau? Qui n'hésiterait surtout à décider ce qui vaut à une époque le plus de véritable gloire historique, ou d'avoir tracé d'avance toutes les grandes lignes et toutes les lointaines directions de la méthode critique comme l'a fait Richard Simon, ou d'en avoir, comme ses modernes disciples, parcouru après lui les avenues de plus en plus ouvertes et aplanies. La part qu'a eue l'auteur de l'*Histoire Critique* dans la préparation du riche développement historique dont on admire si haut les résultats, mais dont on oublie si complètement les origines, il serait difficile de la méconnaître après l'examen de son premier livre, sur les Révolutions du texte hébreu, mais qui voudra s'en convaincre pleinement et en même temps toucher comme au doigt l'erreur la plus généralement commise sur le xvii⁰ siècle, n'aura qu'à prendre une connaissance même rapide de son histoire des Versions de la Bible. Sujet spécial, semble-t-il, humbles recherches, cadre exigu et sans nulle perspective d'ensemble : on jugera pourtant si beaucoup de vastes œuvres ont su mieux éveiller la haute curiosité spéculative ou la grande imagination historique, et si ce n'est pas à un ouvrage de ce genre que s'appliquait le mot des anciens : *Exiguusque videri sentirique ingens.* Le vieil oratorien avait beau se défier des vues générales, il était trop bon humaniste, pour ne pas permettre qu'on lui en fît un mérite, à la faveur d'un texte de Pline.

I

Ce n'est pas seulement dans l'ordre des sciences profanes que les esprits spéculatifs éprouvent la plus grande difficulté à traiter historiquement les questions même purement historiques. Les théologiens du xvii° siècle par exemple ont, comme chacun sait, orné des plus belles fleurs de l'art le champ épineux de la scolastique ; ils n'ont cependant pas échappé à une règle trop commune : et, dans un siècle où tout parle de tradition, l'on ne peut trop s'étonner que les premières sources en aient été si rarement explorées. Qui donc a dit : « Les faits ! Les faits ! Rien n'est stupide comme un fait ! » Est-ce un doctrinaire de 1830 ? N'est-ce pas plutôt un théoricien religieux du xvii° siècle ?

Si l'on en voulait une preuve précise, on n'aurait qu'à se rappeler l'orageux débat soulevé entre les protestants et les catholiques à propos de l'ancienne version grecque de la Bible, la traduction dite des Septante. Si les protestants d'alors en effet refusent en général toute autorité à cette antique version[1], qu'on ne croie pas que c'est pour en avoir fait l'examen direct et reconnu l'insuffi-

---

1. Il faut excepter toutefois le protestant Isaac Vossius, qui partageait les idées des anciens Pères de l'Église sur l'inspiration des Septante et la falsification du texte hébreu par les Juifs. Il est vrai qu'Isaac Vossius était moins un protestant qu'un *libertin*, en même temps qu'un esprit des plus crédules, et l'on connaît le mot de Charles II, l'entendant répéter sur la Chine les contes les plus invraisemblables : « Voyez l'étrange savant, il croit tout, hors la Bible ! »

sance. D'après eux, l'inspiration est si étroitement liée au texte hébreu de la Massore, à ses mots mêmes et à sa ponctuation, que tout ce qui s'en écarte leur paraît non seulement manquer d'autorité, mais en quelque manière porter atteinte au respect que mérite la lettre de l'Écriture. Pour un peu, ils tiendraient, comme certains juifs, que le jour où les interprètes alexandrins achevèrent la traduction de la Bible, n'est pas une date moins néfaste que le jour où fut fondu le veau d'or, et ils répéteraient volontiers sur la foi du Talmud que les traducteurs furent châtiés de la main de Dieu comme les profanateurs du temple et que leur sacrilège fut suivi de plusieurs jours de ténèbres[1].

Quant aux catholiques, ils ne sont pas, comme bien l'on pense, moins ardents à défendre la traduction des Septante que les protestants à l'attaquer. Mais quel est l'argument cardinal sur lequel repose toute leur démonstration[2]? Il n'en saurait être de plus étranger au véritable esprit critique : c'est à savoir que les Pères de l'Église ne reconnaissent pour la plupart aucune valeur au texte hébreu, et qu'ils consacrent de toute leur autorité le texte de l'antique version grecque. Sixte-Quint, disent-ils encore, a reconnu solennellement l'authenticité de cette traduction, mieux encore, il l'a imposée à tout le monde chrétien, *ab omnibus recipiatur et retineatur*; il n'en faut pas plus pour assurer au texte grec, qui est celui de l'Église, la supériorité sur le texte hébreu qui n'est rien

1. *H. C.* p. 188.

2. Il importe de noter que, tout en réfutant cette thèse du Père J. Morin, de l'Oratoire, R. Simon ne manque aucune occasion de rendre hommage au grand savoir de son confrère. Les *Lettres* et l'*Histoire critiques* (V. notamment p. 464, sq.), sont très explicites sur ce point. Aussi ne sera-t-on pas médiocrement surpris de voir attribuer à R. Simon le pamphlet intitulé *Vita J. Morini*, qui se trouve en tête d'un petit recueil de lettres du P. Morin, sous le nom d'*Antiquitates Ecclesiæ orientalis* (Londres, 1682, in-12), et qui paraît bien être l'œuvre de B. de la Martinière.

autre en somme que celui de la Synagogue. L'argument à la vérité est topique contre certains théologiens qui ne reconnaissent d'autorité qu'à la Vulgate de Saint Jérôme, ou entendent l'inspiration dans un sens trop étroit pour comporter une certaine diversité d'interprétation. Qui ne se rend compte en effet que, si la version des Septante, toute différente qu'elle est de la Vulgate, est déclarée authentique au même titre et dans les mêmes formes, cette authenticité ne peut s'entendre au sens d'une conformité rigoureuse et absolue du texte avec l'original? Mais quand c'est de réfuter les théories protestantes qu'il est question, que peut-on, d'un argument d'autorité, conclure contre des adversaires, dont le dogmatisme, fondé sur des raisons opposées, mais de même ordre, n'est ni moins exclusif, ni moins absolu? Aussi ne voit-on pas comment se serait terminé le débat, si l'*Histoire critique* n'était venue y introduire des éléments de discussion tout nouveaux, et décider en faveur de la thèse des catholiques, mais par des arguments que les catholiques n'avaient pas encore su produire. Tel est, en effet, le mérite singulier des premiers chapitres du second livre, consacrés à l'étude de la version des Septante : il serait difficile de citer un plus parfait modèle de cet esprit historique, qui souvent s'est trouvé seul en possession de terminer les différends théologiques les plus aigus. On a vu quel rare éloge faisaient de son génie original et inventif les heureuses divinations du premier livre de R. Simon : ces belles pages ne sont pas faites pour recommander moins vivement son heureux tempérament d'historien, ce bel équilibre de soumission aux faits et d'indépendance de vues qui sont la meilleure part de la sagesse critique[1].

1. Sur l'esprit critique dont témoigne cette appréciation des Septante, cf. A. Loisy, *Histoire critique du texte et des versions de la Bible* (Amiens, 1892, 8°, p. 191 et sq.

Et d'abord, quels reproches les théologiens protestants adressent-ils à la version des Septante? Son premier défaut, s'il faut les en croire, c'est de différer notablement du texte hébreu, et, sur bien des points, de donner à la révélation biblique des apparences d'indécision et de flottement qu'elle n'a pas, disent-ils, qu'elle ne doit avoir jamais eues. Mais quoi, répondra R. Simon, pour atteindre la lettre précise de la révélation, êtes-vous donc si sûrs de pouvoir vous reposer sur le témoignage du texte hébreu, comme sur un document infaillible? Le texte de la Massore, le seul que nous possédions, n'est-il pas, tout compte fait, une véritable interprétation des textes, rédigée par les rabbins juifs d'une certaine école, à une époque relativement tardive, où l'hébreu n'était depuis de longs siècles qu'une langue morte et réclamait un véritable travail de remise au point et d'adaptation? N'est-ce pas précisément l'avantage de l'antique version grecque de nous faire atteindre un état plus ancien du texte hébreu, et en refusant d'y puiser les renseignements dont ils abondent ne commettez-vous pas, à votre manière, quoique inversement, la même erreur que vous reprochez aux anciens Pères d'avoir commise, quand ils ont professé que les additions des interprètes grecs étaient aussi nécessaires à l'intégrité du texte inspiré que leurs omissions étaient providentielles et suggérées par l'Esprit-Saint? Et quelle est enfin cette logique étrange d'attribuer à « la vérité hébraïque » une rigueur absolue d'expression, en vous fondant sur l'autorité de la Massore, quand vous avez écarté toute autre source d'information que le texte de la Massore lui-même? Calvin croyait que Caïn et Abel étaient jumeaux, parce que leur naissance est rapportée dans le même endroit de la Bible. Affirmer des choses ce qui n'est vrai que des témoignages qui nous les font connaître, et prouver l'identité des formes de la Révélation par l'unité d'un document qu'on se refuse à contrôler, c'est un sophisme dont l'amusante bévue de Calvin aurait dû, semble-t-il, garantir le dogmatisme de ses disciples [1].

Ce qu'on leur impute encore à grave reproche, c'est, dans la traduction des Livres Saints et en particulier de la Genèse, d'emprunter, pour traduire les mots hébreux, plus d'un terme à la cosmogonie hellénique. R. Simon a rarement montré plus de sens historique que dans les pages pénétrantes où, pour justifier les Septante de ce grief, il semble rivaliser d'avance, en fait d'érudition philologique, avec Max Müller et ses brillants émules. Traduire par exemple l'hébreu *bara* par le grec ἐποίησε, c'est sans doute enlever aux théologiens qui spéculent sur l'idée de création un de leurs arguments les plus précieux; de même encore dire de la terre qu'elle était « invisible et informe » (ἀόρατος καὶ ἀκατασκεύαστος), c'est sans doute recourir à des termes que n'eût pas répudiés un mythologue profane comme Hésiode [2]; qualifier enfin l'étendue supérieure du nom de στερέωμα, *firmamentum*, c'est s'exposer aux railleries des savants qui n'admettent pas plus sur la foi des Grecs que sur celle des Hébreux la solidité de la voûte céleste [3]. Mais si l'on fait abstraction

1. *H. C.* p. 211.

2. R. Simon fait observer ailleurs (p. 365), que cette traduction est en quelque manière confirmée par l'auteur de l'*Épître aux Hébreux*, quand il dit que « ce monde visible a été fait de choses qui n'apparaissaient point » (*Heb.* 11, 3).

3. Citons, pour bien marquer la différence des points de vue et, pour ainsi parler, la distance de l'exégèse historique à l'exégèse dogmatique, l'explication que Mgr Ubaldi, professeur au Séminaire romain, donne du mot *firmamentum*, dans son cours d'Écriture sainte : « Le firmament, dans la pensée de Moïse, n'a, dit-il, rien de commun avec un corps solide, et l'on ne doit nullement le confondre avec la voûte opaque des Anciens. Ce n'est rien autre chose que l'atmosphère ambiante qui soutient les nuages et les empêche de tomber sur la terre, *quæ firmat aquas cælestes ne in terram decidant* » (*Introd. in S. S.*, t. I, p. 694).

pour un instant du caractère inspiré de ces livres, pourquoi tous ces termes, qui rendent les notions primitives de la Grèce antique, ne traduiraient-ils pas aussi, avec une exactitude suffisante, les vieilles conceptions du génie hébreux? Toutes les origines ne se ressemblent-elles pas étrangement, et n'est-ce pas le propre de la philosophie de reconnaître l'identité de la pensée humaine dans toutes ses manifestations les plus diverses, comme c'est le propre de la vraie religion de s'adapter aux formes d'esprit les plus variées de ceux qui s'y soumettent? En réalité, quelque différence que la révélation divine introduise entre la sagesse juive et la culture hellénique, mots hébreux ou mots grecs ne sont les uns comme les autres que des approximations très lointaines des concepts primitifs, et les pensées des antiques générations qu'il s'agit de faire revivre sont aussi inconcevables pour les écrivains postérieurs que le sont, pour l'homme fait, les idées de son premier âge. Soyez sûr que s'il en sourit, c'est faute de pouvoir désormais les comprendre. Le proverbe est bien banal qui dit : « La moitié du monde ne sait pas comment vit l'autre moitié » : il n'a manqué à plus d'un historien que de s'en souvenir pour éviter maintes erreurs historiques, et R. Simon n'eût pas hésité sans doute à y reconnaître l'un des plus utiles aphorismes de l'exégèse historique.

En somme, toutes les critiques qu'on adresse à la vieille version grecque peuvent se ramener, on le voit, à une seule qui les comprend toutes : c'est à savoir qu'elle est une traduction, et par suite, au dire des aveugles partisans du texte hébreu, une altération plus ou moins profonde de l'original. Aussi devine-t-on de quel air de scandale ils répètent ici l'ordinaire dicton : *Traduttore traditore*, trop faible même pour flétrir les auteurs d'une entreprise aussi sacrilège. Comme si ce n'était pas oublier qu'au fur et à mesure de son existence historique toute forme religieuse, toute institution sociale, doit s'approprier à des états d'esprit différents? De même que l'hébreu lui-même a été une langue vivante, sans cesse modifiée par l'usage, le texte sacré ne se présente-t-il pas comme un ensemble d'écrits ouvert à l'insensible mais profonde élaboration des transcripteurs de tous les siècles? Et de quelle violation inouïe se plaint-on, si les traducteurs grecs y ont déposé, après tant d'autres, comme un sédiment d'antiques concepts, accumulés au sein d'une langue en vertu d'une loi non moins impérieuse que celle des alluvions géologiques? Loin de s'en alarmer, n'est-il pas plus sage de voir là encore, comme dans le travail des vieux scribes, une conduite toute providentielle, et comme un degré nouveau dans le développement de la révélation elle-même? La lente accommodation des textes aux besoins de la vie religieuse, mais quelle manifestation extraordinaire vaut ce perpétuel miracle, et comment n'y pas voir l'indice, en même temps que l'effet, d'une action divine? La traduction des Septante n'est sans doute pas inspirée au sens où l'entendaient les anciens Pères, et il faut sourire de la fable qui montre les soixante-douze interprètes enfermés par Ptolémée Philadelphe dans soixante-douze cellules, d'où ils sortent après soixante-douze jours, avec une version dictée par Dieu lui-même en des termes absolument identiques[1]; mais la proscrire sous prétexte qu'elle porte atteinte au principe de l'immutabilité littérale de l'Écriture, c'est oublier que l'absence de développement n'est pas moins sûrement la mort qu'elle n'est manifestement l'infidélité à l'esprit primitif; c'est commettre une aussi lourde méprise en apologétique et en théologie qu'en histoire.

1. On aurait à peine besoin de noter le dédain du critique pour la fable du pseudo-Aristée sur l'origine de la version grecque, si l'on ne savait quelle autorité elle gardait encore, sous le nom de tradition pieuse, parmi les contemporains de R. Simon.

Ce sens aiguisé de la diversité et de la continuité des âges, R. Simon ne le montra d'ailleurs pas moins en se séparant des partisans exclusifs de la version alexandrine, qu'en en combattant les fougueux adversaires. Si le Père Morin de l'Oratoire avait en effet exalté le mérite des Septante, c'est surtout parce que leur traduction lui paraissait approuvée par l'usage séculaire de l'Église, et que, selon son expression, c'est aux chrétiens, et non aux juifs, qu'il faut demander les véritables exemplaires de l'Écriture révélée; c'est aussi parce qu'elle lui semblait être une arme incomparable pour détruire l'autorité du texte massorétique, si cher alors aux protestants; autant de raisons proprement dogmatiques qu'on ne s'étonnera pas de voir R. Simon ranger fort au-dessous des arguments d'ordre purement historique.

Le premier mérite qu'il reconnaît en effet aux Septante, ce n'est pas à la vérité de suppléer le texte hébreu, c'est de nous le faire mieux connaître. Les Massorètes ont eu sans doute entre les mains des manuscrits de haute valeur pour constituer définitivement leur texte; mais les interprètes alexandrins, travaillant plusieurs siècles avant eux sur des documents plus anciens, ont l'avantage de nous faire atteindre un texte bien antérieur, que son antiquité même rend des plus instructifs. Que l'on compare en effet le texte hébreu avec la version grecque, et il ne sera pas malaisé de se convaincre quelles différences présentait, avec la Massore, le texte ancien, tantôt plus court et tantôt plus développé, ici distribué dans un autre ordre et là conçu dans les termes de l'antiquité la plus savoureuse. On a vu quelle idée l'érudit oratorien se faisait de l'élaboration progressive des textes, quelle durée il attribuait à la fixation graduelle d'une littérature longtemps amorphe et flottante : on peut deviner quel prix il attachait à d'antiques, bien qu'indirects, témoignages, où son génie conjectural n'avait nulle peine à reconnaître distinctement la voix du plus lointain passé.

C'est encore un précieux mérite des Septante, aux yeux de R. Simon, que le parti pris d'interprétation littérale qui les caractérise. Sans doute, ici ou là, sous l'influence des idées théologiques de leur entourage, ils ont effacé quelques-uns des traits les plus naïfs, et, par conséquent, les plus inestimables de la Bible, fait disparaître quelques-unes des traces les plus curieuses de l'anthropomorphisme juif, comme par exemple quand ils écrivent que c'est l'ange de Dieu, et non Iahvé lui-même, qui voulut tuer Moïse dans un défilé du Sinaï, ou quand ils disent que les anciens d'Israël virent le lieu où était le Seigneur, au lieu de dire qu'ils virent Iahvé lui-même, comme le porte le texte hébreu. De même encore, il est trop évident qu'ils n'ont guère compris certains livres difficiles, comme la plupart des poèmes hébraïques, que nul d'ailleurs ne comprenait alors mieux qu'eux parmi les Juifs. Mais, en général, leur traduction est strictement exacte, et il n'est pas jusqu'à leur procédé de décalque scrupuleux qui ne soit ici une garantie de fidélité. Œuvre de plusieurs générations de traducteurs, elle représente sans doute plus d'un procédé d'interprétation sensiblement différent ; mais ces interprètes de style et de savoir si variés ont au moins en commun le respect scrupuleux de l'original. Une telle version pouvait-elle à la vérité être comprise des lecteurs qui ne savaient que le grec ? Ne fallait-il pas, pour l'entendre, une teinture suffisante des langues orientales, et en particulier de l'hébreu ? Et ainsi que devient, pour le noter en passant, la thèse de ceux qui attribuent à la Bible grecque une grande influence sur la culture philosophique et morale du monde gréco-romain dans la période alexandrine ? Il est à peine besoin de dire si le prix en était diminué pour R. Simon : une traduction grecque qui exigeait presque la connaissance de l'hébreu n'était pour lui offrir qu'un attrait de plus et le critique ne découvrait pas une leçon antique derrière une glose récente avec une plus entière certitude de divination que l'orientaliste ne reconstituait l'original sous les transcriptions des interprètes.

C'était enfin, au jugement de R. Simon comme du Père Morin, une incontestable recommandation pour la Bible grecque d'avoir été d'un long usage entre les mains des premières générations chrétiennes. Mais en le disant avec son estimable confrère, il n'est pas téméraire de penser que R. Simon l'entendait un peu différemment. A mesure en effet qu'ils le transcrivaient et l'utilisaient dans leurs propres écrits, les anciens auteurs ecclésiastiques ne pouvaient pas ne pas en modifier profondément la teneur, en altérer plus ou moins la physionomie. Reconstitution du texte grec par Origène dans les Hexaples et dans les Tétraples, recension de Lucien de Samosate, citations ou paraphrases éparses dans les ouvrages des différents Pères grecs, autant de témoignages qui permettent de suivre le grand travail théologique des premiers siècles, non pas seulement dans son ensemble et dans ses lignes les plus générales, mais jusque dans les plus insensibles fluctuations et les nuances les plus fines de la pensée religieuse. Ce n'est pas à la vérité que l'intégrité du texte n'y eût couru plus d'un risque, n'y eût paru même plus d'une fois quelque peu compromise. Mais s'il y perdait quelque chose de sa pureté, les atteintes, les déformations même qu'il subissait, n'avaient-elles pas aussi leur valeur instructive? R. Simon, dans une de ses *Lettres critiques*, raconte plaisamment l'histoire de ce voyageur qui, s'éloignant de Rome et voyageant à travers l'Italie, s'étonnait d'entendre le mot *pain* s'accourcir toujours davantage; de *panem*, devenu *pane*, puis *pan* et bientôt *pa*, n'allait-il pas se réduire encore, et quel moyen resterait-il à l'étranger affamé, pour réclamer un aliment si indispensable? L'émoi du voyageur amusait fort le vieil érudit : il n'était cependant pas encore aussi plaisant à ses yeux que l'alarme de certains théologiens qui craignent, dans l'incessant travail de la pensée humaine, de voir disparaître ce premier germe indéfectible et substantiel qu'est la parole de Dieu.

II

Ce même esprit historique qui fait de l'examen des Septante dans l'*Histoire critique* un véritable chef-d'œuvre, R. Simon le porta dans l'étude de la version latine de saint Jérôme. Là encore, tandis que ses contemporains ne voyaient qu'objet de discussions dogmatiques, c'est une disposition purement scientifique qu'il apporte, et le seul but qu'il juge digne de tout l'effort de son génie critique, ce n'est pas de prouver, c'est de comprendre, ce n'est pas même de juger les faits, c'est de les grouper assez rigoureusement pour pouvoir, en sa conscience d'historien, les laisser parler eux-mêmes.

On sait à quel degré de vénération quasi superstitieuse en était venu, au commencement du xvii° siècle, le respect, d'ailleurs si légitime, professé de tout temps par l'Église pour la traduction de saint Jérôme. Ce n'était pas assez que les théologiens lui prodiguassent des éloges manifestement hyperboliques[1]; on en arriva à prononcer les sentences les plus sévères contre quiconque était suspect de quelque tiédeur à l'endroit de la Vulgate, et l'histoire est là pour dire quelle véritable terreur biblique fut organisée en Espagne par les trop zélés partisans de la version hiéronymienne[2]. Si en France ce ne fut pas devant les

---

1. On connaît le mot du cardinal Ximenès sur la Bible d'Alcala, où la Vulgate figure entre le texte hébreu et le texte grec : « On l'a placée là comme J.-C. entre les deux larrons » *tanquam duos hinc et inde latrones, medium autem Jesum.*

2. On peut lire dans Mariana, S. J., le récit émouvant de cette persécution, et l'on ne saurait trop admirer le pathétique sobre et saisissant de ces pages où il montre les premiers personnages de l'Espagne,

tribunaux ecclésiastiques ni dans les prisons du Saint-Office qu'on décida de la valeur de cette traduction latine, on n'en montra pas moins, parmi les très sages Maîtres de la Sorbonne en particulier, une intrépidité d'admiration fort redoutable, et si R. Simon donna jamais une preuve non équivoque de courage intellectuel, ce fut en relevant des signes trop certains de la faiblesse humaine dans une œuvre où l'on ne voulait rien voir que de surnaturel et de divin.

Saint Jérôme, fait-il remarquer en effet, avec un parti pris d'éloges que de bons juges ne seront peut-être pas sans trouver excessif, est le premier, le plus grand de ceux qu'on a désignés depuis du titre de savants catholiques ; mais, si vénérable que soit son œuvre, on ne peut se refuser d'y reconnaître en même temps le travail de l'homme. Le moyen d'en douter, quand on voit par exemple jusqu'à quel point il fut auteur, s'ingéniant à relever dans ses préfaces jusqu'aux plus légères fautes des Septante pour autoriser sa propre traduction[1], se donnant l'apparence de réfuter ou de rectifier Origène quand il ne faisait le plus souvent que le suivre, se préoccupant enfin du goût littéraire de son public jusqu'à substituer maintes fois des paraphrases plus ou moins élégantes à la lettre du texte sacré[2]. On sait au surplus comment il s'en

jetés en prison sur le simple soupçon de ne pas faire assez de cas de la version de S. Jérôme et obligés de plaider leur cause, tout chargés de chaînes, devant les Officialités (*Pro vulgata editione*, cap. 2).

1. On pense bien que R. Simon ne négligea pas l'argument que lui fournit la critique si rigoureuse des Septante par s. Jérôme : « Comme il a vu, dit-il, qu'il lui était permis de marquer selon les lois de la critique les fautes qu'il a prétendu trouver dans l'ancienne version approuvée de toute l'Église, il semble qu'il soit permis d'examiner sa critique avec la même liberté » (*H. C.* p. 396).

2. R. Simon fait allusion à la plaisante anecdote si joliment contée par saint Augustin dans une de ses lettres à saint Jérôme. Un évêque d'Afrique avait fait lire à son peuple l'histoire de Jonas dans la nouvelle traduction que lui avait envoyée le savant solitaire de Bethléem.

justifiait contre Rufin, ce théologien atrabilaire et méticuleux qu'il ne se gênait pas pour appeler un scorpion et un pourceau. Puisque le Deutéronome permettait à tout Israélite d'épouser une étrangère, à la condition de lui couper les ongles et de lui raser la tête et les sourcils, il ne pouvait être défendu à un chrétien d'unir dans ses écrits les grâces de la littérature païenne à l'austère vérité de la révélation biblique [1].

Il faut bien reconnaître d'ailleurs que le docte traducteur n'avait pas moins de modestie et d'ingénuité que d'esprit ; on ne voit nulle part qu'il se soit arrogé le titre de prophète. Il est même très remarquable que, s'il refusait ce titre aux interprètes grecs, au grand scandale des théologiens du temps, ce n'a jamais été pour lui une raison de se l'attribuer à lui-même. Loin de revendiquer pour son travail un caractère d'inspiration qu'on accordait alors si libéralement à tant d'ouvrages, il ne se cache pas d'être l'élève des rabbins, et les lumières qu'il se vante d'avoir demandées et reçues, ce sont bien celles d'en haut à coup sûr, mais ce sont aussi celles de la synagogue. La devise des Juifs rabbinistes est même devenue la sienne, et c'est elle qu'on peut lire à toutes les pages de ses livres d'exégèse : *Hebraica veritas*. Si du moins, remarque R. Simon, il s'était contenté de leur emprunter leurs connaissances spéciales, sans aller jusqu'à partager plusieurs de leurs erreurs. Mais c'est peu de se couvrir d'une autorité qui ne saurait avoir évidemment rien d'infaillible ; il ne se soucie pas de se mettre toujours d'accord avec lui-même ; souvent sa version dit une chose et ses commentaires en disent une autre absolument contraire. Divergences de

Le peuple, en entendant le mot *hedera* (lierre), substitué au mot *cucurbita* (citrouille), fit dans l'église une telle émeute que l'évêque fut obligé de recourir au témoignage des rabbins juifs pour l'apaiser (*Ep.* 104.)

1. Hier. *Ep.* 83.

vues d'ailleurs fort instructives, mais que devient la prétention de certains de ses admirateurs à en faire une œuvre totalement et directement dictée par Dieu lui-même? Il faut, concluait R. Simon, s'être dépossédé de son bon sens pour tomber dans des exagérations aussi passionnées : *periit judicium, postquam res transiit in affectum* [1].

A cette opinion si hardiment modérée, on ne manqua pas, comme bien l'on pense, d'opposer le concile de Trente qui déclare la Vulgate *authentique*. Mais quel sens, demandait R. Simon, faut-il attribuer à ce terme? Entend-on par authentique le premier et véritable original des Livres Saints? Il est trop clair qu'il ne saurait être ici question d'un tel genre d'authenticité. Ce n'est même pas seulement à la version de saint Jérôme qu'il y a nécessité de refuser ce titre, c'est à quelque ouvrage que ce soit de l'Ancien et du Nouveau Testament, puisque aussi bien nous n'en avons pas les premiers manuscrits. Ne désigne-t-on pas simplement alors par le mot *authentique* un acte qui, sans être exempt de fautes, n'a pas été du moins altéré, falsifié, corrompu à dessein? C'est en ce sens par exemple que le sixième concile général avait déjà pris ce terme. Quand l'évêque Macaire produisit en effet devant l'assemblée certains passages de l'Écriture qui parurent suspects, les députés du pape réclamèrent qu'on apportât une Bible authentique, αὐθέντικα βίβλια. Ainsi en dut-il être encore quand le concile de Trente, en un temps où d'incessantes controverses avec les protestants rendaient plus indispensable que jamais un terrain commun de discussion et peut-être d'entente, décréta l'authenticité de la Vulgate, par une sorte de mesure plus disciplinaire que dogmatique [2]. Qu'on ne dise donc pas que la version hiéronymienne doit suppléer les textes originaux, ni même

1. *H. C.* p. 264.
2. *H. C.* II, ch. xiv.

qu'elle y est toujours conforme, ni surtout qu'elle est infaillible. C'est tout uniment, selon l'expression piquante du critique normand qui semblait s'y connaître, *une bonne pièce de procédure*, un acte qui mérite de faire foi dans un débat juridique et peut, sous bénéfice d'inventaire sur les points de détail, inspirer dans l'ensemble confiance aux deux parties.

Lorsque dans sa première *Instruction sur le Nouveau Testament de Trévoux*, Bossuet prononça une condamnation si retentissante de la traduction du savant oratorien, ce fut, on le sait, un des points sur lesquels il réprouva le plus formellement l'audacieux critique : « C'est penser trop indignement de ce décret, disait-il, que d'en faire un simple décret de discipline ; il s'agit de la foi, et le concile de Trente a eu dessein d'assurer les catholiques que cette ancienne édition Vulgate représentait parfaitement le fond et la substance du texte sacré [1] ». Il n'est pas sans intérêt de remarquer cependant que dans sa controverse avec le protestant Molanus l'illustre prélat crut devoir tenir un langage quelque peu différent. Si l'on en voulait même trouver l'équivalent exact, il ne faudrait pas le chercher ailleurs que dans l'*Histoire critique*, dont l'habile controversiste semble cette fois se rapprocher singulièrement. Il suffit pour s'en convaincre de jeter les yeux sur la réponse de Bossuet aux difficultés soulevées par son *projet de réunion*, entre catholiques et protestants. L'abbé de Lokkum, Walther Molanus, choisi par les luthériens pour conférer de ce projet avec les catholiques, avait, entre autres réserves, demandé que les réformés ne fussent pas tenus de recevoir la Vulgate, et qu'à l'exemple de plusieurs catholiques romains on adoucît le canon du concile de Trente par une interprétation bénigne. Bossuet

---

1. BOSSUET, *Instruction sur le N. T. de Trévoux, remarques particulières*, 4.

va-t-il présenter ici le décret comme intéressant directement la foi ? Fait-il aux protestants une loi de reconnaître le caractère doctrinal du décret touchant l'ancienne traduction ? Il se borne simplement à répondre que *l'authenticité* en question ne tend qu'à « préférer la version de saint Jérôme aux autres versions qu'on a répandues dans le monde [1] ». R. Simon qui avait lui-même par plus d'un écrit témoigné de son zèle pour la conversion du protestantisme dut s'applaudir qu'à son exemple et en adoptant ses propres conclusions Bossuet eût fait tomber cet obstacle non médiocre à la réunion. Mais peut-être se demanda-t-il pourquoi *l'Instruction* du prélat aux catholiques dénonçait si sévèrement une doctrine qui, en telle autre rencontre, paraissait si orthodoxe à la fois et si utile.

III

Il serait infini de passer en revue les divers jugements que R. Simon porte dans ce second livre sur les Versions de la Bible qui ont suivi celle de Saint Jérôme. Qu'il suffise de noter le reproche le plus général qu'il adresse aux traducteurs latins ou français ; telle est leur recherche de l'élégance et leur préoccupation du bien dire qu'elle ferait trouver presque simple le style des parties même les moins heureuses de la Vulgate. Certes, on regrette de rencontrer dans la Bible, traduite par Saint Jérôme, les termes fort inattendus de la mythologie classique, les faunes et les centaures, les lamies et les aruspices, sans parler de Mercure lui-même. Mais que dire de la paraphrase cicéronienne de Cajetan, ce recueil de latinismes savants et d'ingénieuses élégances qui sont sorties si mal à propos des cahiers d'expression du lettré cardinal pour

____

1. Bossuet, *Réflexions sur l'écrit de l'abbé Molanus*; IV (éd. Vivès, XVII, p. 580).

venir figurer inopinément dans la Bible? Que dire surtout de la traduction plus recherchée encore du protestant Castalion, et de quelles fines moqueries R. Simon n'a-t-il pas poursuivi maintes fois son interprétation du *Cantique des Cantiques* avec ses diminutifs coquets et mignards qui semblent vouloir renchérir sur les plus jolis vers de Catulle : *Mea columbula, ostende mihi tuum vulticulum, fac ut audiam tuam vocalum*, et tant d'autres raffinements de style qu'on ne s'attend évidemment pas à trouver dans l'Écriture? Que dire enfin de la version française de Saci avec cette affectation constante de politesse et d'agrément qui a pu rappeler à certains critiques irrévérencieux la coiffure savamment ajustée, peignée, poudrée et frisée des personnages du grand siècle? Ces procédés de traduction avaient beau faire loi de son temps et valoir la réputation que l'on sait aux *belles infidèles* : c'est peu de dire que R. Simon les réprouve; il y voit, quand il s'agit de l'Écriture, comme une sorte de profanation, et le respect qu'il a de la vérité historique lui inspire pour les embellissements du style plus d'aversion que n'en ont témoigné les théologiens même les plus austères. C'est là une sévérité de goût que nous trouvons aujourd'hui à la vérité toute naturelle, mais pour des raisons d'ordre littéraire et parce que la nudité du style biblique nous paraît autrement poétique et belle que les vaines élégances des modernes interprètes. Il est bien remarquable que si R. Simon a devancé notre manière de voir sur ce point comme sur tant d'autres, c'est pour des raisons qui n'ont peut-être pas une portée moindre, pour des raisons tout historiques et par un sentiment profond et délicat de la différence des milieux et des âges. Si l'on ajoute qu'il va plus loin encore et que ce qu'il condamne en définitive chez les traducteurs, c'est la prétention d'étendre par ces procédés de style le cercle des lecteurs de la Bible, on aura l'un des principes les plus caractéristiques de l'exégèse simonienne.

Quel est, en effet, d'après R. Simon, le but d'une version de l'Écriture, telle qu'il la conçoit, ou pour mieux dire, la juge indispensable aux intérêts de la recherche historique comme de la spéculation religieuse? Ce n'est nullement, comme on pourrait le croire, de procurer une Bible accessible à tous ceux qui lisent, de mettre entre les mains d'un public plus ou moins préparé un équivalent quelconque du texte hébreu. Une version de l'Écriture ne saurait être à ses yeux un procédé de diffusion, un instrument de propagande. A qui se propose un but d'édification ou veut déployer au service des consciences une activité missionnaire, il n'est pas difficile d'indiquer dans la riche tradition chrétienne nombre d'écrits excellemment appropriés à ce louable usage. Une traduction de la Bible ne saurait servir à un tel dessein, surtout si elle a le caractère scientifique qu'exige R. Simon. Œuvre de critique et d'érudition scrupuleuse, elle est avant tout, pour ainsi parler, une contre-épreuve du texte sacré, une approximation délicate d'un sens souvent flottant et dont il faut faire sentir l'ambiguïté même; en un mot, sous une forme dense et simplifiée, c'est le plus complet et le plus précis de tous les commentaires. Qu'on se représente au surplus la version dont il avait jadis esquissé le plan, avec ses variantes en marge de chacune des pages, avec les diverses significations que comporte maintes fois le mot hébreu, avec tout cet appareil d'érudition sobre mais rigoureuse, et l'on jugera si son idéal de traduction a rien de populaire. Quant à l'interdit qu'il porte contre tout mot explicatif, contre toute liaison logique qui ne serait point dans l'original, n'est-ce pas pour rendre la Bible en quelque façon plus illisible à quiconque manque d'une préparation spéciale? Il est vrai qu'à ceux qui sont capables de l'aborder, la lecture n'en eût pas été vraisemblablement sans quelque fruit. On connaît le mot d'un spirituel contemporain de R. Simon, l'abbé Le Camus : « C'est une chose sin-

gulière ; les Huguenots qui disent que l'Écriture est claire
ne cessent de travailler à l'éclaircir, et les Catholiques
qui soutiennent qu'elle est obscure ne tentent même pas
de l'expliquer. » A quoi R. Simon n'eût sans doute pas
manqué de répondre qu'il n'est tel que de ne pas trop
l'expliquer pour avoir quelque chance de la faire entendre.

On fera sans doute remarquer ici que R. Simon, l'ordinaire défenseur de la tradition primitive, se trouve émettre
sur la lecture de la Bible en langue vulgaire une opinion
bien différente de celle des anciens Pères de l'Église.
N'oublie-t-il pas en effet tout ce que les écrivains chrétiens des premiers siècles ont accumulé sur ce sujet
d'exhortations, de conseils, d'objurgations, d'ordres même,
depuis un saint Clément de Rome qui fait de la lecture
des Saintes Lettres le premier devoir du chrétien jusqu'à
un saint Jean Chrysostôme qui fait dépendre du zèle pour
cette unique étude le progrès ou la décadence de toute
l'Église, depuis saint Paul dont on connaît les recomman-
dations si instantes jusqu'à saint Augustin pour qui le
Christ ne s'est pas laissé toucher après la résurrection
dans la seule intention d'inciter ses disciples à le chercher désormais sous les espèces du livre sacré [1]. Autant
de témoignages d'une tradition que nul n'ignore, mais
qu'il faut subordonner au principe même de la tradition
chrétienne. Tel est en effet le privilège de l'enseignement
traditionnel : assez souple pour se plier à des conditions
historiques toutes différentes, non seulement il s'accom-
mode et se modifie, mais il semble parfois changer du
pour au contre, sans que les lois essentielles qui sont à la
base de ce grand développement religieux en soient elles-
même ébranlées. Que des partis, s'armant de quelque
texte de la Bible, viennent en effet entamer l'unité de
l'Église, que les protestants par exemple arguent contre

____

1. Aug. *in Joh. tract.* 43.

son autorité d'une nouvelle interprétation des Livres Saints, ce sera un Calvin qui s'emparera des paroles des Pères pour en recommander la lecture, et on l'entendra, avec une éloquence que n'eussent pas désavouée les plus grands d'entre eux, décrire les bienfaits de l'étude des Saintes Lettres : « Veuillons ou non, elles nous poindront si vivement, elles perceront tellement nostre cœur, elles se ficheront tellement au dedans des moelles, que toute la force qu'ont les réthoriciens ou philosophes, au prix de l'efficace d'un tel sentiment ne sera que fumée [1] ». Cependant la tradition catholique, représentée par plus d'un pape, depuis Pie IV jusqu'à Benoît XIV, n'aura, avec juste raison, rien de plus à cœur que de mettre les consciences peu cultivées en garde contre l'abus d'une lecture parfois dangereuse, et l'on verra, au xviie siècle, Fénelon exposer cette doctrine avec une abondance de vues et d'arguments qui méritent d'être rapprochés des conclusions de l'exégèse simonienne.

Rien n'est plus curieux en effet que de comparer les derniers chapitres du Livre de l'*Histoire critique* consacrés aux Versions modernes de la Bible avec la célèbre *Lettre* de l'archevêque de Cambrai *à l'évêque d'Arras*. Celui-ci se permet sans doute à propos de certains passages de l'Écriture des réflexions railleuses et comme un certain ton d'ironie perçante qu'on chercherait vainement chez l'érudit oratorien, et l'on peut lire toutes les discussions de R. Simon sur le *Pentateuque*, sans y rencontrer une seule des plaisanteries que l'ânesse de Balaam et le serpent tentateur, les mensonges d'Abraham ou de Jacob et les atrocités de la conquête de Canaan inspirent trop aisément peut-être à Fénelon. Il ne faut même pas craindre de dire qu'en comparaison du plus pieux de ses contemporains, R. Simon a montré plus de tact religieux, on n'a pas besoin d'ajouter, de véritable sentiment historique. De même encore, et pré-

____

1. CALVIN, *Instit. chrét.*, p. 38.

cisément parce qu'il est un pur historien, R. Simon s'interdit sur ce point tout argument d'ordre théologique, et ce n'est pas lui qui ira établir un rapport quelconque entre la théorie calviniste de la grâce nécessitante et les textes de saint Paul, entre les conceptions ariennes de la divinité de J.-C. et les paroles de saint Jean sur la différence du Père et du Fils, entre les doctrines illuministes de la Réforme et certains passages bien connus de l'*Apocalypse*. Ce n'est pas R. Simon enfin qui pour faire passer ces échappées audacieuses s'avisera de ce tour trop commode pour ne point paraître à quelques-uns d'une légère impertinence : « J'ai vu des gens tentés de croire qu'on les amusait par des contes d'enfant quand on leur faisait lire certains endroits de l'Écriture... Il y a peu de personnes assez renouvelées en J.-C. pour entrer dans le mystère sacré des noces de l'Époux avec l'Épouse... Ceux qui ont quelque pente à l'incrédulité ne manqueront pas de chicaner sur l'apparente contradiction... » etc., etc. Non, R. Simon a pu montrer une rare audace de pensée dans telle de ses recherches historiques, il n'a pas eu cette intrépidité dans le badinage, cette aristocratique aisance à se jouer, comme en souriant, parmi les textes les plus sacrés. Mais il aboutit en somme aux mêmes conclusions, et tout ce qu'il dit des inconvénients d'une lecture téméraire se rencontre avec le spirituel argument *ad hominem* que Fénelon adresse à son collègue dans l'épiscopat : « Si un livre de piété, tel que l'*Imitation de J.-C.*, le *Combat spirituel* ou *la Guide du pécheur*, dit-il à l'évêque d'Arras, présentait la centième partie des difficultés qu'on trouve dans l'Écriture, vous l'interdiriez dans votre diocèse. » Ce n'est pas à une autre règle que s'arrêtait R. Simon, quand il prenait pour maxime, en ce point : *Non prosit potius, si quid obesse potest*. Ce n'est pas une autre conséquence qu'il tirait de la nécessité pour un chrétien de ne lire la Bible que sous l'autorité des Chefs de l'Église, quand, avec l'auteur du *Ministère des Pasteurs*, il faisait aux Évêques, seuls interprètes autorisés de la Bible, un devoir « d'être instruits et de ne pas augmenter le désordre par leur ignorance [1] ». Mais ce qui les rapproche encore plus évidemment l'un de l'autre, c'est qu'ils avaient en définitive une même idée de la révélation divine et des moyens qu'elle prend ici-bas pour l'éducation religieuse des âmes. Au lieu d'en faire, comme plus d'un, une somme de vérités mécaniquement communiquées par la voix de Dieu et enregistrées par la mémoire de l'homme, ils y voyaient un enseignement économique, toujours sagement mesuré par la Tradition : à côté, et, en un sens, au-dessus même de l'Écriture, il y a l'Église, cette Écriture vivante, se distribuant elle-même incessamment en la manière la plus proportionnée aux besoins des âmes [2]. Fénelon le disait avec une religieuse gravité dont il faut lui tenir compte après avoir relevé les traits trop acérés peut-être qu'il lançait contre les partisans d'un biblisme immodéré. Et il ajoutait : « Les livres de l'Écriture sont les mêmes, mais tout le reste n'est plus en même état ». C'est justement cette transformation providentielle et cette divine économie de l'enseignement révélé que R. Simon admirait le plus et qui fait proprement l'objet de son troisième livre, sur les commentateurs de l'Ancien Testament.

Avant d'aborder l'étude de ce dernier livre, il n'est pas hors de propos de remarquer combien le système de R. Simon répond peu à l'idée qu'on s'en fait d'ordinaire, et comme il proteste en particulier contre le grief de luthéranisme dont il est de mode de le charger plus ou moins ouvertement. Certes le savant religieux aurait appliqué fort mal les principes de justice et d'impartialité critiques qu'il avait invoqués en tête de son ouvrage, si ayant

1. *H. C.* p. 330.
2. Fénelon, *Lettre à Mgr l'évêque d'Arras sur la lecture de l'Écrit. sainte en langue vulgaire*, XV.

à parler des versions protestantes de la Bible, il ne s'était abstenu de toute espèce d'injure à l'endroit de leurs auteurs, en dépit des usages alors établis dans la polémique religieuse. R. Simon parle des traductions protestantes, comme il le fait des traductions catholiques, en jugeant, selon son expression, des choses en elles-mêmes et sans nulle préoccupation confessionnelle. Que certaines personnes en aient conclu que le critique était un catholique fort tiède et d'une orthodoxie des plus suspectes, bref un protestant dissimulé, il n'y a rien là après tout qui doive beaucoup surprendre ; quant à ceux qui veulent en toute indépendance de jugement éclairer leur religion sur le prétendu protestantisme de R. Simon, ils n'ont pas à chercher ailleurs qu'en ce second livre de l'*Histoire critique* leurs éléments d'appréciation. Lorsque, en effet, le critique insiste à toutes les pages sur l'obscurité de l'Écriture et la nécessité d'une autorité traditionnelle pour l'interpréter aux fidèles, lorsqu'il redoute l'extension de la lecture de la Bible et l'entoure de toute espèce de précautions, quand il reconnaît à des traductions comme celle des Septante une valeur trop méconnue par la Réforme, est-ce qu'il ne vise pas directement les thèses les plus chères au protestantisme? Et qu'on ne dise pas que la profession qu'il fait d'être critique le constitue partisan du libre examen : ce serait commettre la plus lourde méprise sur le rôle de la critique textuelle ou littéraire, et oublier, ce qui est plus grave encore, que l'idée de la liberté d'interprétation ou du libre examen n'a jamais appartenu au protestantisme du xvii° siècle. C'est qu'en effet, et cette dernière différence résume toutes les autres, le protestantisme est d'essence dogmatique, tandis que R. Simon est un historien ; là est sa grande originalité, et c'est lui faire tort du meilleur de son génie, non moins que de sa sincérité religieuse, que de le jeter comme malgré lui dans une école théologique qu'il n'a jamais cessé de combattre.

CHAPITRE VII

LE TROISIEME LIVRE DE L'HISTOIRE CRITIQUE
OU LES COMMENTATEURS DE L'ANCIEN TESTAMENT

Est-il vrai, comme on l'a prétendu, qu'il n'y ait pas deux hommes au monde qui aient lu le même ouvrage, et que rien ne nous soit plus difficile que de voir dans quelque livre que ce soit autre chose que ce que nous sommes nous-même? Dis-moi ce que tu lis, pourrait-on affirmer alors en modifiant le proverbe, et je te dirai qui tu es. Mais alors quel précieux indice pour établir des différences intellectuelles entre les hommes que la seule manière dont ils lisent? et, si l'on savait ce que des générations de lecteurs ont vu dans un même écrit, quel merveilleux procédé d'analyse expérimentale pour classer les diverses sortes d'esprit et tenter avec quelque chance d'exactitude, la plus haute et non la moins captivante des histoires, une histoire des idées!

Cette expérience, de longues générations de commentateurs et d'exégètes l'ont à leur insu même instituée, approfondissant un même livre avec une curiosité aussi ardente qu'infatigable et travaillant à l'élucider ou, selon les cas, à l'obscurcir, sans jamais se laisser détourner de cet unique objet. Qu'ont donc vu dans ce livre, toujours

1. Voir *Revue* I (1896), 1, 159 ; II (1897) 17, 223, 525 ; III (1898), 117.

repris et jamais épuisé, les Pères de l'Église et les Docteurs de la Synagogue, et comment leur propre pensée s'est-elle reflétée dans les commentaires qu'ils en ont laissés? Comment l'ont expliqué et comment se sont ainsi décelés eux-mêmes, ceux qui se disent les fils de la Bible et ceux qui s'en déclarent les adversaires? Depuis les antiques fondateurs de la Mischna, jusqu'aux philologues modernes, depuis les agadistes de la Palestine jusqu'aux théologiens du moyen âge et aux controversistes de la Réforme, de quels problèmes a-t-on cherché la solution dans ce livre unique et quelles difficultés aussi a-t-on cru devoir y résoudre? Autant de questions que R. Simon a eu la hardiesse de se poser, et auxquelles on jugera s'il a fourni une réponse négligeable, dans cette histoire de l'exégèse qui forme la dernière et non la moins originale partie de son *Histoire critique du Vieux Testament*. Qui douterait de la portée de sa tentative n'aurait qu'à considérer la fécondité des vues qui fait de son travail une véritable histoire de la pensée religieuse depuis les époques les plus lointaines. Il n'aurait surtout qu'à se rendre compte de l'originalité de l'entreprise qui, accomplie sans nul précédent, constitue encore aujourd'hui un des plus curieux ἅπαξ de notre littérature scripturaire. Qu'une hardiesse aussi neuve de conception ait entraîné, comme on l'a prétendu, quelques défaillances dans l'exécution, que l'auteur, en présence d'une matière aussi riche, ait trahi son embarras par certains tâtonnements de composition, certaines incertitudes de plan qui ont été signalées en ce troisième livre, il n'y aurait certes pas là de quoi surprendre. Les trois sections qui composent cette dernière partie : introduction sur les obscurités de la Bible, lois générales du développement exégétique, jugements sur les commentateurs, semblent se départir en effet de l'ordre strictement historique adopté jusqu'alors par R. Simon; elles n'en paraissent pas moins former cependant un heureux ensemble dialectique, et ce ne sera pas garder un ordre de peu de prix dans cet exposé que de les examiner aussi l'une après l'autre.

I

Quand on se rappelle avec quelle décision, par quels procédés d'exposition rapides et directs, R. Simon avait abordé le sujet de ses deux premiers livres, on ne peut se défendre de quelque surprise en voyant avec combien de lenteur et « de longueries d'apprêts », il entre cette fois en matière. Pourquoi ce long préambule sur les obscurités de l'Écriture? A quoi tend cette savante énumération des difficultés de la langue hébraïque : indétermination des particules qui peuvent prendre indifféremment les sens les plus opposés, confusion des temps et des modes dans une conjugaison si rudimentaire que la notion du passé ne se distingue même pas de l'idée du futur, ignorance générale du vocabulaire parmi les Juifs eux-mêmes qui ne savent pas par exemple exactement quels animaux il leur est interdit de manger, particularités de syntaxe qui permettent d'entendre à volonté la même phrase en un sens négatif ou positif, comme quand les commentateurs de la Genèse se partagent pour décider si « une vapeur *montait* ou *ne montait pas* du milieu du jardin », et tant d'autres obscurités morphologiques ou grammaticales qui semblent faites pour réserver aux interprètes de si savantes tortures? Faut-il, avec le dernier biographe de R. Simon, M. Bernus, voir une véritable digression dans ces premiers chapitres, et en conclure après lui que l'auteur de l'*Histoire critique*, n'ayant pu se rendre maître de sa matière, n'a pas su l'aborder avec assez d'autorité et de franchise? Ou doit-on croire que le pénétrant critique ne s'est pas, sans quelque intention, écarté de son

habituelle logique d'exposition, et qu'une certaine dialec
tique très réfléchie n'a pas été étrangère à ces préparations plus ou moins dissimulées, seul moyen pour introduire ses lecteurs à cette épineuse histoire de l'exégèse ?

Il n'est pas douteux tout d'abord, pour qui sait l'éloignement qu'inspirent à R. Simon les doctrines protestantes, qu'il n'ait pris plaisir à battre une fois de plus
en brèche la prétention d'un Luther ou d'un Calvin à fonder non seulement la vie religieuse, mais la théologie, sur
le seul texte de la Bible. Que prétendent les réformés en
effet ? Que le christianisme tout entier est dans l'Écriture,
et que les fidèles n'ont qu'à l'ouvrir pour y trouver et leur
morale et leur dogmatique tout entières. Mais qu'ils
ouvrent donc la Bible, qu'ils ouvrent en particulier les premiers chapitres de la Genèse, et qu'ils disent si, parmi
tant d'obscurités impénétrables à la philologie la plus
exercée, il est possible de découvrir l'unique règle de foi
qu'ils y cherchent. Qui ne voit que c'est la moindre partie
du protestantisme qui peut se ranger sous la rubrique si
chère à la Réforme : « Il est écrit », et que le calvinisme,
à l'appui de sa théorie des commandements impossibles,
n'a pas à citer d'impossibilité plus absolue que celle de
trouver, dans cet amas d'énigmes souvent indéchiffrables,
le calvinisme lui-même avec ses dogmes et sa philosophie
propres ? Et n'est-on pas obligé de reconnaître que pour
apercevoir parmi ces ténèbres linguistiques et grammaticales les principes d'une théologie, il n'y a qu'un parti à
prendre, celui de lire la Bible comme Jamblique a fait
Platon, à la clarté de l'extase, et de se ranger avec certains protestants comme Jurieu du côté des illuminés et
des visionnaires[1] ?

D'autre part, on ne peut supposer qu'en insistant avec
tant de complaisance sur la difficulté d'interpréter la

1. Cf. *Lettres* ch. 2, 99, et toute la lettre 33.

Bible, le fin et subtil érudit n'ait pas songé à certains théologiens de l'École dont le dogmatisme trop confiant avait, on s'en souvient, le don de l'exaspérer. Permis aux défenseurs de la foi d'édifier sur la signification évidente de certains textes de l'Écriture, ou mieux encore sur l'autorité de l'Église représentée par les décisions des Conciles ou des Papes et par le consentement des Pères et des Docteurs, les grandes constructions dogmatiques qui sont l'honneur de la spéculation religieuse. Mais de vouloir appuyer toutes les théories théologiques à des citations de la Bible n'est-ce pas une manifeste chimère, et combien dangereuse, quand on voit avec quels adversaires il s'agit d'entrer en lice ? Est-ce bien en effet des libertins aussi instruits qu'un Bayle ou qu'un Spinoza qu'on prétend réduire au silence, quand on feint de regarder le sens de la plupart des mots hébreux comme évident, qu'on fonde toute une démonstration non pas même sur un mot, mais sur la place d'un terme ou la ponctuation d'une phrase ? N'est-ce pas compter trop aveuglément sur l'ignorance des hébraïsants de la Réforme, que de s'imaginer, comme Bellarmin lui-même, leur prouver l'existence du Purgatoire par le texte de l'Écriture : « Nous passâmes par l'eau et par le feu » ? Et que veut-on que pensent les sociniens, quand on leur oppose, comme un argument triomphant en faveur du dogme de la Trinité, le verset de la Genèse où il est dit que le Seigneur fit pleuvoir du soufre et du feu sur Sodome et sur Gomorrhe de la part du Seigneur ? Les théologiens ne donneraient pas seulement une preuve de modestie en se défiant un peu d'une exégèse qui leur suggère de tels arguments ; ils feraient acte de prudence en s'abstenant de fournir à leurs adversaires un si heureux prétexte de tourner la théologie elle-même en ridicule[1].

1. « Il est impossible de trouver entièrement la religion dans l'Écriture à moins qu'on n'appelle à son secours cette ancienne et divine

Il est enfin une classe d'adversaires que R. Simon semble avoir plus particulièrement visés dans ces chapitres si suggestifs sur l'obscurité de l'Écriture. Qui donc refusait alors à l'exégèse biblique ce caractère d'utilité notoire, pour ne pas dire d'absolue nécessité, que l'auteur de l'Histoire critique, selon son habituel procédé, démontrait moins qu'il ne le rendait sensible et en quelque façon palpable par le seul exposé des faits ? Ce n'étaient pas seulement les réformés, en s'en remettant sur le Saint-Esprit du soin d'éclaircir à chaque fidèle le sens des Écritures ; ce n'étaient pas seulement certains théologiens, en ne reconnaissant d'autre principe d'herméneutique que l'autorité d'une certaine routine scolaire; c'étaient encore la plupart des écrivains du temps qui de toutes les formes de l'érudition, n'en décrièrent aucune assurément plus que l'érudition exégétique. Qu'on se rappelle de quel ton les littérateurs les plus connus de la fin du xvii⁰ siècle jugent les travaux qui, moins d'un siècle auparavant, valaient tant de gloire à leurs auteurs : jamais l'horreur du pédantisme n'a banni plus complétement de tous les écrits, sans en excepter ceux mêmes de religion ou de morale, tout ce qui de près ou de loin pouvait rappeler l'appareil dialectique de l'École ou la curiosité érudite de la Renaissance; jamais l'esprit classique, cette fleur délicate et frêle d'urbanité éclose dans les salons du grand siècle, ne s'est plus exclusivement réduite à l'art de traiter les problèmes les plus graves avec la même légèreté que les questions les plus frivoles. Est-il besoin de citer les pages si caractéristiques où La Bruyère trouve à peine plus ridicule de prétendre savoir la langue qui se parle dans la lune que de chercher à déchiffrer les langues orientales ? Et comme l'auteur des *Caractères* drape agréablement ce

tradition que les premiers pères ont consultée non seulement en ce qui appartenait à la discipline de l'Église, mais aussi dans ce qui regardait la créance ». *H. C.* III, p. 405.

malheureux bachelier en théologie qui, plongé dans l'étude des premiers siècles de l'Église, déclare tout autre sujet triste et oiseux, sans s'apercevoir que c'est justement ce que pensent de ses recherches le philosophe, le géomètre et surtout le moraliste[1]? Dans une école d'esprits bien différente, Fontenelle ne se trouve-t-il pas porter contre l'érudition religieuse une sentence toute semblable, et ses *Dialogues des Morts* ou son *Histoire des Oracles* ne se rejoignent-ils pas très exactement avec les *Caractères* de son illustre et peu clément adversaire? Qui ne se souvient par exemple de quel air dégagé et badin cet ignorant qu'est Charles-Quint fait sentir à l'érudit Érasme la vanité de ce savoir qui n'est le plus souvent qu'un héritage transmis par un hasard aussi aveugle que les avantages de la naissance? Et qui ne voit que le but le moins douteux de l'*Histoire des Oracles*, c'est d'amuser une galerie mondaine du récit ironiquement admiratif des bévues savantes et des paralogismes érudits qui remplissent les doctes compilations des Moebius, des Van Dale et autres interprètes fort éminents de la vénérable antiquité[2]. Encore quelques années, et Montesquieu, en compagnie du mordant et irrévérencieux Rica, va dresser l'inventaire de la bibliothèque du monastère des derviches, et l'on semble entendre déjà l'éclat de rire qui saluera au passage les élucubrations des commentateurs de la Bible : « Il faut que l'Écriture fût bien obscure autrefois et bien claire aujourd'hui ! » et là-dessus l'amusante description que l'on sait de ce malheureux pays d'Israël, où les théologiens de tous les temps font des descentes, s'escarmouchent, s'entr'égorgent et vont au pillage pour le plus grand honneur ou le plus grand profit de leur couvent[3]. Qu'on ne croie pas d'ailleurs que ces

1. *Caract.*, du Jugement.
2. *Dialog. des modernes*, II; *Hist. des Oracles*, I, 3 et II, 2.
3. *Lett. pers.*, 134.

dédaigneux persiflages ne trouvent d'écho que dans les salons mondains. L'exégèse ne rencontre pas meilleur accueil dans la cellule de ce penseur austère et délicat qu'est Malebranche et l'on se souvient si l'érudition biblique a mieux réussi que tous les autres ordres de recherche historique à trouver grâce devant l'auteur de la *Recherche de la Vérité*. Quel est en effet, d'après Malebranche, le pire obstacle qui s'oppose à la découverte et à la possession du vrai, sinon ce genre de préjugé, si particulièrement propre aux commentateurs, et qui s'appelle *la préoccupation?* Et quel est donc à ses yeux le plus redoutable ennemi de la Vérité, non par goût sans doute, mais par profession, et en quelque manière par définition même? on le sait de reste par des pages qui sont demeurées classiques : c'est celui qu'il montre jeté à corps perdu dans la lectures des rabbins, dans l'étude de toutes sortes de langues les plus inconnues et par conséquent les plus inutiles, passant sa vie dans l'espérance imaginaire de devenir savant et remplissant en réalité son esprit de trop de jugements préconçus et de notions vaines pour être jamais en état d'y recevoir une idée juste[1]?

A ces divers adversaires de l'exégèse, quelle réponse R. Simon va-t-il opposer? La plus directe et la plus générale à la fois qui puisse être, en montrant à tous que cette Écriture, dont personne au surplus ne conteste l'absolue autorité, est inexplicable pour quiconque n'est pas armé de toutes les ressources de la science exégétique. Énumérer en effet tout ce que la Bible a d'obscur, non seulement pour les défenseurs de la tradition comme La Bruyère, mais pour les esprits affranchis comme Fontenelle, n'est-ce pas révéler ce qui fait si singulièrement défaut aux uns comme aux autres, le sens critique, l'intelligence du passé, le large et profond sentiment de l'his-

---

1. *Recherche de la vérité*, 2, 2, 7.

toire? De même encore, est-il argument plus topique à opposer aux théoriciens religieux comme Malebranche, que de rappeler sur quels obscurs fondements ils édifient leurs brillants systèmes? Que font-ils aussi bien que recommencer l'œuvre exégétique de ces Origène et de ces Augustin qu'ils traitent si dédaigneusement sous le nom de commentateurs, et n'est-ce point de leur part étaler la plus aveugle ingratitude, que d'oublier si fort à propos d'où viennent ces idées du Verbe et de la Grâce, de la lumière intérieure et de la cause première sur lesquelles il deviendra si facile après ces maîtres de spéculer?

Quant à ceux qui, s'inspirant bientôt des idées de Montesquieu sur l'Écriture, vont opposer aux obscurités de l'antique exégèse les clartés « qu'on doit au progrès des lumières » et se faire un jeu de résoudre les difficultés d'antan au nom du simple bon sens et de la simple raison, il semble que, dans son introduction, R. Simon ne les ait pas à l'avance moins excellemment réfutés. En insistant sur les chances d'erreur qu'offre l'interprétation de la Bible, que rendait-il manifeste en effet, sinon qu'il y a au fond de ces vieux livres plus de problèmes qu'une philosophie frivole et superficielle n'en saurait résoudre? et que donnait-il clairement à entendre, sinon que les questions les plus ardues à la fois et les plus dignes de solliciter la recherche sont précisément celles qu'ont jadis agitées les théologies et les exégèses et qu'on affecte de ne plus reconnaître? On connaît l'habituelle tactique de Voltaire, quand il met en scène quelqu'un de ses amusants porte-paroles, le modeste licencié Zapata ou le précieux milord Bolingbroke : quels que soient les doutes apparents qu'ils soulèvent, ou les questions soi-disant embarrassantes qu'ils agitent, on sait si d'avance leur siège est fait et s'il s'agit en somme d'autre chose que de soumettre au contrôle du vulgaire sens commun ou de la raison raisonnante tous les problèmes religieux que

peut faire naître la lecture de la Bible. Eh bien ! que l'on
compare la prétendue clarté des solutions fournies par
l'exégèse voltairienne avec la complexité des questions
que soulève la critique d'un R. Simon, et il ne sera pas
difficile de décider quelle est de ces deux méthodes la plus
conforme à l'esprit historique de notre temps, celle qui
fait le plus d'honneur à la perspicacité ou même simplement à la probité intellectuelle de son auteur.

II

Si l'on s'étonnait de voir un sujet aussi capital que l'histoire de l'exégèse rester en quelque manière intact jusqu'à R. Simon, il suffirait de rappeler comment on conce-
vait presque nécessairement cette histoire avant le xvii°
siècle. Ce qui domine en effet tous les raisonnements spéculatifs de l'école, pendant la durée du moyen âge, c'est la
profonde conviction de l'immutabilité absolue de l'exégèse dans le passé ; et le besoin alors d'en faire l'objet
d'une recherche historique, quand il suffit d'écouter le
premier venu des docteurs de marque pour s'instruire d'une
tradition tenue pour absolument uniforme ? Plus tard, ce
qui frappera par-dessus tout les défenseurs de la Réforme,
ce sera l'inconciliable discordance des commentateurs,
et, l'on pourrait dire avec Montaigne, le tintamarre des cervelles théologiques ; aussi le moyen de soumettre à l'unité
d'un corps d'histoire les contradictions de cette exégèse
si universellement décriée ? Luther aimait à comparer
l'humanité à un cavalier ivre qui, tantôt à droite et tantôt
à gauche, oscille sans trève sur cet âne bâté qu'est la raison humaine : la boutade de Luther n'a pas besoin d'être
justifiée par un autre exemple que les idées exégétiques de
Luther lui-même, et qui voudrait concevoir la facilité des
théoriciens abstraits à passer du pour au contre, n'aurait
qu'à se rappeler les théories successives et contradictoires

de la dogmatique protestante sur l'exégèse. C'est alors que R. Simon, s'emparant de ces deux vues en apparence si incompatibles, les concilia en une véritable synthèse, en fondant l'histoire de la critique biblique sur le double principe de la continuité et de la diversité de la tradition. Le mérite de l'historien ne sera pas diminué si l'on remarque que cette double loi, partout sensible et présente, résulte moins de quelque idée systématique *à priori* que de la seule exposition des faits, et l'on ne regrettera sans doute pas que, tout en faisant tenir en équilibre ce qu'on a depuis appelé *thèse* et *antithèse*, son esquisse n'ait en somme rien de commun avec les constructions spéculatives d'une philosophie plus moderne.

Ce qui frappa tout d'abord, en effet, l'esprit historique de R. Simon, ce fut, pour employer sa propre expression, « la différence de l'exégèse selon les temps ». Se borne-t-on à consulter les Pères, ces classiques de la tradition, quelle variété dans l'application de l'Écriture, et comme la libre diversité de ces concepts et de ces méthodes ressemble en réalité à la complexité infinie de ces littératures classiques qu'on ne croit uniformes que pour les avoir étudiées qu'à la surface! Si les premiers initiateurs, en effet, les Origène et les Jérôme, les Augustin et les Cyrille d'Alexandrie, ont donné l'exemple d'une heureuse indépendance de vues, n'a-t-il pas été loisible, même longtemps après eux, à des maîtres comme Cajetan ou Maldonat de suivre bien souvent une exégèse toute différente? Bien mieux encore, les compilations et les *chaines bibliques* du moyen âge, avec leur humble prétention de consigner purement et simplement les explications traditionnelles, ne portent-elles pas en réalité le témoignage d'un esprit tout nouveau, celui de la scolastique elle-même? et si l'on descend après cela jusqu'aux interprètes les plus obscurs de l'Écriture, prédicateurs populaires, hagiographes ou commentateurs de rencontre, quelles

nuances ne révèlent-ils pas dans la perpétuité des interprétations traditionnelles! En fait, il n'est pas de génération chrétienne qui n'ait apporté son contingent de pensées à l'héritage qu'elle croyait transmettre avec le plus
d'intégrité. Chaque âge de théologiens ne peut lire la
Bible qu'à travers le prisme toujours variable des préoccupations religieuses contemporaines. On se croit tenu de
perpétuer de siècle en siècle des notions traditionnelles,
mais ce n'est qu'à la condition de les modifier sans cesse
qu'on peut se flatter de leur donner quelque prise sur les
consciences. C'est justement le privilège d'une Église
aussi flexible que le catholicisme, avec l'autorité vivante
qui le constitue, de rendre possible cette expérience toujours nouvelle du divin, cet empirisme surnaturel qui ne
fournit de satisfaction aux besoins de l'âme humaine qu'à
la condition d'être toujours occasionnel et relatif. Au contraire, ce sont les principes des sectaires qui échappent à
tout développement; l'erreur gît plus que partout ailleurs
dans la superstition aveugle d'une lettre morte, et c'est
définir l'hérésie de dire qu'elle s'arrête et se confine à un
seul point de vue dogmatique.

Mais, en même temps que le renouvellement des questions et la diversité des points de vue font de l'histoire de
l'exégèse une science si riche et si complexe, une certaine loi de continuité en soumet à une unité manifeste
toutes les périodes aussi bien que toutes les écoles.
C'est ce que remarquait R. Simon en notant à maintes
reprises que ce qui domine l'exégèse chrétienne en tous
les temps, c'est « un abrégé de la religion » sur lequel
les commentateurs n'ont jamais cessé de régler leurs opinions [1]. Certes, des systèmes d'interprétation aussi diffé-

1. « Il y a eu de tout temps dans l'Église comme un abrégé de la
religion sur lequel on se réglait pour tout entendre... Les premiers
pères combattent les Juifs selon l'idée qu'ils ont reçue de la religion
chrétienne. On y trouve la vérité du Christianisme plutôt que l'Écriture ». *H. C.* III, 2.

rents que l'exégèse littérale d'Antioche et l'exégèse allégorique d'Alexandrie, la libre herméneutique des premiers Pères et l'herméneutique toute traditionnelle des
Docteurs du moyen âge, répondent aux besoins si divers
des consciences par des applications non moins variées
de l'Écriture. Mais, si diversement interprétées et com-
prises que soient les formules dogmatiques qui sont à la
base de toute exégèse sacrée, c'est leur mérite propre
d'assurer aux croyances religieuses, en dépit même des
tentatives d'explication les plus contradictoires un point
d'appui inébranlable. Et qu'on ne dise pas que le contenu
de ces énoncés dogmatiques est, au regard des intelligences qui les reçoivent, trop variable et trop flottant pour
assurer à l'exégèse autre chose qu'une continuité superficielle ou illusoire. Qu'importe en effet, dirons-nous avec
R. Simon, dont c'est l'exemple le plus familier, qu'importe
que d'anciens docteurs aient, sur la foi des rabbins, cru à
l'inspiration de tous les mots, de toutes les lettres, de
tous les signes de ponctuation de l'Écriture, puis que la
doctrine de l'inspiration littérale ait fait place à la théorie
de l'inspiration des idées, que bientôt même plusieurs
aient songé à restreindre l'inspiration aux seuls passages
concernant la foi ou les mœurs, le principe même de la
théopneustie n'est-il pas resté lui-même supérieur à toutes
les définitions qu'on a tenté d'en fournir, et le grand fait
d'une croyance permanente à l'innerrance absolue ou relative des livres saints ne suffit-il pas à introduire quelque
chose d'absolu et d'immuable dans le développement de
l'exégèse chrétienne[1]? Si la religion représente le principe
de la continuité morale, ce n'est pas seulement entre ses
parties coexistantes, c'est aussi entre ses générations
successives : R. Simon le savait bien, et si dans l'histoire

1. Cf. R. SIMON, *De l'inspiration des livres sacrés*, Rotterdam, 1687,
in-4° et dans le 3° vol. des *Lett. choisies*, l'examen si piquant des théories juives sur l'inspiration (p. 200, sq.).

de l'interprétation biblique, il a cru découvrir une plus grande variété de vues que l'école n'avait en général coutume d'y reconnaître, il n'a pas eu moins à cœur d'établir entre l'exégèse de la synagogue et l'exégèse de l'Église, comme entre les diverses écoles de l'exégèse chrétienne cette grande idée de la continuité, non moins féconde en somme qu'une artificielle et trompeuse uniformité.

Il faut à la vérité le reconnaître, cette idée d'un développement successif et continu des conceptions théologiques n'avait pas attendu jusqu'à Richard Simon pour se produire avec éclat, et c'est le mérite, trop méconnu aujourd'hui, de l'érudition ecclésiastique au xvii° siècle d'avoir ouvert la voie à l'étude historique des choses religieuses. Quelque vingt ans avant l'*Histoire critique*, le chef-d'œuvre du Père Petau, les *Dogmes théologiques*, avait inauguré la véritable méthode, suivi de siècle en siècle à partir des anciens Pères l'élaboration progressive des formules doctrinales, mis en lumière l'incontestable loi d'évolution qui régit toutes les formes, même les plus hautes et les sacrées de l'activité intellectuelle. On pense si l'érudit oratorien ménagea ses éloges au grand ouvrage du savant jésuite : il n'est pas dans ses *Lettres critiques* un nom qu'il ait cité avec plus d'honneur, et, si l'on se rappelle quelle absolue confiance lui avait d'abord inspirée la Compagnie de Jésus, il est permis de croire que c'est moins encore pour l'appui que lui prêta un moment le Père de la Chaise que pour l'étroite conformité de vues qu'il se sentait avec ses doctes confrères. Ces hommages répétés étaient-ils comme une avance discrète à la puissante Société, et faut-il y voir un trait de la politique fort avisée du fin Dieppois ? On ne peut en tout cas se refuser d'y lire l'expression très formelle de sa reconnaissance pour les services qu'avait rendus à son exégèse la théologie du hardi jésuite ; et ce qui s'en dégage plus nettement encore c'est le témoignage d'une sympathie profonde qui tenait manifestement à l'affinité de leur génie.

Tous les deux d'abord, en effet, ils professent le même goût pour les antiquités religieuses dans ce qu'elles ont de plus reculé, et de même que l'un fait de la théologie des premiers docteurs l'objet préféré de ses recherches, l'autre considère l'étude des monuments primitifs de la Révélation comme la clé des plus intéressants problèmes théologiques. De même encore, si dans sa longue guerre contre ces nouveautés qu'on décore du nom de traditions pieuses, R. Simon a pris pour règle constante de remonter aux sources d'information les plus anciennes, Denis Petau n'a pas usé d'une méthode bien différente, en se conformant toujours à la devise qu'il avait inscrite en tête de ses ouvrages : *Nova quærant alii ; nil nisi prisca peto.* Ayant tous deux les mêmes préférences il n'est pas surprenant qu'ils éprouvent en commun les mêmes antipathies : si l'oratorien, en effet, ne se cache pas de trouver singulièrement stérile et rebutante la dialectique de l'école, le jésuite ne se pique pas d'une justice plus large à l'égard des spéculations du moyen âge, et il faut entendre avec quel audacieux dédain, dans ses *Préfaces* aussi bien que dans ses *Lettres*, il parle de cette discipline subtile et contentieuse, obscure et compliquée que le mauvais goût d'une époque barbare a fait prévaloir sur la belle théologie des anciens Pères[1] ? Il fallait évidemment attendre que la scolastique fût un peu moins puissante pour qu'elle fût jugée avec une faveur plus équitable, même par des esprits moins pénétrants qu'un Petau ou qu'un R. Simon. Ajoutons que tous les deux encore ils sont à un titre éminent des humanistes, l'auteur de l'*Histoire critique*, avec une

---

1. « ...non illam contentiosam ac subtilem, sed a Dialecticorum dumetis revocatam (*Dogm. theol. praef.*)... non subtilem illam et obscuris philosophiæ tricis involutam theologiam institui, sed ingenuam et amænam, ac de limpidis et nativis scripturarum conciliorum patrumque veterum fontibus profluentem, eamdemque non horridam ac prope barbaram, sed cultu quodam humanitatis hilaratam atque conditam » (*Ep.* III, 55).

prédilection avouée pour les précisions de la grammaire, l'auteur des *Dogmes théologiques*, avec un véritable culte pour la perfection des Lettres antiques, et si l'un n'a rien ignoré de tout ce que l'hellénisme peut apporter de lumières à l'étude des textes sacrés, l'autre a mis toute sa pénétration à suivre la fortune des idées platoniciennes jusque dans la métaphysique d'un Origène ou la psychologie d'un saint Augustin [1]. Et qu'on ne croie pas que la même méthode historique aux mains de ces deux grands ouvriers de notre renaissance scientifique ait produit des résultats bien différents. En ne craignant pas de porter la lumière sur les vieux textes des Justin, des Athénagore, des Tertullien, en faisant sortir de l'ombre tout un âge théologique, où, selon ses propres expressions, les dogmes n'avaient pas encore été dégrossis, limés, affinés par les veilles et les discussions des doctes, Petau a fourni à l'histoire des idées aussi bien que de la religion une contribution si efficace et si précieuse que les divinations de l'*Histoire critique* méritent seules d'y être comparées [2]. Peut-être sera-t-on tenté enfin de voir entre les deux plus grands savants du xviie siècle une analogie de plus, si l'on se rappelle quelle a été la destinée immédiate de leur œuvre. De même, en effet, que R. Simon, pour les raisons que l'on sait, n'a pu donner à son œuvre les développements qu'elle comportait, l'ouvrage du Père Petau, parvenu au cinquième tome, demeura inachevé, et s'il est douteux qu'il ait jamais prononcé le mot fameux que Bayle lui attribue : «Je suis trop vieux pour déménager», du moins il est manifeste, par les corrections et les adoucissements qu'il lui fallut y introduire après coup, qu'il

1. Origines fidei capita praecipua ad ethnicorum similia quae penes gentes erant applicavit aut haec in illa transtulit... Athanasius ea pertexit quae de λόγῳ platonici prodiderunt, etc. (*Dogm. th.*, II, 3).
2. Doctorum vigiliis et disputationibus non adhuc expolita, non limata, non enucleata (*ibid.*).

dut à son œuvre, comme R. Simon, beaucoup plus de gloire posthume que de tranquillité et de paix.

III

R. Simon qui, dans ce troisième livre, a tracé avec tant de hardiesse à la fois et de précision les grandes lignes de l'histoire de l'exégèse, a-t-il su porter sur chacun des commentateurs des jugements aussi heureusement inspirés? Certes la plupart de ses appréciations dénotent un admirable esprit de mesure, en même temps qu'une extraordinaire connaissance de la littérature exégétique, et l'on ne peut trop louer tant de pages écrites d'original, où sont passés en revue avec une égale compétence les exégètes de tous les âges, de toutes les langues, de toutes les écoles, depuis un Aben-Ezra, le créateur de l'exégèse grammaticale parmi les Juifs, jusqu'à un Cajetan, d'autant plus fidèle héritier de l'esprit des Pères qu'il s'écarte plus hardiment de leurs interprétations, depuis un Cyrille d'Alexandrie, l'inventeur de l'exégèse de combat et de controverse jusqu'à un Socin, partisan de l'exégèse la plus humblement littérale et la plus audacieusement hérétique. Néanmoins on ne peut nier que sa critique des commentateurs ne se ressente en général trop visiblement de ses sympathies déclarées pour la méthode philologique, et qu'il n'ait trahi son impatience pour les interprétations allégoriques de l'Écriture aussi bien par l'étroite justice qu'il a rendue à un Origène ou à un saint Augustin, que par les éloges quelque peu excessifs qu'il semble avoir faits de l'exégèse de saint Jérome ou de l'école scripturaire d'Antioche.

Ce n'est pas à la vérité que R. Simon ne reconnaisse la forte originalité et les rares mérites de l'exégèse origéniste. Le premier, en effet, Origène a vu avec une étonnante justesse de coup d'œil que la lettre de l'Écriture n'a souvent qu'une médiocre utilité morale et c'est, au gré de R. Simon, son grand honneur d'avoir compris que la méthode allégorique peut seule donner aux textes sacrés leur véritable prix pour la conscience religieuse. Ce symbolisme exégétique, Origène ne l'a pas inventé sans doute; mais, des rêveries confuses de Philon et des rabbins il a dégagé avec puissance et hardiesse le système théologique le mieux lié, et, grâce à une heureuse alliance du génie grec et de la sagesse hébraïque, la même méthode interprétative qui n'avait enfanté jusque là que le fatras monstrueux du Talmud ou la théosophie ondoyante de Philon a pu produire ce vaste et harmonieux édifice qui n'a rien à envier aux Sommes les plus admirées du moyen âge. Ce n'est pas assez encore; on doit lui rendre cette justice d'avoir posé les fondements de la vraie critique, puisque c'est de lui qu'est la grande maxime qu'il faut juger les choses en elles-mêmes et non par rapport à notre esprit : principe si fécond qu'il n'est pour ainsi dire aucune découverte exégétique de ses successeurs que R. Simon n'y voie contenue d'avance. On peut donc, de l'aveu même de l'adversaire déclaré de la méthode symbolique, saluer en lui à plus d'un titre le premier des commentateurs et lui maintenir le nom que lui a donné saint Jérôme en un jour d'humeur bienveillante ou de juste gratitude : *Post apostolos Ecclesiarum magister* [1].

De son côté, s'il faut en croire R. Simon, saint Augustin n'a pas droit à de moindres éloges pour avoir énoncé le premier les règles fondamentales de l'exégèse. Qu'on parcoure en effet les premiers livres de *La doctrine chrétienne*, et l'on n'y lira pas sans étonnement tous les principes de l'herméneutique moderne : la supériorité du sens littéral sur le sens mystique, la nécessité d'expliquer l'Écriture par les règles ordinaires du langage humain, et par

---

1. *H. C.* p. 392.

conséquent de savoir le grec et l'hébreu, l'importance de bien connaître les conditions historiques dans lesquelles se sont produits les saints livres, le caractère de chacun des auteurs, le but qu'il se proposait. Il n'est pas jusqu'à des sciences en apparence toutes récentes, comme l'archéologie et la géographie dont saint Augustin ne recommande l'étude aux commentateurs. Pourquoi faut-il seulement, qu'oubliant les principes qu'il a posés, il se jette si souvent dans les explications les plus bizarrement allégoriques, comme lorsque dans le double récit de la création biblique, il prétend voir deux tableaux : celui de la création idéale, telle qu'elle a dû se dérouler dans la pensée éternelle de Dieu, et celui de la création réelle, telle qu'elle s'est accomplie dans le temps, ou lorsque dans les mots *soir* et *matin* il croit découvrir les deux états successifs de la matière créée, le chaos et le cosmos organisé ? De même encore, que fait-il de ses principes d'exégèse quand il affirme que, dans les psaumes Moab est l'abus de la loi, laquelle étant du genre masculin en grec, ne devrait pas connaître de défaillance, et que le châtiment en est terrible, quoique passager, parce qu'il est dit dans l'Écriture : Moab, marmite d'espérance, *Moab, olla spei meæ*[1] ? Et le pénétrant dialecticien qui remarque avec tant de justesse que les combinaisons généalogiques de la Bible décèlent jusque dans leurs erreurs apparentes beaucoup moins de naïveté que d'industrie[2], peut-il bien être le même que cet allégoriste raffiné d'après lequel Jéchonias doit être compté deux fois dans les listes généalogiques parce qu'il alla de Jérusalem à Babylone et que ce voyage est comme la pierre angulaire qui occupe une double place, la première de chaque côté du mur[3] ? Saint Augustin esti-

---

1. *Enarr. in Ps.* 50.

2. Videtur habere quamdam, si dici potest, error ipse constantiam, nec casum redolet sed industriam (*De civ. D.*, 15, 13).

3. *Serm.* 51.

mait que l'obscurité des écritures est une des grâces les plus signalées de la Providence qui veut prévenir notre dégoût pour les choses trop simples, trop aisées à découvrir, et nous soumettre au bienfaisant labeur de la recherche : il est permis de se demander si ce n'est pas pour l'homme beaucoup de travail de trouver à l'Écriture des sens aussi subtils et si saint Augustin n'a pas exagéré quelque peu les faveurs de la Providence pour le commun des exégètes [1].

Les sages principes d'herméneutique qu'avait posés saint Augustin, ce n'est donc pas saint Augustin lui-même qui a eu l'honneur de les appliquer, c'est bien plutôt, selon R. Simon, celui qui s'est trouvé plus d'une fois non seulement son antagoniste, mais son âpre censeur en exégèse et qui n'a même pas craint de qualifier assez sévèrement ses fantaisies allégoriques : on a nommé saint Jérôme [2]. Avec moins de rigueur que les représentants de l'école littérale d'Antioche, mais avec plus d'esprit scientifique que les autres docteurs de l'Église latine, il a fait à l'humble mais indispensable grammaire la place de premier rang qu'elle réclamait dans l'interprétation des saints livres. Sans doute il a dû en plus d'une rencontre s'accommoder au goût allégorique de ses contemporains, mais il ne l'a fait, remarque R. Simon, qu'à son corps défendant, et s'il a cédé plus d'une fois à la tentation trop commune de chercher des mystères sous les paroles les plus simples de l'Écriture et d'ériger l'interprétation des textes purement narratifs en une sorte de cabale théolo-

1. *De Doct. christ.* II, 14, 19.

2. Voir en particulier la lettre 112 de Jérôme et la réponse, plutôt cavalière, que s'attire le débonnaire saint Augustin pour lui avoir demandé, dans les termes d'ailleurs les plus courtois, la signification des astérisques dans sa traduction : « Permettez-moi de vous dire, lui écrit-il, que vous ne comprenez pas même ce que vous demandez », et le reste qu'on n'accusera pas sans doute de pécher par excès de condescendance ou même d'aménité mondaine.

gique, du moins il a protesté de toutes ses forces contre la chimère de la pluralité des sens littéraux attribués au même passage de l'Écriture par l'évêque d'Hippone. Sans doute encore, il a pu dans ses commentaires trahir une connaissance trop superficielle de l'hébreu, comme quand il veut retrouver dans les livres des Juifs tous les mots primitifs des langues classiques, mais du moins il n'a rien négligé pour recueillir à l'école des rabbins tout ce que leur science héréditaire leur assurait de précieuses clartés dans l'intelligence des livres saints, et quoiqu'il se plaigne d'avoir payé un peu cher les leçons de ses professeurs d'hébreu, il faut plutôt le féliciter de s'être acquis à si bon compte une telle supériorité sur tous les anciens commentateurs [1].

Ce que cette admiration de R. Simon pour saint Jérôme a de légitime, il n'est personne assurément qui ne le reconnaisse, et l'on aime à voir celui qu'on se représente d'ordinaire comme un esprit purement critique et négatif payer un si large tribut d'éloges à l'un des plus incontestés représentants de la stricte orthodoxie et de la théologie positive. Le solitaire de Bethléem a-t-il cependant autant d'originalité exégétique que l'assure R. Simon, et n'a-t-il pas tout particulièrement fait à Origène beaucoup plus d'emprunts qu'il n'en avoue, ainsi qu'on peut s'en convaincre par l'étude attentive de son commentaire sur Daniel si curieusement redevable aux *Stromates* [2]? N'a-t-il pas d'autre part en ses jours de préoccupation philologique et littérale, fait un peu au hasard et par à coups ce que, vers le même temps, l'école d'Antioche poursuivait avec tant de science et de méthode? et n'est-ce pas à ces exégètes grammaticaux, depuis Lucien de Samo-

1. « Je me souviens que pour entendre ce livre j'ai dû me payer à beaux deniers comptants les leçons d'un certain Lyddeus qui passait pour le premier des hébraïsants. » (JÉROME, *præf. in Job*.)

2. Voir *Revue d'Hist. et de Litt. relig.*, t. II, p. 268.

sate jusqu'au savant Théodoret, que R. Simon eût dû surtout faire honneur des principes d'herméneutique qu'il
prisait lui-même si fort ? Si le plus souvent saint Jérôme
s'est garé des excès et des subtilités de l'exégèse augustinienne, ne s'est-il pas cependant lui-même perdu plus
d'une fois dans cette forêt de sens, *silva sensuum*, qu'il
croyait voir aussi dans l'Écriture [1] ? Et son érudition si
variée, si étendue peut-elle faire oublier la choquante
absence de méthode et de vues générales qui fait en définitive de ses commentaires le premier type de ces vastes
mais confuses compilations scripturaires que sont les trop
fameuses *Chaînes* du moyen âge?

R. Simon, dont la critique s'est faite si indulgente pour
l'œuvre exégétique de saint Jérôme, ne s'est-il pas par
contre montré quelque peu sévère pour les travaux scrip-
tuaires de saint Augustin? N'a-t-il pas été choqué plus
que de raison par certaines affectations qui ne sont qu'un
tribut payé au goût d'une époque singulièrement subtile,
et parce que certains rapprochements lui paraissaient
sans doute, comme à Pascal, forcés et tirés par les cheveux, n'a-t-il pas méconnu quelle exégèse hardiment
spiritualiste se cachait sous la théorie d'apparence si
énigmatique des *figures* de l'Ancien Testament ? Comment
n'a-t-il pas senti quels idéalistes religieux étaient après
tout ces *grands figuratifs* de l'école augustinienne que
l'auteur des *Pensées* admirait si fort, tout en les raillant
un peu, et, dans leurs trop ingénieux systèmes d'analogies
de chiffres et de symboles, comment n'a-t-il pas vu tout
ce qui gisait de pénétrante psychologie, de métaphysique
puissamment personnelle, de théologie neuve et audacieuse ? Mais c'est autant pour l'œuvre d'Origène que R.
Simon semble avoir réservé toute sa vigueur critique, et
décelé, il faut bien le reconnaître, le peu de sympathie que

____

1. *Ep.* 64, 9, 20.

lui inspiraient presque instinctivement les grandes et originales spéculations de la pensée religieuse. Tout en rendant hommage à la vaste érudition du docteur alexandrin et à l'originalité de sa méthode, il n'a évidemment pas embrassé tout son génie, mesuré toute son influence. Il n'a pas vu tout ce qu'avait de philosophique cette grande conception du symbole qui établit seule une certaine unité entre les fragments de la révélation divine, et, en permettant de voir dans l'Ancien Testament une allégorie de la loi nouvelle, donne à la parole de Dieu ce caractère d'unité qu'il a lui-même [1]. Il n'a pas vu surtout le caractère profondément théologique de cette exégèse alexandrine, et soit que ces allégories raffinées lui parussent trop apparentées aux bizarres spéculations de la synagogue, soit que cette métaphysique lui semblât trop devoir aux rêveries néoplatoniciennes, il s'est refusé à reconnaître ce que l'exégèse origéniste avait réussi à faire entrer de puissant et de fécond jusque dans les formules les plus authentiques de la foi chrétienne.

Aussi, laissant de côté pour un moment les jugements portés par R. Simon sur les œuvres et les hommes, est-il permis de se demander s'il a suffisamment compris la portée de ce vaste système d'exégèse qui s'appelle l'exégèse allégorique. Ce n'est pas à coup sûr qu'il ait ignoré les inconvénients de l'exégèse littérale; plus d'une fois il a été amené à signaler l'inutilité du sens grammatical pour les théologiens et par suite à confesser la nécessité du sens symbolique pour la spéculation religieuse; plus d'une fois même il a dû reconnaître, après saint Augustin, l'impossi-

---

1. « L'Ancien Testament faisait partie de l'héritage chrétien; il est toujours *nouveau* pour ceux qui savent l'entendre spirituellement et l'expliquer au sens évangélique » (*Hom. in. Nov.* 9, 4). On sait quelle place prendra cette vue origéniste dans l'apologétique des Bossuet (*Disc. sur l'Hist. Univ.*, *suite de la Religion*) et de Pascal (*Pensées*, XV, XVI, XVIII, XXI).

bilité de refuter les hérétiques par la lettre de l'Écriture, et constater par conséquent quel besoin faisait à la contro-verse catholique l'exégèse origéniste. Mais, cette néces-sité théologique de l'allégorie, il faut bien en convenir, il ne l'a jamais reconnue qu'à contre-cœur et avec toute la mauvaise humeur dont est capable un philologue endurci. Qui ne voit cependant que le développement de la théologie chrétienne a pour point de départ l'interprétation allé-gorique de l'Ancien Testament par les auteurs du Nou-veau, et qu'il n'est guère de citation biblique, dans les évangiles ou dans les épîtres, qui n'implique les procédés de l'analogie spirituelle ou de l'accommodation mystique ? N'est-ce pas dans saint Paul même, plus encore que dans Origène, que ce libre spiritualisme exégétique atteint ses plus audacieuses conséquences et, quand l'apôtre a écrit que la lettre tue et l'esprit vivifie, n'a-t-il pas, en fidèle dis-ciple des agadistes juifs, donné la formule de sa propre exégèse ? N'y a-t-il pas enfin, il faut bien en convenir, une certaine étroitesse de vues, sinon une sorte de bruta-lité de goût à traiter de contre sens les applications inat-tendues que le premier évangile fait de maint texte biblique, et les analogies si curieuses qu'établissent les épîtres pauliniennes entre tel humble fait, tel mot isolé de la littérature d'Israël, et les prérogatives du fils de Dieu ou les espérances de la foi nouvelle.[1]?

R. Simon, trop frappé de ce que l'exégèse allégorique en général pouvait avoir de logiquement insuffisant, ou mieux encore, d'historiquement caduc, n'a donc pas su voir par quels liens étroits elle était liée à l'évolution de la théo-logie dogmatique. Oubliant jusqu'à quel point l'Église était légitime héritière de la synagogue, et par conséquent fon-

---

1. Il est à peine besoin de rappeler que seule l'interprétation allégo-rique a pu faire trouver place dans le Nouveau Testament à des textes comme : « J'ai appelé mon fils (Israël) de l'Egypte » (Os., 11, 1; cf. MATT., 2, 14) ou « Il fait du vent son messager » (*Ps.* 103, 4; cf. *Heb.* 1, 7)

dée à en suivre les principes dans l'interprétation de sa littérature, le savant oratorien n'a pu voir sans regret les exégètes les plus autorisés appliquer à l'Écriture une méthode spéciale faite d'exceptions et de privilèges, et bien distincte de la stricte philologie. Peut-être même y a-t-il lieu de se demander s'il a tiré toutes les conséquences de sa propre théorie sur la libre rédaction des livres bibliques. Quand on se rend compte en effet des procédés de composition qu'ont employés certains des auteurs de l'Ancien Testament, subordonnant ici les données historiques aux idées morales, là, négligeant en apparence au moins l'exactitude historique pour ne songer qu'à la leçon religieuse, transformant ailleurs la lettre par l'intention didactique et poussant même la préoccupation du sens spirituel jusqu'à laisser se heurter au hasard les textes en apparence les plus contradictoires, quelle disparate peut-on bien trouver entre le contenu de tels écrits et l'exégèse allégorique dont ils ont pu être l'objet aux beaux jours de la théologie ? Et le procédé de l'accommodation, bien loin de produire un fâcheux contraste, ne cadre-t-il pas au contraire non seulement avec tel ouvrage contemporain de l'exégèse rabbiniste, comme le Code sacerdotal ou les prophéties de Daniel [1] ? Si l'on a pu dire avec raison que le peuple juif est le peuple de l'esprit, ce n'est peut-être pas se montrer le plus fidèle au spiritualisme religieux qu'il a fondé que de se refuser de voir dans ses productions si éminemment symbolistes et allégoriques un texte fort légitime aux libres spéculations de l'enseignement chrétien.

Ce n'est donc pas témoigner trop de sévérité pour R. Simon que de remarquer qu'il a laissé à d'autres plus véritablement théologiens que lui, le mérite d'arrêter au

---

1. Quand il transforme par exemple les soixante-dix ans de Jérémie en soixante-dix semaines d'années.

moins dans ses grandes lignes cette partie si importante
de l'histoire des idées religieuses et, à cet égard, s'il est
un utile complément de l'*Histoire critique* c'est assurément l'*Essai* du profond Newman sur le *Développement du
dogme catholique*. Tandis que R. Simon, en effet, considère l'exégèse littérale comme la seule explication régu-
lière et normale de l'Écriture. Newman ne craint pas
d'affirmer que la Bible interprétée au sens mystique a
toujours été la seule règle qui a présidé à l'élaboration des
formules dogmatiques [1], et ainsi c'est à la rigueur des
termes qu'il faut prendre le dernier hémistiche du vers
bien connu de l'École :

Littera gesta docet, quid credas allegoria.

R. Simon ne manque aucune occasion de noter les fantaisies bizarres qui font parfois du sens spirituel une variante
du sens privé, quand ce n'est pas une forme manifeste du
pur non-sens, et volontiers il applaudirait, toutes réserves
faites bien entendu, à la piquante confession de Luther :
« Quand j'étais encore moine, j'étais un maître dans l'interprétation mystique. J'allégorisais tout. Maintenant j'ai
envoyé promener l'allégorie, et ma première, ma seule
science c'est *tradere scripturam simplici sensu* ; le sens
littéral, il n'y a que là qu'on trouve force, ressources et
doctrine ». Sur quoi Newman n'a pas de peine à démontrer que cette doctrine est précisément celle de l'école
d'Antioche, le principal foyer des hérésies dans les premiers siècles, et que s'il a été possible aux disciples
d'Origène, aux Athanase et aux Cyrille, de réfuter les
erreurs issues de ce littéralisme, c'est en interprétant
l'Écriture avec une souplesse de méthode qui n'a rien de
commun avec les rigueurs de la philologie : bon pour les
Diodore de Tarse et les Théodore de Mopsueste, fauteurs

1. V. NEWMAN, *Essay on development of Christian doctrine*, ch. III.

plus ou moins conscients d'hérésies trop nettement caractérisées, d'appliquer la science toute hellénique de la grammaire à la lettre nue de la révélation [1] ; les Pères orthodoxes ont seuls suivi la méthode chrétienne en se conformant à la doctrine comme à la pratique de saint Paul, et en jugeant « des choses spirituelles spirituellement. » [2]. Il suit encore de là qu'aux yeux de l'érudit du xvii° siècle le droit de concourir au développement de la vérité religieuse ne devrait appartenir qu'aux savants, aux esprits d'élite qui, armés de réflexion et de méthode, élaborent les futures définitions de l'autorité doctrinale ; Newman, avec une conception moins aristocratique de l'évolution des dogmes, associe aux docteurs, ces classiques de la tradition, tous les obscurs symbolistes, tous les allégoristes populaires qui ont jeté dans la circulation religieuse les idées les plus vivaces et les plus fécondes. R. Simon, pour tout dire en un mot, est trop exclusivement critique et historien pour ne pas traiter avec quelque sévérité les fantaisies parfois si étranges d'une foi naïvement éprise d'allégories ou d'une raison vaguement symboliste ; Newman est, en même temps qu'un théologien, un psychologue assez pénétrant pour reconnaître jusque dans les premiers tâtonnements de la théologie, les lois fondamentales de la pensée religieuse.

Toutefois, il y aurait injustice à oublier que si les Newman et les modernes héritiers de sa pensée ont pu s'élever à cette haute conception de l'histoire des dogmes, ce ne fut pas sans profiter des lumières qu'un R. Simon avait répandues sur les lointaines origines et l'obscur développement des concepts théologiques. Certes, on a pu corriger certaines erreurs de l'*Histoire critique*, mais c'est en s'aidant des principes mêmes qu'elle avait posés, et ceux

1. Ψιλῷ τῷ γράμματι προσέχων. (*Soc. de Diod. de Tarse*, 6, 3.)
2. Ἀνακρίνειν τὰ πνευματικὰ πνευματικῶς. (I. *Cor.* ii, 13.)

qui ont le plus heureusement amendé ou complété son œuvre avaient, on le sent bien, passé par son école. Ce qu'il avait eu lui-même, au surplus, le plus à cœur de démontrer, en suivant tour à tour les révolutions du Texte, les vicissitudes des versions et le développement de l'exégèse, n'était-ce pas éminemment ce qu'ont eu de successif aux diverses époques de l'histoire les manifestations de la pensée religieuse ? Que son œuvre à lui-même apparût à son tour, elle aussi, comme un moment dans une série et, si l'on peut dire, comme un anneau dans une chaîne de travaux méthodiques et de progressives recherches, rien n'était moins fait pour lui porter peine ou ombrage, s'il avait eu raison de croire que ce n'est qu'en se modifiant qu'on a quelque chance de se survivre. On a comparé les premiers exégètes à ceux qui étudièrent tout d'abord les anciens vases de l'Égypte avec leurs figures énigmatiques d'astres, d'oiseaux et de plantes, et cherchèrent à y découvrir le secret des choses célestes : Richard Simon ressemblerait alors à ces érudits si profondément divinateurs qui, avec autant de patience que de génie, ne prirent pas de relâche qu'ils n'eussent soumis à des règles fixes et ramené aux précisions ordinaires du langage humain ces vagues et mystérieux symboles. Si, depuis, l'on a su goûter à la fois les vues confuses et puissantes des antiques symbolistes, et le savoir minutieux de tant d'investigateurs diligents, il ne semble pas qu'il en revienne peu d'honneur à l'œuvre qui, résumant le passé et préparant l'avenir, a seule permis de comprendre et de comparer.

CHAPITRE VIII

RICHARD SIMON POLÉMISTE

On serait tenté de croire que l'*Histoire critique*, supprimée par un arrêt sans considérant, ne pût paraître et se
répandre en éditions subreptices [1] sans soulever, du côté
des catholiques, nombre de réfutations motivées, maintes
critiques justificatives de la mesure radicale qui l'avait
frappée. Il n'en fut rien cependant. Sans doute, on ne
saurait oublier les quelques pages du *Discours sur l'Histoire universelle* qui ont trait à l'une des questions agitées
par l'audacieux érudit; mais on a vu si elles pouvaient
prétendre à résoudre des difficultés d'autant plus graves
qu'elles étaient manifestement inaperçues. Il est vrai
qu'elles réservaient la surprise assez piquante d'entendre

---

1. L'édition de la veuve Bilaine à peine supprimée et mise au pilon,
trois éditions fort défectueuses sortirent coup sur coup des presses de
D. Elsevier à Amsterdam, sous ce titre destiné à déjouer la surveil-
lance de la douane : *Histoire de la religion des Juifs*, par Rabbi
Mosés Lévi. Une cinquième édition, plus correcte, parut à Rotterdam,
chez M. Leers, en 1685, et, si elle ne fut pas expressément avouée par
R. Simon, c'est toujours à ce texte qu'il se référa depuis. Elle fut con-
trefaite l'année même à Amsterdam, puis réimprimée par Leers, avec
une pièce nouvelle, la *Réponse de Pierre Ambrun, ministre du S. Évangile, à l'Histoire Critique*. Inutile de remarquer que le ministre, pseu-
donyme de R. Simon, ne fait d'objections au nouvel ouvrage que pour
en rendre l'orthodoxie plus manifeste.

Bossuet accepter en définitive et s'approprier la thèse qu'il y allait naguère de tout le christianisme de combattre et d'anéantir [1]. On pourrait encore mentionner l'examen sommaire que fit du nouveau livre l'érudit janséniste, Ellies du Pin, et le libelle qu'écrivit contre le P. Simon l'oratorien Michel Le Vassor, peu de temps avant de quitter sa congrégation et de passer au protestantisme [2]; mais qui ne sent le tort que feraient plutôt à la cause de Bossuet des partisans si rares et si mal armés? Et, à voir cette indifférence générale sur un point de telle importance, qui ne semble reconnaître qu'en ces matières la science ecclésiastique a désormais affaire à des générations nouvelles, et que, d'ores et déjà, le XVIII° siècle est commencé? La seule justification, mais la plus décisive qui soit venue appuyer la mesure théologique de Bossuet, ce fut, en somme, la Sacrée Congrégation de l'Index qui la lui fournit par un décret du 9 février 1683 [3]; elle donna gain de cause à Bossuet en condamnant l'ouvrage, comme elle avait condamné naguère le livre où André Maes contestait l'attribution du Pentateuque à Moïse [4].

Du côté des protestants, au contraire, l'*Histoire critique* fut le point de départ d'un vaste mouvement de recherches et d'études ; plus de quarante réfutations se succédèrent pendant l'espace de quelques années, et l'on vit les plus

1. V. *Revue*, 2° année, p. 542 sq.
2. Ellies du Pin, *Nouvelle bibliothèque des Auteurs Ecclésiastiques*, t. I; Michel Le Vassor, *De la Véritable Religion*, p. 159.
3. On n'ignore pas que les décrets de ce genre n'étaient pas alors considérés comme ayant force de loi en France, et nous ne sachions pas que R. Simon ait fait nulle part mention de la mesure dont son livre avait été l'objet.
4. A. Masn *Commentarii in Josue*. « On ne peut, dit R. Simon, donner trop de louanges à Masius, à cause de cet excellent ouvrage ; mais cela n'empêcha pas qu'il n'eût des envieux qui le décrièrent et qui firent tant par leur médisance et leurs calomnies que son livre fut mis à l'*Index* » (*H. C.* III, 15).

illustres savants de la Réforme entrer en lice contre l'érudit oratorien. Que cette ardente discussion ait profité au développement des études exégétiques dans les églises dissidentes, c'est ce qu'il est à peine besoin de remarquer. Mais on ne saurait omettre de l'ajouter sans injustice : si, comme on l'a dit parfois, l'exégèse, à partir de R. Simon, est devenue science protestante, c'est contre lui que s'est produit ce mouvement. Ajoutons que si l'étude de la Bible a longtemps passé, parmi les catholiques, pour signe avéré d'émancipation religieuse et marque non équivoque d'hétérodoxie, il n'a pas tenu à lui qu'il en allât tout autrement.

À ce déploiement d'érudite activité, R. Simon répondit par une activité plus merveilleuse encore. Pendant onze ans qu'il passe à défendre tous les points litigieux, et, si l'on peut dire, toutes les positions avancées de son grand ouvrage, ce fut de sa part comme un feu roulant de justifications et de ripostes, de répliques et de dupliques qui ne font pas seulement admirer la profondeur de ses études et de ses préparations antérieures. On s'est souvent étonné de son goût passionné pour la polémique : c'est tout simplement qu'il en avait le génie. Dialectique incisive et déconcertante, fertilité inépuisable d'expédients et de ressources, souplesse unique de déguisement et fécondité toujours amusante d'imagination jusque dans les épines de la discussion la plus âpre, il n'a rien à envier à l'habileté si vantée des philosophes polémistes du siècle suivant. Ce ne sont pas seulement, en effet, des noms nouveaux qu'il sait prendre ; ce sont des rôles étrangers qu'il excelle à jouer, et les Jérôme de Sainte-Foi, ou les Le Camus, les rabbins d'Amsterdam ou les théologiens de Sorbonne, qu'il fait parler tour à tour, seraient des masques moins curieux s'ils différaient moins complètement de leur ingénieux metteur en scène. Faut-il, avec Bernus, le biographe de R. Simon, voir là une simple

manœuvre de polémique destinée à faire croire au public
que l'auteur avait l'appui de nombreux amis et que la Sorbonne elle-même comptait plus d'un partisan du nouveau
livre? L'exégète savait trop bien qu'on ne pouvait s'y
tromper : s'il se choisissait un peu partout des auxiliaires
fictifs, ce n'était pas pour leur faire l'honneur de les ranger dans son parti, c'était pour présenter tous les aspects
du problème avec une liberté d'esprit et une facilité de
dédoublement qui sont le cachet du vrai critique. Pour
une fois qu'il s'approuve en effet et se loue, dix fois il se
juge, se discute lui-même et souvent se blâme, à moins
qu'il n'hésite plaisamment pour décider jusqu'à quel point
il se donnera raison. Rarement l'esprit critique se montra
plus impartial, plus désintéressé, et comme on dit aujour-
d'hui plus objectif; plus rarement encore il réussit à faire
d'une pure controverse d'érudition une plus divertissante
comédie. Il n'y manquait, pour se faire applaudir du grand
public et n'être pas seulement un régal de haut goût à
l'usage d'une élite, que d'avoir des *dessous* moins solides
et des *préparations* moins savantes. Les divers actes du
moins n'en sauraient être plus variés : dispute érudite avec
Vossius, augmentation dogmatique avec Spanheim,
discussion confessionnelle avec Jurieu, ce ne sont que les
formes les plus caractéristiques de cette longue controverse. Elles suffiront à montrer quel rare talent de
polémiste ont fait trop souvent oublier les doctes et pénétrantes investigations de la critique simonienne [1].

---

1. La liste des adversaires auxquels R. Simon n'a pas répondu est
dans BERNUS, *Notice bibliographique sur R. Simon*. Il faut y joindre
Paul Colomiés, bibliothécaire de l'archevêque de Cantorbéry, dont la
Lettre à Justel touchant l'origine du Pentateuque n'a pas reçu de réponse
particulière.

I

Les érudits furent rarement tenus en moindre estime auprès des gens du monde qu'au temps de R. Simon. Leurs « livres de furie » faisaient peur à Mme de Sévigné, et Bayle redoutait tout en les plaisantant les « entremangeries » doctorales. Le fait est qu'en regard des mœurs des *honnêtes gens*, rien ne forme un plus étrange contraste que le langage des savants de profession. Dans une société où fleurit la plus exquise et la plus délicate urbanité, la polémique érudite garde encore toute l'âpreté, toute la virulence du xvie siècle. Ils ont beau fréquenter chez les La Fayette et les Sablé ; tous ces doctes n'en sont pas moins de la lignée pédantesque et injurieuse des Scaliger et des Garasse. En vain même les voit-on se mêler au monde des précieuses, s'y frotter de politesse, y prendre leçon d'agrément ; sur le ton uni et décent des conversations mondaines, il n'en est pas un qui ne fasse détonner le fausset criard et colérique d'un élève de Juste-Lipse, d'un émule de Scioppius. Beaux esprits raffinés comme Bouhours ou lettrés consommés comme Ménage, érudits universels comme Saumaise ou profonds théologiens comme Petau, tous paient leur tribut à la rhétorique outrageuse de l'antique érudition. Le moyen aussi, quand on est si occupé du passé, de ne pas retarder sur le présent, et lorsqu'on est si épris des choses d'autrefois, de n'en pas garder encore le costume, si démodé, si hétéroclite qu'il puisse paraître au vulgaire profane ?

Que R. Simon se soit, dans l'une au moins de ses polémiques, ressenti de sa profession de savant, et qu'il ait dans certains de ses écrits parlé la langue quelque peu attardée de ses pairs, c'est ce qui ne surprendra personne. On en sera moins étonné encore, si l'on songe à quel contradicteur il avait affaire. De tous les érudits, en effet, qui firent des beaux jours du siècle de Louis XIV l'époque la plus féconde en aigres et violentes disputes, il n'en est pas un qui ait montré plus d'acrimonie et d'emportement qu'Isaac Vossius. Il est proprement l'Ajax de l'érudition théologique au XVIIe siècle. Disons mieux, en parlant d'un savant dignitaire de l'Église anglicane : les batailles du *Lutrin* ne révèlent pas de plus héroïque combattant que le fougueux et infatigable chanoine de Windsor. Ses diatribes contre l'*Histoire Critique* peuvent en faire foi : documents d'autant plus intéressants d'ailleurs qu'avec cette technique toute spéciale de l'impertinence et de l'invective, on ne sera pas sans y relever plus d'une idée ingénieusement fausse ou plaisamment paradoxale[1]?

Rien, dans l'*Histoire Critique* n'avait plus profondément scandalisé Isaac Vossius que cette assertion, partout répandue, que le texte hébreu de l'Écriture en est, en somme, le meilleur témoin et que la traduction des Septante en particulier ne saurait avoir pour le critique qu'une autorité de second ordre. C'était d'abord, et surtout, tenir pour non avenus tant de doctes ouvrages qu'il avait consacrés à glorifier les Septante; c'était aussi méconnaître ce qu'il considérait, en vertu d'une conception assez originale, comme le fondement même de la foi chrétienne. Jaloux en effet de revenir au christianisme primitif, il ne se contentait pas, comme les protestants de son siècle, de tenter la restauration de la plus antique liturgie et de prêcher le retour à la simplicité des premiers âges. Ce qu'il prétendait, c'était de renouveler l'esprit même de l'Église; ce qu'il ambitionnait, c'était de faire des chrétiens du XVIIe siècle, les contemporains des

1. Is. Vossius, *De Sibyllinis aliisque oraculis*, en appendice, *Responsio ad Objecta nuperæ criticæ; Variarum observationum liber, secunda, tertia Responsio...* « On y trouve beaucoup de belle et solide littérature, dit Bayle, quand on ne lit pas la critique que le P. Simon en a faite ». *Nouvelles de la Rép. des Lettres; an. 1685.*

anciens Pères. Comme les Pères, par exemple, il déclarait tenir la traduction grecque de la Bible pour seule inspirée ; comme eux encore, il faisait le plus grand fonds sur certains apocryphes, tels que le livre d'Énoch ou les oracles des Sibylles ; comme eux enfin, il traitait les Juifs d'impudents faussaires et de falsificateurs notoires des Livres Saints. Aussi, quel déplorable exemple, d'après lui, saint Jérôme n'avait-il pas donné en se faisant le docile élève de la Synagogue, et en formant à son école cette triste progéniture des semi-rabbins ! Comme s'il ne valait pas mieux encore expliquer l'Évangile par le Coran que de tenter de l'interpréter par le Talmud ! Comme si enfin d'écouter les Scribes et les Docteurs du judaïsme avec cet air d'impartialité ou même de déférence, ce n'était pas introduire une nouveauté horrible dans l'Église, et joindre le sacrilège aux inepties de la critique simonienne, *ineptiæ simonianæ?*

L'auteur de l'*Histoire Critique* avait assuré d'avance de sa gratitude ceux qui lui signaleraient des erreurs inévitables dans un si grand ouvrage. On devine quelle reconnaissance il se crut obligé de témoigner à un tel censeur. Au latin de Vossius, tout farci d'érudition et d'impertinence, il opposa son latin plus érudit et peut-être plus irrévérencieux encore. Du tac au tac, les *Castigationes*, suivent les *Objectiones*, les *Excerpta* répondent aux *Disquisitiones*, un *Judicium* réplique à une *Responsio*, jusqu'au jour où, à bout de patience, mais non d'arguments ni d'épigrammes, R. Simon tourne court et laisse son adversaire continuer seul cette inutile escrime. L'opiniâtreté de Vossius, même entre les savants, était proverbiale ; elle n'avait d'égale que celle du Père Morin, le célèbre oratorien, qui précisément soutenait, comme Vossius, l'inspiration des traducteurs grecs de la Bible. C'était ce même P. Morin d'ailleurs qui, trois ans après la prise de la Rochelle, affirmait envers et contre tous qu'elle n'avait jamais été assiégée et que cette prétendue victoire n'était qu'une ridicule imagination des partisans de M. le Cardinal. Il n'en fallait pas tant pour exciter la verve toujours copieuse du critique normand : faire des traducteurs grecs de la Bible autant de prophètes inspirés par Dieu même, quelle merveilleuse occasion c'était lui offrir de relever avec leurs contre-sens toutes les bévues de leur panégyriste! Et comment, en un tel flot de moqueries et de persiflages, ne pas éclabousser légèrement au passage l'excellent Père Morin? Le mordant exégète n'était pas de ceux qui s'arrêtent une fois lancés, et les confrères n'eurent pas moins à gémir de sa vivacité qu'ils n'avaient naguère déploré sa hardiesse, mais la thèse de l'inspiration des Septante était pour jamais réduite à néant.

Un autre point restait à traiter et non moins épineux, surtout en un temps où la passion anti-juive était le propre des savants et dénotait les esprits cultivés. Il s'agissait de la valeur de cette exégèse rabbinique que Vossius regardait comme un scandale d'entendre louer par un chrétien, par un religieux[1]. R. Simon n'avait pas à recommencer l'étude approfondie qu'il avait faite des commentateurs juifs et du texte qu'ils avaient établi, le texte hébreu de la Massore. Mais quoi! fallait-il laisser dire à Vossius que le désaccord des interprètes juifs sur certains points d'exégèse entraînait la nullité de leurs témoignages sur l'état même des textes, et qu'en ajoutant le pêle-mêle de leurs gloses à la confusion des soixante-douze sens de l'Écriture, on ne pouvait voir dans l'original hébreu autre chose qu'une inextricable Babel. Certes, R. Simon n'était

---

1. Vossius n'en voulait pas seulement aux Juifs, et il n'y avait pas que la Synagogue qui lui inspirât de bouffons et véhéments commentaires du vers bien connu : *qualiacumque voles Judæi somnia fingunt*. C'est encore lui qui disait à propos d'un ecclésiastique de ses amis : *Est sacrificulus in pago et decipit rusticos*.

pas disposé à surfaire l'autorité du Talmud. Il connaissait mieux que personne la profonde diversité des provinces du monde rabbinique. Les rabbins, disait-il plaisamment, ressemblent un peu aux députés que l'empereur Maximilien fit venir des multiples provinces de son empire. Chacun d'eux, pour se faire entendre, eut beau composer sa harangue en latin : leur prononciation était si particulière que ses auditeurs n'en crurent pas moins que chacun d'eux avait parlé dans sa propre langue, et le moyen en effet que les Italiens par exemple reconnussent la langue de Cicéron dans le jargon tudesque du docteur aulique : *Cæsarea Maghestas pene caudet fidere fos et horationem festram lipenter audifit?* Qui ne voit cependant que la divergence des prononciations n'atteint en rien l'unité du document? Et qui donc aussi, de la diversité des interprétations juives peut conclure à l'impossibilité d'atteindre et le texte et le seul sens qui importe à la critique, à savoir le sens historique? C'était là ce que R. Simon appelait raisonner en chanoine plutôt qu'en critique et il faut bien avouer que la thèse du théologien de Windsor décelait plus d'esprit de parti que de saine logique[1].

Mais ce qui a le don de provoquer les plaisanteries les plus grosses, il faut bien le dire, et les plus drues du savant une fois en gaieté, c'est la théorie du paradoxal érudit protestant sur les apocryphes. Est *apocryphe*, R. Simon commence par le rappeler, tout livre, traitant des choses bibliques, que ni la Synagogue, ni l'Église n'ont reçu dans leur canon, comme par exemple tel livre d'*Esdras*, le livre du *Pasteur* ou encore la *Sagesse* et l'*Ecclésiastique* avant le temps où ils y furent admis. Pour Vossius il en va tout autrement. Certains écrits, tels que les Oracles Sybillins et les Apocalypses primitives, furent

---

1. *Castigationes*, p. 32, en appendice à l'*Hist. Crit.*

primitivement, dit-il, tenus pour inspirés; mais en même temps, leur caractère plus particulièrement mystérieux leur fit donner le nom d'apocryphes, entendez par là cachés, secrets, ésotériques. Quand le malheur des temps voulut que ces livres fussent interdits aux fidèles, on n'imagina rien de mieux que de prendre ce mot d'apocryphe en mauvaise part, et de lui faire désigner les écrits d'origine douteuse ou de contenu suspect. Les livres sibyllins et apocalyptiques convaincus d'être apocryphes, tombèrent du coup dans un injuste discrédit, et par la plus noire des machinations furent dérobés à la connaissance des fidèles. R. Simon eût pu se contenter de traiter ce petit roman comme tant de fables judaïques, dont il avait fait justice avec un ironique sourire. Mais, dans un accès d'hilarité qui vainquit toute retenue, il laissa échapper l'exclamation du cardinal d'Este à la lecture de l'Arioste, et parmi des pages si austères on est surpris de rencontrer des audaces de plume moins conformes aux légitimes pudeurs du style des honnêtes gens qu'aux libertés bien connues de la langue italienne [1]. Érasme, à la fin de ses querelles avec les théologiens de Louvain, résumait ses impressions par cet aveu dénué de pruderie : *Melius est agere cum lenone quam cum theologo* [2]. Le savant du xvie siècle préfère aux théologiens les personnages les moins recommandables de la comédie latine; R. Simon se contentait, lui, de leur emprunter quelques hardis propos. On a dit que la profession de savant était en ces temps héroïques un métier de cape et d'épée; elle n'excluait pas, comme on le voit, certaines jovialités de caserne ou de corps de garde.

Si l'on ajoute qu'un professeur en théologie à Utrecht, Saldenus, ayant comparé R. Simon à Spinoza et au rêveur

1. *Ib.* p. 11 : « Dove ha trovato tante coglionerie ? »
2. *Epist.* Lettre écrite de Fribourg, 11 juin 1531.

La Peyrère [1], s'attira de la part de l'auteur incriminé une mercuriale non moins âpre que la réponse à Vossius, on aura vu quelle contribution le savant oratorien peut fournir à l'histoire du pamphlet d'érudition en ce siècle de polémique injurieuse et mordante. Assurément, si R. Simon avait droit à se montrer chatouilleux, c'était bien quand on l'assimilait à ce Spinoza dont il s'était si nettement séparé et avec qui l'on ne saurait le confondre sans se montrer indifférent aux plus formelles antinomies d'esprit, de méthode et de conclusions. Comment toutefois ne pas regretter que cet admirable monument de l'*Histoire Critique* ait justement pour introduction une de ces diatribes à la façon de Scaliger ou de Saumaise, où l'on assure que l'adversaire, non content d'être ridicule en une langue, a voulu se montrer impertinent en trois idiomes, et qu'en traitant plusieurs matières en un seul ouvrage, il a fait comme ces ivrognes qui, toujours prêts à tomber, s'accrochent au hasard à tout ce qu'ils rencontrent ? Des aménités littéraires de ce goût, on en a vu fleurir en tous les temps dans ce noble domaine de l'érudition ; mais pour les excuser sous la plume d'un si haut et si fort esprit, on a besoin de se rappeler cette autre ivresse, celle que cause la science si nouvellement et si âprement conquise. Vadius est bien, à la vérité, de la même date ; mais il n'a pas tout à fait la même excuse.

II

Avec Isaac Vossius, la polémique portait sur des points de pure érudition. Avec Ezéchiel Spanheim, le débat s'agrandit. Il ne s'agit plus de savoir quelle brèche R. Simon a pu faire à telle théorie particulière de philologie ancienne, mais ce qu'il reste, après l'*Histoire Cri-*

---

1. Saldenus, *Otia theologica*, de *Autore Pentateuchi*, 29, 30.

tique, de l'exégèse, sinon même de l'apogétique traditionnelles. C'est, en un mot, de la portée dogmatique et des conséquences religieuses du nouvel ouvrage qu'il est question, et c'est à peine s'il est besoin de remarquer quelles qualités toutes différentes va exiger du savant polémiste une discussion sur d'aussi hautes, sur d'aussi épineuses matières[1].

Ce fut un savant d'une rare candeur en même temps que d'une érudition à la fois solide et variée que le Génevois Spanheim ; quand on n'aurait pas pour s'en convaincre tant de doctes et curieuses recherches que ne purent entraver en aucun lieu de l'Europe ses missions diplomatiques, il suffirait pour s'en assurer de lire sa *Lettre à un ami* à propos de l'*Histoire Critique*. Une des grandes joies de sa vie de savant, c'est évidemment d'avoir lu l'ouvrage de M. Simon. Songez donc : un livre qui est l'abrégé de plusieurs volumes ou plutôt d'une bibliothèque tout entière, qui épuise en quelque sorte la curiosité du lecteur le plus appliqué, et qui le met à même de s'instruire de tant de découvertes également curieuses et nouvelles ; il faudrait n'avoir pas le goût de toutes les belles choses inutiles, pour n'en remercier l'auteur comme d'un service tout personnel. Et quelle surprise encore pour l'honnête Spanheim de voir un catholique se montrer impartial en ses jugements, n'épouser aucun des préjugés si familiers à ceux de sa créance, rendre justice enfin à chaque commentateur, à quelque confession religieuse qu'il appartienne, *Tros Rutulusve fuat!* Voilà, conclut-il avec une bonhomie charmante, de l'honnêteté et de la bonne foi. Mais ce qu'il prise par dessus tout, ce qu'il sait même louer en fort bons termes, c'est l'ordre si parfait et si lumineux du nouvel ouvrage :

1. Ez. SPANHEIM, *Lettre à un amy*, 1679, en appendice à l'*Hist. crit.*

« Ce bon ordre même, dit-il excellemment, y paraît plus un effet du bon sens et de la justesse de l'esprit, qu'une méthode apprise au collège et puisée dans les règles de la Logique ». Aussi comment ne pas gémir qu'un si bel ouvrage ait pu attirer tant de tracas et de persécutions à son auteur, et le moyen de refuser au moins sa compassion à un si savant ouvrage « étouffé en venant au jour » ?

Qu'on n'aille pas croire là-dessus que tant de mérites puissent désarmer l'érudit protestant de son orthodoxe et inflexible sévérité. Plus l'auteur montre de savoir, plus ses nouveautés inquiètent l'ombrageux défenseur des doctrines reçues, et, s'il ne peut lui refuser sa sympathie, le coup ne lui en est que plus sensible de voir ce que devient entre ces mains hardies l'exégèse traditionnelle. Qui ne sait, en effet, que du consentement de tous les doctes, l'exégèse est une science inséparablement liée à la théologie et, à ce titre, une discipline éminemment démonstrative et scolastique, constituant un arsenal de *dicta probantia*, ou, si l'on veut, un *corpus* de prémisses toutes faites à l'usage des métaphysiciens du dogme qui veulent bien y étayer leurs syllogismes ? Or qu'on lise cette exégèse nouvelle où « l'auteur ne résout des difficultés que pour en faire naître de plus grandes, où il ne pose pas un principe qu'il ne prenne à tâche d'en révéler lui-même le faible, où, loin de dissiper les doutes et les incertitudes, il ne semble avoir plaisir qu'à les multiplier à chaque pas », et qu'on dise si rien n'est plus opposé que ce pyrrhonisme exégétique au dogmatisme traditionnel, si cher à la Réforme. Il n'est pas au surplus jusqu'à certaines affectations du nouveau critique qui ne trahissent son incurable scepticisme. Est-il bien possible, par exemple, qu'un érudit versé dans les plus profondes recherches des Rabbins, fasse si bon marché de ce qu'il appelle le rabbinage ? Et quand donc a-t-on vu, grand Dieu ! les savants discréditer, railler même à plaisir l'objet de leurs doctes veilles? Non, ce n'est pas de ce ton que les Bochart et les Capelle, les Buxtorf et les Morin ont habitué leurs lecteurs à entendre parler du Talmud, et comment ne pas se scandaliser d'une telle frivolité d'esprit, ou d'un scepticisme scientifique si étrangement voisin du libertinage?

D'autres, le prenant de haut avec l'ingénu dogmatisant de la Réforme, eussent peut-être répondu qu'après tout le doute en matière d'érudition, de philosophie même, n'a rien en soi de plus irréligieux qu'un aveugle parti pris de certitude et d'affirmation. Certains même eussent dit sans doute que la liberté revendiquée par un saint Augustin dans les choses douteuses ne consiste pas plus à prendre un certain parti qu'à demeurer en suspens, que la foi d'un Pascal vaut celle d'un Duns Scot, et que, de toutes les formes d'irréligion, il n'y a pas en somme de plus commune ni de plus redoutable que le dogmatisme. Mais R. Simon était en cette conjecture un polémiste et l'on sait que le propre de la polémique, c'est avant tout d'être œuvre de stratégie et de ne se prendre à un adversaire que par le biais le plus favorable. On reproche à l'auteur de l'*Histoire Critique* son scepticisme sur nombre de points tranchés, assure-t-on, par la Tradition; il montre combien son doute est le plus souvent respectueux des traditions véritables, et demande à son adversaire sur quel fondement il admet une Providence spéciale pour veiller sur les manuscrits de la Bible et toutes les copies qu'on en a tirées [1]. On blâme sa critique perpétuellement négative, et on lui fait par exemple un grief d'enlever aux livres de Job, de Tobie et de Judith à peu près tout caractère historique : il montre, au contraire, tout ce que son doute enveloppe de réelles affirmations, et dans le cas présent, établit de la façon la plus positive

1. Cf. *Lettre à M. P. touchant l'inspiration des Livres Sacrés*, p. 6.

la valeur de tels écrits en signalant tout ce qui les distingue de simples paraboles [1]. On se scandalise de le voir traiter « la divine Massore » avec la même liberté que les textes grecs ou latins légués par l'antiquité profane : mais n'est-ce pas avec une liberté plus grande encore que Jésus-Christ et les Apôtres ont traité l'Écriture, n'ayant nul égard aux paroles du texte et n'y cherchant, selon la méthode des Pharisiens, qu'un thème à de pieuses instructions[2]. Autant de raisons, on le voit, qui ne sont pas sans solidité ni justesse, mais qui avaient l'avantage de laisser sans réponse Spanheim et la plupart des théologiens traditionnels de son temps.

R. Simon pouvait-il se flatter de faire admettre avec autant d'aisance à son contradicteur le plus important et aussi le plus contesté des points en litige, c'est à savoir la possibilité d'un remaniement des textes et des collections bibliques, l'intervention de scribes anonymes dans la rédaction des Livres Saints, bref un principe de changement et de relativité introduit dans l'histoire des formes plus ou moins contingentes de la Révélation? Le subtil polémiste à coup sûr ne s'y épargna pas, et c'est bien évidemment pour faire accepter le plus qu'il pourrait de ses idées qu'il imagine la fiction si originale et généralement si mal comprise de son porte-parole, le *Théologien de la Faculté de Paris*. Celui qui répond, en effet, à la Lettre de M. Spanheim, ce n'est pas R. Simon lui-même ; non c'est un tiers, un indifférent, presque un adversaire, lui aussi, des théories de l'*Histoire Critique*. Ce théologien de l'orthodoxe faculté n'ose pas rejeter les écrivains publics ou prophètes du P. Simon : ce serait aller contre les témoignages de Josèphe, de Théodoret et même du jésuite Sanctius qu'il cite tout au long, mais il ne convient

1. *Réponse à la lettre de M. Spanheim*, p. 630.
2. *Ibid.* 631.

pas tout à fait avec lui sur la date de leur établissement
dans le peuple d'Israël; il ne sait pas non plus si ces
scribes ont eu, comme le croit le Père Simon, assez de
pouvoir pour ajouter ou diminuer aux Actes publics; il ne
croit même pas que l'auteur de l'*Histoire Critique* ait raison de s'appuyer sur le témoignage de Don Isaac Abra-
vanel, sa grande autorité, dit-il en plaisantant, pour soutenir que ces actes primitifs étaient divins ou authentiques. On ne pouvait, au moins en apparence, faire meilleur marché de ses opinions, ni, sous couleur de l'attaquer, défendre plus finement sa propre cause. On ne pouvait surtout faire plus gaiement, pour le triomphe d'une
seule idée, en même temps que l'abandon de toutes les
autres, le sacrifice de ses suceptibilités d'auteur. Mais
R. Simon avait beau se soumettre à la férule de ce théologien en qui il se dédoublait si plaisamment lui-même :
quelles concessions eussent été capables de faire revenir
ses contradicteurs sur ce point alors essentiel de la dogmatique protestante?

C'est qu'en effet rien à cette date ne semble importer
plus aux protestants que de maintenir l'immutabilité absolue de la Révélation. Ezéchiel Spanheim est d'accord là-
dessus avec Jacques Basnage de Beauval [1]. On connaît du
reste leur système. Loin de prendre hardiment leur parti
des *variations* que vient de leur reprocher Bossuet, la
pensée d'appartenir à une société religieuse qui ait pu le
moins du monde se modifier, leur paraît intolérable. Le
véritable christianisme, estiment-ils, doit-être identique-
ment conforme au christianisme primitif: ni la discipline
morale, ni les conceptions théologiques n'en ont pu

____

1. J. BASNAGE, *Examen des méthodes proposées par MM. du clergé
de France en 1682* (pour combattre le protestantisme). Il cherche en
particulier à diminuer le nombre des altérations textuelles signalées
par R. Simon et est assez mal inspiré pour défendre contre lui le
foderunt manus meas de la Vulgate (*Ps.* 22, 17).

varier, et de même que leur idéal est de ramener l'Église aux temps de sa primitive origine, leur prétention est de remonter jusqu'aux premiers jours de la grande église des âmes, l'église invisible, sans interruption ni changement. Quel singulier mélange d'esprit de chimère et d'ignorance historique offrait ce système, et quel empressement fort légitime la Réforme a montré depuis à le répudier, c'est ce qu'il n'y a pas lieu de dire ici. Mais qui ne voit l'incompatibilité d'une pareille doctrine avec les idées favorites de R. Simon? Si nul changement n'a pu intervenir, ni dans les usages disciplinaires, ni dans les théories dogmatiques de l'église, comment admettrait-on à plus forte raison la possibilité d'une variation quelconque dans les formes sacrées de la Révélation? Comment permettrait-on à de téméraires exégètes de faire la Parole de Dieu presque aussi contingente, aussi relative que la Tradition, en supposant qu'elle a pu être l'objet de gloses et de retouches sans nombre au cours des âges? Comment enfin, pour achever de rabaisser la Révélation au-dessous de la Tradition elle-même, leur laisserait-on « enlever la gloire de leurs ouvrages aux écrivains inspirés pour la transporter à des auteurs sans nom et sans tribu [1] »? Le bon Spanheim ne le disait pas sans pompe ; mais ce n'est pas la première fois qu'on pouvait voir une rhétorique un peu bien solennelle unie à une grande candeur de caractère. R. Simon estimait trop cette qualité morale pour n'en pas tenir compte à son contradicteur. Il ne craignit pas de rapprocher tant de belles périodes des sèches et brèves réflexions dont se composaient d'ordinaire ses ouvrages, et, non sans une secrète joie de montrer à plus d'un ce qui le séparait irréductiblement des théologiens de la Réforme, il fit insérer la précieuse *Lettre* à la fin de son propre volume.

1. Lettre de M. Spanheim, p. 573.

III

L'*Histoire Critique du Vieux Testament*, on l'a vu plus
d'une fois, ne contenait pas seulement ce que promettait
son titre : l'étude rigoureusement limitée du Texte, des
Versions et des Commentaires de la Bible. En un siècle
où la question des églises dissidentes passionnait tous les
esprits, il ne faut pas s'étonner d'y trouver par endroits
une critique plus ou moins directe des doctrines du Protestantisme; nulle discussion au surplus n'était plus étroitement apparentée à l'objet même du nouvel ouvrage et
quelle lumière ne pouvait pas jeter sur maint problème
l'intelligence des principes propres de la Réforme!
Démontrer, par exemple, comme le faisait sans cesse
R. Simon au cours de son ouvrage, que l'Écriture n'est
ni assez constante dans son texte, ni assez claire dans ses
énoncés, ni enfin assez indépendante de la Tradition pour
pouvoir jamais servir d'unique règle de foi, ce n'était pas
sortir de son sujet tout historique, c'était formuler l'une
des conséquences les plus obvies du simple exposé des
faits. Aussi devine-t-on quel accueil les théologiens protestants firent au traité à peine dissimulé de controverse
que leur parut être l'*Histoire Critique*. C'est ainsi qu'à la
polémique surtout érudite qu'engagea Isaac Vossius, à la
polémique proprement dogmatique dont Ezéchiel Spanheim est le principal représentant, il faut joindre une
polémique toute confessionnelle. Elle fut représentée par
Charles-Marie de Weil [1] et Pierre Jurieu [2], deux physionomies bien différentes, mais également originales, du
protestantisme français à cette époque.

Le premier, juif de naissance, et converti au catholi-

1. *Lettre de M. de Veil à M. Bayle*, en appendice à l'*Hist. Crit.*
2. P. Jurieu, *Accomplissement des prophéties*, Ch. 20.

cisme par Bossuet au temps de son célèbre apostolat dans la ville de Metz, n'avait pas tardé, on s'en souvient, à passer à l'église réformée, et, réfugié à Londres, s'intitulait dans ses divers écrits ministre du saint Évangile. R. Simon prévoyait-il les nouvelles incartades religieuses de cet esprit inquiet et troublé? il est curieux du moins de remarquer qu'en répondant à ses attaques contre l'*Histoire Critique*, il appréhende pour lui les rêveries de l'illuminisme, comme s'il prévoyait d'avance son entrée dans la secte des anabaptistes. L'oratorien ne montrait d'ailleurs pas moins de perspicacité lorsqu'en un autre endroit de sa réponse il lui signalait au fond de sa doctrine le germe de ce rationalisme absolu auquel il devait finalement aboutir[1].

Dans sa *Lettre à M. Boyle*, de Veil témoignait au pieux physicien anglais, combien il avait été scandalisé de lire sous la plume de R. Simon qu' « on ne peut presque rien assurer de certain dans la Religion, si l'on ne joint la Tradition avec l'Écriture pour décider les questions de foi ». Suivait une réfutation en règle fondée sur la tradition même des Pères, sur l'Écriture et sur l'autorité de l'Église anglicane. La brève réponse de R. Simon peut être citée comme un modèle d'argumentation historique, en ces matières où le syllogisme abstrait était alors le seul procédé de discussion. Pour prouver que l'Écriture est suffisamment claire par elle-même, on lui oppose le témoignage des Augustin et des Chrysostome : mais qui ne voit qu'ayant à réfuter les chimères ténébreuses de l'allégorie platonicienne, les Pères avaient mille fois raison de soutenir qu'en comparaison l'Écriture est d'une clarté éblouissante? Pour établir que Moïse et les Prophètes sont l'unique autorité religieuse, on allègue les citations pui-

---

1. *Réponse à la lettre de M. de Veil*, en appendice à l'*Hist. Crit.* p. 558 et 562.

sées dans l'Écriture par Jésus-Christ et les Apôtres : mais ces témoignages qu'ils empruntaient aux livres Saints, est-ce que Jésus-Christ et les Apôtres précisément ne les entendaient pas au sens reçu et autorisé par la Tradition? On objecte enfin tel décret d'un synode quelconque de Londres sur l'excellence de l'Écriture : mais ce décret représente-t-il sûrement l'opinion d'aujourd'hui? Et l'orthodoxie qu'il définissait en ces termes, était-elle, comme on l'a dit des confessions de foi ariennes, pour une année, pour un mois ou pour deux jours? Bayle disait plus tard, en parlant de ce même de Weil et de ses innombrables changements de symbole : « Plaise à Dieu qu'il ne fasse pas, comme le soleil, le tour du zodiaque! » R. Simon avait déjà remarqué qu'avec une assiette aussi instable, sa foi était singulièrement exposée à subir les vicissitudes des saisons.

Quant à Jurieu, ce n'est pas sans doute à changer d'Église que le porte l'inquiétude d'une âme non moins agitée et non moins tumultueuse. Ses contradictions ne sont pas successives : elles jaillissent toutes à la fois d'une tête fumeuse en perpétuelle ébullition, et accumulent dans la même œuvre les plus choquantes disparates. Écrits de dévotion débordant d'ardent mysticisme et lettres pathétiques *aux fidèles de France qui gémissent dans la captivité de Babylone*, études pénétrantes sur les diverses confessions de son temps et histoires générales des dogmes et des cultes, rien n'est plus divers que son œuvre sinon son propre esprit étonnamment mobile et dissemblable à lui-même. Seule, la passion de la polémique met quelque unité dans l'œuvre de ce Jurieu l'*injurieux*, comme dit Voltaire. Tantôt contre Bossuet et tantôt contre Basnage, aujourd'hui contre Bayle dont la tolérance l'exaspère et demain contre Arnauld, « vieux lion qui du fond de sa tanière ne se fait plus sentir que par ses rugissements effroyables », il répand, sans l'épuiser jamais, la verve de ses pamphlets burlesques ou véhéments, grossiers ou sublimes, véritable volcan toujours en fusion qui lance à la fois des pierres, de la boue et des éclairs. Ses coreligionnaires reconnaissaient qu'il ne combattait les catholiques qu'à coup de cailloux, on pourrait dire souvent même, à coup de pavés. Les armes de R. Simon étaient tout autrement légères : on jugera si elles l'atteignirent moins sûrement.

C'est dans son livre fameux *De l'accomplissement des prophéties* que Jurieu s'était attaqué à l'auteur de l'*Histoire Critique*. On connaît cet étrange commentaire de l'Apocalypse : tout ce que les visions de Patmos ont inspiré de bizarreries et de chimères aux exégètes du XVII° siècle y est du premier coup dépassé. Et pourtant depuis Malvenda qui décrit en cinq cents pages les repas, les vêtements, les pierreries même de l'Antéchrist, jusqu'à Newton, qui se livre sur sa venue aux supputations chronologiques les plus extravagantes, en passant, hélas ! par Bossuet qui tient à voir dans la peinture du Dragon la description anticipée de l'invasion des Barbares, Dieu sait si le XVII° siècle a été fécond en commentaires fantastiques de l'Apocalypse. Jurieu, lui, a découvert que la Bête mystérieuse n'est autre que la Rome papale : c'est l'idolâtrie romaine que représente exactement le culte de la Bête; c'est le nom même de la Babylone moderne que donne, une fois décomposé, le chiffre fatidique 666, et, si l'on suppute avec soin les périodes marquées par l'auteur inspiré, c'est en 1689 que doit manifestement tomber la fin du monde. Veut-on au surplus se convaincre que la fin des temps est proche, on n'a qu'à considérer le nombre et l'importance des faux prophètes. Parmi eux, on l'a déjà deviné, l'auteur de l'*Histoire Critique* tient le premier rang, et l'un des principaux chapitres, en souvenir des anathèmes prophétiques de l'Ancien Testament, porte ce titre énergique : *Coup de fouet contre Richard Simon.* On aura donné une idée suffisante de ce factum, quand on aura dit qu'il réduisait toute la valeur de l'*Histoire Critique* à quatre ou cinq paradoxes dont les uns sont impies et les autres badins, et qu'il ne voyait rien de mieux pour les réfuter que de faire appel au Procureur général contre l'Érostrate de toutes les religions [1].

R. Simon ne manqua pas, on le pense bien, une si belle occasion de commenter à son tour l'Apocalypse. Avec un luxe d'érudition talmudique qui sent son élève des rabbins, il se mit à prouver doctement que le nombre de la Bête avait deux significations également évidentes, qu'on pouvait obtenir en combinant les chiffres selon les règles les plus authentiques de la cabale : *minister Jurius* et la ville de Rotterdam où Jurieu était pasteur. Et il concluait sur un ton d'amusante solennité, on dirait presque avec le beau geste, gaîment parodié, des plus grands orateurs du temps : « C'est un effet admirable de la Providence que le nom de M. Jurieu contienne dans la langue sainte, selon la vertu numérale que les Hébreux attachent à leurs lettres, ce nombre 666... D'où il paraît manifestement que Dieu a voulu faire connaître à toute la terre qu'il n'y a point d'autre Bête de l'Apocalypse que M. Jurieu, logé au milieu des eaux de Rotterdam [2]. »

L'*Accomplissement des Prophéties* avait mis R. Simon en trop belle humeur pour qu'il s'en tînt à cette première réponse. Non content d'en railler les supputations bizarres il voulait attaquer par le ridicule un système d'exégèse beaucoup plus répandu qu'on ne l'imagine d'ordinaire, celui qui ne cherche dans l'Écriture que les symptômes de la fin des temps. Mais cette fois il alla chercher ses secrétaires à la synagogue, et ce sont les rabbins d'Amsterdam qu'il chargea d'adresser d'ironiques félicitations au

1. *Accomplissement des prophéties*, t. I, p. 305.
2. *Réponse aux Sentiments*, p. 189 et 218.

ministre protestant. On sait que vers le même temps, Fénelon, montrant ici à la vérité plus de zèle que de scrupule, proposait à Louvois de payer des calvinistes pour écrire contre Jurieu. R. Simon trouva le moyen d'amuser les protestants eux-mêmes des inconséquences de leur pasteur sans grever le budget des dragonnades.

Le début de la *Lettre des Rabbins* [1], avec ses formules bibliques et ses citations des prophètes, est un pastiche très réussi du style onctueux et pontifical des synagogues et transporte du premier coup dans quelqu'une de ces juiveries hollandaises que le pinceau de Rembrandt nous a rendus familières. Citons-en les premières lignes :

La lettre qu'il vous a plu d'adresser à notre nation nous fait concevoir de grandes espérances du rétablissement d'Israël en Jérusalem. Nous avons rendu grâces au Seigneur des Armées de ce qu'il a suscité en nos jours un homme extraordinaire dans la secte des Nazaréens, qui fait voir par des preuves incontestables tirées des prophètes qu'enfin le temps est venu que Sion doit être rebâti et que le Dieu de l'Univers doit être adoré dans sa pureté. *Réjouissez-vous, fille de Sion, votre heure est prête...* Il ne manquera rien à notre bonheur si vous voulez bien joindre vos prières aux nôtres dans nos synagogues afin de hâter la venue du véritable Messie...

Ce qui réjouit par-dessus tout les rabbins d'Amsterdam c'est le triomphe de leur méthode littérale d'exégèse à propos du Messie. Rien n'est plus conforme à leurs idées, rien aussi n'est plus opposé aux conceptions *nazaréennes* que le tableau où Jurieu a dépeint le futur règne de Dieu après la prochaine destruction du papisme.

Vous prouvez très bien que le Messie promis à Israël doit être conquérant et toute la Nation Juive vous est fort obligée de l'aveu sincère que vous faites en cet endroit, que cela ne peut point s'entendre de la Passion de votre Messie, comme la plupart des Chrétiens l'entendent par une pieuse accommodation... Nous avons été ravis de voir que vous convenez entièrement avec nos Docteurs sur le sens de cette prière qui

---

1. *Lettres choisies*, I, 318.

est très ancienne dans nos Synagogues : *Ton règne arrive.* Vous avez raison de dire que Dieu n'a point encore régné dans le monde.

Mais bientôt aux congratulations narquoises du début ces pénétrants rabbins joignent les avertissements les plus graves. Il s'agit d'éclairer le ministre sur les destinées de cette religion à laquelle il croit encore appartenir et de lui en révéler les plus redoutables adversaires. Ces ennemis de la secte nazaréenne, ce sont d'abord les Origène' et les Augustin qui ont par leurs allégories détruit sans doute le Judaïsme, mais n'ont pas moins profondément miné le Christianisme véritable. Ce sont encore ces autres amis de Jurieu, les nouveaux réformateurs, dont ils essaient de représenter l'œuvre religieuse en commentant une estampe alors fort répandue :

Les vôtres ont représenté la secte Nazaréenne comme un grand édifice déjà presque ruiné et abattu. Sur le toit on voit le docteur Luther qui en fait sauter le comble; sur les murs Calvin et Zwingle paraissent qui travaillent de toutes leurs forces à les jeter à bas; Socin frappe les fondements, et c'est à vous, Monsieur, que la Providence a réservé d'en achever la destruction... Aussi, nous faisons tous les jours à l'Adonaï dans nos synagogues des vœux pour votre personne, le suppliant qu'il veuille continuer en vous son esprit prophétique, et qu'il se serve de votre ministère pour faire entrer toutes les nations dans notre Alliance.

On sait comment Jurieu avait riposté aux véhémences oratoires du *Cinquième Avertissement aux Protestants.* Bossuet l'accusait de varier et de se contredire à l'infini dans ses doctrines, comme son Église d'ailleurs l'avait toujours fait. Au lieu de s'en tenir comme les Claude et les Basnage, aux termes d'un plaidoyer simplement défensif, et de prétendre montrer contre l'évidence que son Église n'avait pas varié, il avait eu l'idée hardie de porter la guerre dans le camp adverse et de faire voir quelle place tenaient dans l'histoire des dogmes ces variations dont on triomphait contre lui. Mais que répondre aux inci-

sives railleries de ces rabbins si joliment ironiques? Et
quel trait de dialectique opposer à l'érudit profond qui
sous leur nom embrassait toute l'évolution dogmatique de
l'Église et élevait le débat si fort au-dessus des disputes
confessionnelles? Jurieu prit donc le meilleur parti, celui
du silence. Il fit mieux encore, il supprima de son livre, à
la seconde édition, le chapitre contre R. Simon, et
comme sa prophétie ne paraissait décidément pas en voie
de s'accomplir pour 1689, il se résolut non moins sagement à en renvoyer la réalisation à une date plus éloignée.

R. Simon, dans la Préface de son ouvrage, avait adressé
un appel aux lecteurs érudits, demandant qu'on l'aver-
tît charitablement de ses fautes et ajoutant avec un
accent de sincérité qu'on ne voit pas de raison de suspecter : « Il est bien raisonnable qu'après avoir fait la critique d'un si grand nombre d'auteurs, je me soumette
moi-même à la censure des autres. » On a vu si les critiques furent sourds à cet appel, et si les réflexions, plus
ou moins charitables, lui furent ménagées. L'érudit normand pouvait trouver que c'était assez disputer, et dire
enfin à son tour, après le héros antique : *Nunc cæstus
artemque repono*. Un nouvel adversaire, mieux armé que
les autres, ne lui en laissa cependant pas le loisir. C'était
Jean Le Clerc, dont l'attaque, aussi vigoureuse qu'habile,
allait laisser un long souvenir dans les églises de la
Réforme. Ce dernier épisode de la polémique simonienne
ne paraîtra pas sans doute à ceux qu'intéresse l'histoire
des idées religieuses, indigne d'être raconté avec quelque
détail.

CHAPITRE IX

RICHARD SIMON ET JEAN LE CLERC

On connaît l'agréable page, devenue justement classique, où La Fontaine, tout en contant les propos de table qui accompagnèrent « la défaite d'un pâté », met si finement en parallèle les deux plus célèbres journalistes de son temps : Pierre Bayle et Jean Le Clerc[1]. Entre le premier qui est plus vif et le second qu'on s'accorde à trouver plus grave, la balance reste adroitement suspendue : Bayle ne manque pas l'occasion d'un trait piquant et satirique ; « Le Clerc, pour la satire a bien moins d'habitude », mais, ses doctes qualités ne le font pas moins priser des gens de goût :

> Il est savant, exact, il voit clair aux ouvrages.
> Bayle aussi. Je fais cas de l'une et l'autre main.
> Tous deux ont un beau style et le langage sain.
> Le jugement en gros sur ces deux personnages
>   Et ce fut de moi qu'il partit,
> C'est que l'un cherche à plaire aux sages,
> L'autre veut plaire aux gens d'esprit.

Est-ce à dire que ce grave Le Clerc, le premier, semble-t-il, des journalistes doctrinaires, n'ait pas, lui aussi, sa

1. Lettre à M. Simon de Troyes, février, 1686.

fine pointe d'ironie et de satire? La Fontaine ne se fût pas
hasardé à la lui dénier :

> Il paraît circonspect, mais attendons la fin :
> Tout faiseur de journaux doit tribut au malin.

On n'aurait au surplus, pour se convaincre de ses
talents de vif et mordant polémiste, qu'à parcourir ses
deux ouvrages contre R. Simon : *Les sentiments de quelques
théologiens de Hollande*, et la *Défense des sentiments*[1]. Et
si l'on en voulait un témoignage de plus, il suffirait de se
rappeler le labeur extraordinaire que dut, pour répondre à
ce jouteur singulièrement expert, s'imposer R. Simon, ne
quittant de plusieurs semaines sa table de travail, et ne
vivant que de quelques tasses de chocolat absorbées à la
hâte, et sans désemparer[2]. Une pareille fièvre d'activité
surprendrait moins chez le grand exégète, si la lecture
de quelque rabbin l'eût provoquée : mais c'était un simple
journaliste de Hollande qui s'en trouvait être l'auteur par
une critique toute d'occasion et de circonstance : voilà
qui ne fait pas un médiocre honneur au « folliculaire »
calviniste, et vaut à ces deux ouvrages une comparaison
au moins rapide avec l'*Histoire Critique du Vieux Testament*.

---

1. J. LE CLERC, *Sentiments de quelques théologiens de Hollande* sur
l'*Histoire critique*, Amsterdam, 1685; *Défense des Sentiments* contre la
réponse du *prieur de Bolleville*, Amsterdam, 1686. Ce sont deux
recueils de lettres dans la manière libre et courante des articles de la
Bibliothèque universelle, qui faisait d'ailleurs à cette même date sa première apparition.

2. Son neveu Bruzen de la Martinière nous apprend (*Lett. ch.
préf.*) qu'à ce régime R. Simon contracta une longue et douloureuse
maladie d'entrailles : il aurait eu peut-être plus de droits que le bon
Horace à écrire : *Ventri indico bellum.*

I

Il semble, à première vue, que jamais discussion n'ait
eu pour origine des motifs plus petits, des préoccupations plus personnelles. R. Simon avait publié, sous le
nom d'Origène, un projet de Polyglotte, où il reprenait, en
les développant, quelques-unes des conclusions de son
ouvrage. Il s'adressait dans cette brochure aux critiques
de profession et leur demandait de lui communiquer
leurs réflexions sur ce projet. Jean Le Clerc, qui était alors
professeur de belles-lettres, de philosophie et d'hébreu à
Amsterdam, répondit, sous le nom de Critobulus Hieropoli-
tanus, par une longue lettre latine où les éloges les plus
chaleureux n'étaient pas plus ménagés à la nouvelle entreprise du second Origène qu'à son Histoire Critique. Le
Clerc laissait seulement percer le désir, d'ailleurs fort
honorable, d'une collaboration plus ou moins directe aux
travaux de la polyglotte. Rien n'était moins dans les vues
de R. Simon : il répondit sèchement au jeune érudit
qu'on croyait n'avoir rien oublié de tout ce qu'il remarquait dans une lettre où les erreurs au surplus ne manquaient pas. Puis il fit défense à son libraire de rien imprimer de tout ce que Le Clerc pourrait écrire sur ce sujet[1].
De tels procédés n'étaient peut-être pas exempts de
quelque hauteur. R. Simon, qui les raconte fort complaisamment, ne paraît pas s'en être un seul instant douté.
Il n'est pas sûr, on le voit, que la persécution améliore
toujours les hommes. Le caractère non moins aigri de Le
Clerc, qui avait aussi beaucoup souffert dans sa propre

____

1. Les premières pages de la lettre de J. Le Clerc et la réponse de
R. Simon sont en tête de la *Réponse aux Sentiments* qui, dans toutes
les éditions, fait partie des annexes de l'*Histoire Critique*.

confession religieuse, serait là au besoin pour en fournir une autre preuve[1].

Le jeune professeur se tint pour offensé, et, se rappelant une sorte de défi qu'en tête de *l'Histoire Critique*[2] Richard Simon avait adressé aux protestants, en paraissant douter qu'ils fussent en mesure de répondre solidement à son ouvrage, il se résolut de relever le gant.

Sa première éducation théologique avait été très forte : élève de Mestresat et de Turretin, il avait montré dans un ouvrage de jeunesse, les *Lettres de Libérius de Saint-Amour*, une rare connaissance de l'Écriture et des anciens Pères, en même temps qu'un dédain profond de l'esprit de la scolastique. Sans doute, en cherchant, comme il le faisait dans ce premier ouvrage, à enlever aux mystères du christianisme tout ce qu'ils ont proprement de mystérieux, il se retranchait lui-même assez hardiment de l'orthodoxie de la Réforme, mais il se plaçait du même coup parmi l'élite intellectuelle du protestantisme au xvii" siècle, et allait prendre rang à côté des illustres latitudinaires de cette époque, Jean Locke et Philippe de Limborch, qui devaient bientôt d'ailleurs devenir ses amis.

S'il fallait en croire certains biographes de R. Simon, jamais adversaires n'auraient été au fond plus près de s'entendre[3]. Séparés par des motifs purement personnels, les deux antagonistes auraient été en somme guidés par les mêmes principes et animés du même esprit. Jean Le Clerc

1. Le Clerc apportait dans les discussions une âpreté d'humeur dont s'amusait fort Fontenelle. Comme le journaliste de Hollande voulait l'engager dans une polémique contre le Père Balthus au sujet des Oracles : « J'aime mieux, lui répondit-il, que le diable ait été prophète, puisque le père jésuite le veut et qu'il croit cela plus orthodoxe. » Le Clerc n'eût pas aussi aisément lâché prise.

2. « On aurait de la peine à trouver parmi les Protestants un homme capable d'y faire réponse. » *Préf. de H. C.*

3. C'est en particulier l'opinion de Bernus dans une étude déjà citée plus d'une fois sur R. Simon.

n'adopte-t-il pas la plupart des idées nouvelles émises par R. Simon? et R. Simon de son côté ne témoigne-t-il pas de ce goût pour la libre critique et l'investigation sans limites qui sont les traits propres de l'école de Jean Le Clerc? On n'aurait donc ici qu'un conflit d'amours propres, non une bataille d'idées, ou du moins la discussion, toute ardente qu'elle est, ne porterait que sur des questions de détail, et ce serait une fois de plus la preuve, si souvent administrée dans les querelles théologiques, qu'on ne dispute jamais plus âprement qu'entre gens qui sont à peu près du même avis.

Que la discussion n'ait pas toujours en effet plus de portée qu'avec Vossius ou Jurieu, qu'elle semble se réduire aux très humbles proportions d'un débat purement confessionnel, c'est ce qu'il n'est guère possible de nier. Le Clerc a beau passer aux yeux de ses coreligionnaires pour un esprit téméraire, sinon pour un hérétique, il n'en est pas moins de ce parti religieux qui le condamne, et il faut voir avec quel zèle il couvre les siens. Non seulement Cappel et Lightfoot sont défendus contre des attaques à la vérité tout imaginaires; mais Buxtorf et surtout cet « illustre Monsieur Bochart », si fort maltraité par R. Simon, sont comblés d'éloges, tout à fait inattendus. L'auteur du grand ouvrage sur les *Animaux de la Bible* n'avait obtenu qu'une assez dédaigneuse mention dans l'*Histoire Critique*; grand faiseur d'étymologies, y était-il dit en passant, et dont l'érudition consiste à se servir de quelques dictionnaires. Sur quoi le théologien de Hollande prend feu et s'indigne de voir refuser à *l'incomparable* Bochart les louanges que tous les savants de l'Europe lui ont données jusqu'à présent. C'est Le Clerc cette fois qui dut tribut au malin : R. Simon ne manqua pas une si belle occasion d'exposer avec une verve plaisante la méthode étymo-

---

1. *Défense des Sentiments*, 2ᵉ lettre et *Réponse*, p. 72.

logique de l'érudit protestant : on sait, dit-il, que, d'après le Coran, Mahomet monta sur un animal devenu fameux dans son histoire et qui porte le nom de Borac. Quel est ce borac, d'ailleurs inconnu des philologues aussi bien que des naturalistes? Pour Bochart, nul embarras ; rien ne lui est plus facile que de montrer que c'est une bourrique, car bourrique est un ancien mot phénicien dont se servaient les Arabes, et des témoignages multiples permettent d'ailleurs d'affirmer que les bourriques de ce pays-là sont fort légères à la course. Veut-on savoir, en bref, la place de Samuel Bochart? elle est à côté de cet extraordinaire Guillaume Postel qui faisait d'Abraham le père des Brahmanes, considérait les Juifs ou Joudis comme les ancêtres des Hindous ou Indi, et assurait que le mot *chalan* signifie en hébreu à la fois fenêtre et astrologie, parce que les astrologues ont une lucarne ouverte sur les choses divines.

Visiblement, le malicieux exégète s'amuse : pourquoi aussi l'y invite-t-on, moins encore en louant à côté qu'en s'inspirant dans un tel débat de préjugés de parti? Ceux qui cependant concluraient de là que cette nouvelle polémique n'est qu'un assaut de traits d'esprits ou d'anecdotes érudites, une discussion de pure forme sans portée générale ni conséquences lointaines, ne pourraient guère, on va le voir, se tromper plus gravement.

II

Sans doute Le Clerc a commencé par se mettre à l'école de R. Simon. Il est incontestablement son élève et l'on aurait peine à exagérer tout ce qu'il lui doit. Au moment même où il le combat, l'influence involontairement subie de ce maître reste encore indéniable. La remarque du reste n'est pas à son désavantage, et sa valeur personnelle n'en est pas diminuée. Est-ce qu'il n'est pas ridicule, dira Gœthe, de reprocher à un homme bien portant les bœufs, veaux, moutons qui ont servi à sa nourriture? et l'on sait si la plupart des théologiens du temps ont su choisir aussi bien leurs aliments. Le Clerc, par exemple, ne veut pas que les rédacteurs du Pentateuque et des parties historiques de la Bible soient des scribes publics, et il traite même cette hypothèse de rêverie digne de Tycho-Brahé et de Descartes[1]. Mais, que ce soient des rédacteurs officiels ou des écrivains particuliers, qui donc lui a appris que ce ne pouvait être en tout cas ni Moïse, ni les personnages mentionnés par une plus ou moins tardive tradition[2]? Il estime encore que le livre de la Loi a été rédigé par le Sacrificateur israélite envoyé de Babylone pour instruire les nouveaux samaritains, et que les autres livres, d'attribution incertaine, sont des recueils d'anciens mémoires : mais de qui donc tient-il cette idée de compositions anonymes, de date et d'origine différentes, antérieures aux écrits définitifs que nous avons aujourd'hui? Il reproche à R. Simon de n'avoir pas dit assez explicitement dans son ouvrage quelle occasion a fait prendre la plume aux auteurs sacrés, à quels événements ils font allusion, puisque aussi bien, dit-il, il ne s'agit pas ici de vérités éternelles comme dans un livre de géométrie. Mais qui donc a éveillé son attention sur ces questions qu'il n'était jamais venu à l'esprit de personne de

---

1. *Sentiments*, p 92. A quoi R. Simon répond très fortement : On fait des systèmes en histoire comme en philosophie. Tout système qui est appuyé sur de bons principes est vrai en quelque matière que ce soit. *Réponse*, p. 94 et 100.

2. L'adhésion de J. Le Clerc semble même à R. Simon créer un danger nouveau. Il ne veut pas d'un Arminien pour allié : il limite donc ses affirmations, se corrige, fait des réserves. De là, la *Lettre touchant l'Inspiration des livres sacrés*, où les Scribes inspirés sont encore défendus, mais avec une circonspection marquée : l'œuvre critique de R. Simon est aussi une œuvre de stratégie.

se poser, et à qui donc Le Clerc doit-il en définitive cette conception tout historique de la vérité des Livres saints? De même, n'est-ce pas l'influence de R. Simon qui se fait encore sentir sur lui, lorsque, reprenant à son compte sa critique si incisive de l'orthodoxie calviniste, il demande où la Bible enseigne la Trinité, dans quel passage Jésus-Christ s'est donné pour la seconde personne divine et s'est attribué les deux natures, ou bien encore lorsque, avec une verve imitée manifestement de l'exégète oratorien, il raille les traductions protestantes de la Bible, leurs pieux et amphigouriques commentaires sur l'habit de feuilles de figuier, figure de la justification, ou les effets des Sacrements représentés par l'arbre du Paradis [1]?

Ajoutons que, sur plus d'un point, le journaliste hollandais semble avoir voulu faire avec le narquois polémiste assaut de traits piquants : celui-ci avait invoqué l'autorité d'Eusèbe, de Théodoret, de Jérôme pour établir que l'attribution du Pentateuque à Moïse est loin d'être universelle : belle occasion pour Le Clerc de nous conter l'histoire de ce fameux chicaneur, nommé Ouï-dire, qui tenait école de chicanerie [2]! Et combien, en digne émule de Bayle, ne semble-t-il pas goûter les délices de la contradiction! R. Simon avait expliqué l'incohérence de certains textes par l'interversion des petits rouleaux sur lesquels ils étaient écrits. Non pas, dit Le Clerc, les rouleaux étaient fort gros, car on ne doit pas, comme chacun sait, multiplier les êtres sans raison dans la critique non plus que dans la science des corps. De plus, il est dit que Joakim découpa les livres de l'Écriture avec son canif avant de les jeter au feu : précaution inutile si les volumes avaient été tout petits [3]! Comme si, dira R. Simon

1. *Sentiments*, 34.
2. *Sentiments*, p. 129.
3. *Sentiments*, 8e lettre ; cf. *Réponse*, ch. IX.

un prince aussi colère que Joakim n'avait pu donner
de fureur des coups de poinçon dans les rouleaux, et
s'était donné la peine de les dépecer pour l'auto-da-fé
qu'il en voulait faire.

Toutefois, il ne faut pas s'y tromper : c'est sur des
questions de la plus haute importance qu'est engagé le
débat. Il ne s'agit de rien moins en effet tout d'abord que
de l'idée qu'on doit se former de la composition des livres
saints. J. Le Clerc, en somme, malgré la hardiesse de
quelques opinions de détail, en est encore à l'opinion traditionnelle que les livres saints ont été composés selon
des procédés analogues à l'historiographie moderne et
que les écrits, fixés dès le premier jour, ont gardé une
forme désormais arrêtée et inviolable. Ce que R. Simon
pense de cette conception, on l'a déjà vu; on le voit
mieux encore par les discussions particulières qui, dans
sa polémique avec Le Clerc, se rattachent à ce point fondamental. On se souvient avec quelle insistance R. Simon
signale les répétitions, les doublets, plus ou moins manifestes dans les écrits bibliques, indice non équivoque à ses
yeux d'un procédé de composition successif et anonyme.
Erreur, s'écrie Le Clerc, ces répétitions s'expliquent
simplement par l'emphase oratoire propre aux écrivains
orientaux [1]. — Mais, demandera R. Simon, quelle préoccupation oratoire peut-on bien trouver dans les répétitions
du récit du déluge, et comment ne pas voir que des
scribes ont glosé la Pentateuque, comme les premiers
théologiens du christianisme ont doublé certains versets
du Symbole, commentant le *sepultus* par le *descendit ad
inferos* et complétant la formule *sanctam ecclesiam* par
la formule *sanctorum communionem* [2] ? De même, Le Clerc
ne peut admettre que le rôle de glossateur ou d'abrévia-

1. *Sentiments*, p. 171.
2. *Réponse à la Défense*, ch. IX.

teur des anciens mémoires ait été rempli, comme l'avait insinué R. Simon, par les *moscelim* hébreux, gens subtils et habitués à parler par sentence[1]. — Pourquoi, répond R. Simon, les auteurs de ces *maschal* qui constituent le fonds de la littérature hébraïque, n'auraient-ils pu remplir les fonctions de scribes publics, chargés de reprendre sans cesse à nouveau, de remanier et de remettre au point les anciens textes ? Est-ce que Racine et Boileau, qui eussent fait assez bonne figure parmi les *Moscelim*, n'ont pas été aussi des historiographes ? On trouvera peut-être plus spécieuse que solide cette ingénieuse comparaison, et l'on se demandera si l'hypothèse des scribes officiels méritait d'être défendue, surtout par de tels arguments. Mais qu'on veuille bien réfléchir que cette vue, aujourd'hui abandonnée, était alors l'idée novatrice, qu'elle mettait directement sur la voie des conceptions modernes, et qu'il y avait en somme autant d'analogie entre la thèse de J. Le Clerc et celle des scolastiques qu'il y avait d'affinité entre la théorie de R. Simon et les conclusions de l'exégèse contemporaine sur la pluralité, les remaniements successifs, l'état longtemps amorphe et flottant des documents primitifs. C'est dire quel abîme sépare en exégèse les deux adversaires, et il est aisé de voir, en même temps que la divergence des méthodes, la différence des deux natures d'esprit. J. Le Clerc est un pur critique, d'intelligence négative, de logique étroite et fort peu hospitalière : orienté vers la découverte et la démonstration de l'absurde en tout écrit, il porte à la perfection l'art de ne pas comprendre. R. Simon est un critique aussi, mais un critique inventeur. Il présente l'union si rare de l'esprit de discussion et du génie des découvertes : avec une imagination assez puissante pour créer des hypothèses et les coordonner en systèmes, il a trop de pénétration pour ne

____

1. *Sentiments*, 9e lettre. Cf. *Réponse*, ch. X.

pas les soumettre au plus minutieux contrôle. Son génie
est un composé de dialectique et d'intuition : celle-là
pour renverser les opinions accréditées par une vague
tradition, celle-ci pour y substituer des vérités aussi
fécondes qu'originales. Quand Le Clerc le comparait, avec
l'intention de le ridiculiser, à Descartes et à Tycho-Brahé,
il n'était pas heureux en fait de sarcasme : il n'était lui-
même, en matière d'exégèse, qu'un médiocre élève de
Ptolémée.

Les Sentiments de quelques théologiens de Hollande
mettent en ligne contre R. Simon trois savants qui dia-
loguent entre eux à propos de l'*Histoire*. Si l'un d'eux est
un érudit de quelque mérite, les deux autres doivent être
à coup sûr des théologiens de profession. On n'a qu'à voir,
en effet, la place que tient la théologie dans cette polémique. Ce n'est pas le biais le moins instructif pour comparer ensemble les deux adversaires.

III

On pourrait au premier regard prendre Jean Le Clerc
pour un sceptique, et lui faire dans la théologie protestante la même place qu'on assigne à Charron ou à Huet
parmi les théologiens catholiques. Non seulement il se
plaît, comme Calvin, à démontrer les contradictions et
les obscurités de la Tradition, à faire résonner à toutes
les oreilles le tintamarre des cervelles théologiques ; non
seulement il met sa joie à conter les cabales et les coteries
d'où sont sorties les définitions des conciles [1] ; mais il
n'est pas jusqu'aux conceptions protestantes de l'inspiration biblique qu'il ne raille impitoyablement ; que pense-
t-il en somme de l'infaillibilité littérale de l'Écriture, le
dogme alors fondamental des Églises protestantes ? Com-

1. *Sentiments*, la 3ᵉ lettre en particulier.

ment juge-t-il la règle capitale de leurs docteurs, de n'interpréter l'Ancien Testament qu'à la lumière du Nouveau ? Quel cas fait-il d'une exégèse qui, de parti-pris, donne le pas aux interprétations dogmatiques et morales sur les explications grammaticales et historiques? Sur tous ces points, il ne professe pas d'autres sentiments que ceux de R. Simon : or, on sait si les champions de l'orthodoxie protestante avaient ménagé à R. Simon le reproche de scepticisme : J. Le Clerc ne devait pas y échapper davantage.

Cependant, malgré ces apparences pyrrhoniennes, en dépit même des accusations dont il fut l'objet, Le Clerc est bien un pur dogmatique, et ce n'est pas une autre raison qu'il faut chercher de son antagonisme contre R. Simon. Rien ne le choque plus dans l'*Histoire critique* que les formules dubitatives de l'auteur : ce n'est pas lui certes, qui ayant à écrire de Moïse et du Pentateuque, insinuerait timidement son opinion à l'aide d'un *il se peut faire*, ou d'un *il y a de l'apparence*. De même encore, à ce principe si profond de la critique simonienne qu'il serait dangereux de vouloir corriger un livre de l'Écriture par un autre, il opposera cette question qu'il croit triomphante et qui n'est que la formule du dogmatisme historique le plus borné : « Y a-t-il donc deux sortes de vérités et ce qui est vrai dans un temps est-il faux dans un autre ? » [1] Veut-on un témoignage de cette pente habituelle de son esprit à substituer à la vie réelle du passé « des raisonnements de métaphysique » comme les appelle R. Simon? L'auteur de l'*Histoire critique* avait établi que le mot *scéol* signifie de lui-même *sépulcre*, et non pas un lieu souterrain où les âmes seraient punies ou récompensées après la mort, si ce n'est par une extension abusive de signification. Que répondra Le Clerc aux textes nom-

1. *Sentiments*, p. 81.

breux et décisifs sur lesquels s'appuyait R. Simon? « Il semble tout à fait absurde, affirme-t-il, que les païens aient su qu'il y avait une autre vie plusieurs siècles avant qu'on en parlât parmi le peuple de Dieu ». Cette argumentation *ex absurdo*, il faut bien le reconnaître, ferait sourire même dans la bouche d'un scolastique. Mais comment ne pas s'étonner de voir chez un des plus libres esprits de la Réforme cette audace tranquille à subordonner les faits aux conceptions personnelles et aux vues dogmatiques? Et le moyen de nier que les théologiens dissidents du xviie siècle n'aient fait qu'établir un moyen âge protestant sur les ruines du moyen âge catholique? R. Simon, qui avait combattu, non sans peine, certains à priori de la scolastique, n'était pas d'humeur à laisser tranquillement s'élever sur le terrain de l'exégèse les constructions métaphysiques de ces modernes *raisonneurs* [1].

Tel est, en effet, le nom qu'il s'amuse à donner à Jean Le Clerc, et tel est aussi son caractère essentiel. Rationaliste au sens le plus étroit du mot, il ne conçoit le christianisme que comme l'œuvre de la seule raison, et son but n'est autre que d'en éliminer un à un tous les éléments surnaturels. Comme Locke, il dirait volontiers que le premier caractère de la religion c'est d'être raisonnable. « La religion, dit-il, ne consiste qu'en deux choses que la raison nous apprend : la nature du souverain bonheur et les moyens d'y parvenir [2]. » C'est précisément à quoi se réduit ce qu'on nomme révélation, une fois épuré par la philosophie, dégagé des superstitions populaires et purgé de merveilleux. Aussi la raison, devenue propriétaire du christianisme, en bannit-elle toutes les conceptions enfantines du passé : comme le remarque R. Simon, le Dieu des *théologiens de Hollande* est un Dieu abstrait et

---

1. *Réponse à la Défense*, p. 217.
2. *Défense des Sentiments*, 3e lettre.

métaphysique[1] ; leur Jésus, un pur concept de l'entendement, l'universel *a parte rei* des réalistes du moyen âge, une entité logique sans rapport avec l'Écriture. Ce n'est pas assez encore : leur rationalisme étroit et timide s'effarouche des formules si profondément historiques de R. Simon, que Dieu fut le chef du peuple d'Israël, que l'Écriture est une prophétie, que les prophètes furent les vrais législateurs du monde juif[2]. J. Le Clerc, dans une discussion toute littéraire qui fit grand bruit à cette époque, reprochait vivement à Boileau d'avoir prétendu que le *Fiat lux* fût un mot sublime : il n'était pas homme à accorder à R. Simon que l'histoire des Hébreux est proprement divine et qu'elle offre rien de plus que d'utiles connaissances, d'ailleurs fort terre à terre et très platement raisonnables.

Il n'en faut pas plus pour voir quel abîme sépare en réalité ces deux esprits qu'on estime en général si près de s'entendre. R. Simon savait combien la Révélation est irréductible à la seule sagesse rationnelle, et c'était sa préoccupation la plus constante de montrer combien le contenu positif de la religion la distingue de la philosophie, fût-ce même la philosophie scolastique. Dire, comme Le Clerc, que la créance des hommes, quelle qu'elle soit, n'est jamais qu'une créance humaine fondée sur des raisonnements humains, lui paraissait non seulement la négation même de l'histoire tout entière, mais le témoignage d'une absence complète de sens historique : « La critique en théologie, concluait-il admirablement, ne s'acquiert pas seulement en cultivant sa raison. » Mais à ce rationaliste, épris de logique pure et d'évidence abstraite, comment faire comprendre que toute son épineuse scolastique de socinien dogmatisant ne valait pas l'humble

1. *Réponse*, p. 135.
2. *Défense*, 5ᵉ lettre.

et naïve soumission du simple historien aux réalités du passé ? Ils n'appartenaient pas seulement, on le voit, à des confessions religieuses distinctes : élèves de méthodes différentes, ils représentaient des familles d'esprit complètement opposées.

Ajoutons que Le Clerc, en somme, n'était pas lui-même exempt de ce parti-pris dont il accusait les théologiens catholiques. Était-ce l'effet des condamnations récentes qui venaient de frapper l'*Histoire Critique* ? Pour lui, la science, dans cette antique fraction des églises chrétiennes, était nécessairement et comme par définition dépourvue de tout esprit critique. Enchaînée à des autorités, la spéculation théologique lui paraissait à tel point futile et vide de sens, qu'il ne pouvait s'empêcher, même en discutant avec un R. Simon, de prétendre enfermer à chaque pas le catholique dans l'absurde. Quoi de plus contradictoire dans les termes que cette prétendue science catholique dont les démarches ne sont pas moins étroitement surveillées que le terme n'en est prévu et fixé d'avance ? Et à quelle vaine dialectique n'est pas réduit le théologien, quand la seule tentation de mettre en question la crédibilité du contenu de ses thèses est traitée d'impiété et de crime ? Très fier de sa liberté de théologien émancipé, Jean Le Clerc, on le voit, déniait à toute autre école de chercheurs religieux l'indépendance, pour ne pas dire la loyauté scientifique. Il oubliait que c'est précisément le propre du génie de se jouer parmi les entraves qui semblent l'enserrer de toutes parts, et il n'avait pas sans doute assez médité la belle parole de Lancelot « que le soleil ne luit pas seulement dans notre cellule ».

R. Simon n'eut pas de peine à l'en convaincre. Partout il montre de quelle conception étroite du christianisme procèdent ces procédés absolus d'argumentation. Qu'est-ce que ce socinianisme qu'il lui reproche à toutes les pages, sinon la vaine prétention de faire de la religion une série de propositions toutes dogmatiques, et qu'on ne doit aborder qu'avec la seule raison [1] ? Est-ce que sa théologie arminienne n'amoindrit pas le christianisme de tout ce qu'elle lui enlève de mystérieux et de surnaturel, et peut-on oublier que si l'apostolat primitif a rencontré des obstacles, c'est parce que la vérité nouvelle paraissait trop raisonnable non seulement au peuple, mais aux philosophes mêmes ? Plus tard l'arianisme, avec ses doctrines soi-disant plus logiques, n'a-t-il pas été en réalité beaucoup plus absurde que l'orthodoxie ? Et n'est-ce pas le rationalisme du moyen âge qui a fait déchoir la théologie chrétienne de son incontestée domination sur tous les esprits ? L'histoire n'est donc pas moins hostile que le bon sens aux tentatives de religion rationaliste, et alors de quel droit un socinien vient-il refuser à un théologien catholique le droit de spéculer sur les matières religieuses ? Mais il est un argument plus efficace que ces procédés tout personnels de réfutation : c'est de montrer qu'en fait la recherche scientifique est partout possible et légitime.

Les moyens ne manquaient pas en effet à R. Simon pour s'évader de ce prétendu cercle d'absurdités où l'on prétendait l'enclore. C'était d'abord la distinction, qui est un des traits saillants de son œuvre, entre sa foi de catholique et sa science d'exégète historien. Il semble bien que pour lui, comme pour Pascal, si l'unité est fondamentale dans l'esprit humain, ses modes d'activité n'en constituent pas moins des catégories irréductibles : il y faut distinguer plusieurs ordres, la pensée et la charité, qu'on ne gagne rien à confondre. C'était encore cette conception si profonde, et encore aujourd'hui si nouvelle, de la valeur foncièrement relative de tout enseignement philosophique ou reli-

1. *Sentiments*, 15ᵉ lettre.

gieux : « Les apôtres, disait-il, dans une phrase qu'on ne doit pas oublier, ont usé d'économie dans leurs discours[1] », et il entendait bien par là que c'était le plus heureux privilège de l'Église de pouvoir faire toujours de même. Ainsi la souplesse, le mouvement et la vie entraient dans ces définitions théologiques dont l'enveloppe pouvait bien rester permanente, mais dont la pure substance allait sans cesse en s'enrichissant. C'était enfin cette antique et toujours nouvelle doctrine d'Origène que la Parole divine a de quoi satisfaire toutes les classes d'esprits ; si des images concrètes sont plus efficaces pour la majorité des hommes, les hautes idées que couvre le voile de l'allégorie sont faites pour répondre à toutes les exigences des esprits mûrs et affranchis. A Le Clerc qui lui objectait les puérilités de l'histoire biblique de la création, R. Simon répondait en effet en s'appuyant de l'autorité de Cajetan, et c'est par là qu'il terminait sa discussion avec le critique rationaliste. Après avoir cité la comparution des animaux devant Adam, la création de la femme, à défaut d'aide semblable à l'homme, comme autant de récits littéralement ridicules, selon ce savant cardinal : « Il n'y a pas, disait R. Simon, de Tradition constante dans l'Église qui nous oblige (plus que lui) à croire qu'il faille expliquer à la rigueur de la lettre tout ce qui est rapporté dans la Genèse, touchant la création d'Adam et d'Ève[2]. » C'est par cette largeur de vues en même temps que par la sûreté incomparable et la prodigieuse étendue de son érudition que R. Simon a été le rénovateur de la

---

1. *Réponse aux Sentiments*, p. 137, et tout le chapitre XIII. Cette économie de la révélation, qu'on le note bien, ne doit pas s'entendre, comme dans les écrits de Newman, d'un développement en quelque sorte organique de la vérité religieuse. Il s'agit ici simplement, comme dans Origène, de l'accommodation voulue et réfléchie que l'Église enseignante sait faire de ses doctrines aux divers besoins des fidèles, selon les temps et selon les lieux.

2. *Réponse à la Défense*, p. 216

science religieuse. Jean Le Clerc n'a eu d'autre mérite que de s'en apercevoir juste assez pour lui en témoigner toute sa mauvaise humeur. Critique purement négatif, non seulement il n'a pas eu les intuitions divinatrices du grand exégète; mais on peut se demander s'il a su remplir la première condition de son métier de journaliste. Il avait beau être « exact » et comme nous dirions bien informé; il avait beau « voir clair aux ouvrages ». Il n'a pas su reconnaître que c'était l'originalité de R. Simon d'unir à la profession sincère du catholicisme toute l'indépendance de la science, toute la liberté de la critique.

CHAPITRE X

LES TRAVAUX DE R. SIMON SUR LE NOUVEAU TESTAMENT

Si l'on s'en rapporte à la préface du premier de ces trois grands ouvrages[2], l'*Histoire critique du Texte du Nouveau Testament*, rien n'est plus humble, rien n'est plus exempt de toute ambition théologique, ou même littéraire, que l'entreprise de R. Simon. Qu'on écarte bien loin tout soupçon d'audace ou d'indépendance ; qu'on se garde même de rechercher telles intentions doctrinales, comme on a pu se flatter d'en découvrir dans l'*Histoire du Vieux Testament*. Ce n'est ici qu'un très exact, mais très modeste travail de dépouillement, une œuvre de tâcheron philologique, tout entier à son métier de paléographe et de grammairien. On s'imagine apercevoir sous ce mot de *critique* toute espèce de visées et de prétentions. C'est, dit l'auteur, « un terme d'art (nous écririons aujourd'hui *technique*) et qui est en quelque façon consacré aux ouvrages où l'on examine les diverses leçons pour rétablir les véritables. » On prêtait, déjà même, aux critiques les projets les plus noirs contre tout ce qu'il y a de respec-

2. *Histoire critique du texte du Nouveau Testament*, Rotterdam, 1689 ; *Histoire critique des Versions du Nouveau Testament*, ibid., 1690; *Histoire critique des Commentaires du Nouveau Testament*, ibid.

table et de sacré : « Le dessein de ceux qui exercent cet art, continue-t-il, n'est pas de détruire, mais d'établir. » Entreprise nouvelle et sans précédents aucuns dans l'Église, lui objectait-on. Sur quoi, sans la moindre nuance d'amour-propre, on en conviendra, il se recommande de l'exemple des bons moines qui, « dans les siècles les plus barbares » composaient leurs petits manuels de critique sacrée, leur *Correctoria Bibliæ*, quand il ne s'autorise pas ingénûment de la pieuse pratique de ces amies de saint Jérome, simples et dévotes personnes qui se faisaient un scrupule de laisser la moindre faute dans leur exemplaire des saintes Écritures. Les bonnes dames faisaient de la critique à peu près comme, à une autre heure, elles tenaient leur maison ou faisaient du travail à l'aiguille : c'est justement aussi ce que sa tâche a d'humblement manuel qui agrée si fort à R. Simon. Pour un peu, il dirait de cette *critique*, à laquelle il a voué toute une vie de labeur et les plus rares facultés scientifiques, ce qu'en disait si dédaigneusement La Bruyère : « La critique n'est pas une science, c'est un métier, où il faut plus de santé que d'esprit, plus de travail que de capacité, plus d'habitude que de génie. » Modestie non commune chez un érudit de parler de son œuvre à peu près dans les termes dont l'auteur des *Caractères* fustigeait les prétentions du *Mercure galant*.

Si l'on veut se donner le spectacle d'un parfait contraste, qu'on se rappelle avec quelle superbe, quelle hautaine confiance en elle-même la critique de notre temps se présentait il y a quelque vingt ans au public : « La critique, disait-on, ne connaît pas le respect, elle juge les dieux et les hommes. Cette irrévérencieuse puissance, portant sur toutes choses un œil ferme et scrutateur, est, par son essence même, coupable de lèse-majesté divine et humaine[1] ». Non, ce n'est pas de ce ton que R.

____

1. E. RENAN, *Études religieuses*, préf.

Simon offrait au lecteur ses recherches sur les différentes leçons, sur les traductions et les commentaires du texte sacré. On verra cependant si elles avaient rien à envier aux plus célèbres œuvres de la critique moderne, non seulement par la hardie nouveauté des vues et des méthodes, mais par l'importance des résultats acquis.

On ne saurait trop le rappeler en effet : avant les ouvrages de R. Simon, la critique sacrée n'existait pas comme science distincte et indépendante. Entièrement subordonnée à la théologie de l'École, elle était le monopole exclusif des docteurs scolastiques, et l'on eût fort scandalisé par exemples les Très Sages Maîtres de la Faculté de Paris en prétendant s'autoriser de la seule connaissance de la langue et de l'histoire pour s'aventurer dans ce domaine sacré. Les condamnations multipliées qui naguère avaient accueilli les timides tentatives des Érasme et des Robert Estienne en exégèse sont là, au surplus, pour en témoigner. Or, ce que R. Simon allait entreprendre et accomplir du premier coup, dans ses écrits aux prétentions si modestes, c'était de déposséder les théologiens de cette province la plus jalousement gardée de leur empire, c'était de constituer la critique sacrée, comme science spéciale et autonome, en dehors de toutes spéculations théologiques. Peu d'entreprises plus hardies, en réalité, se sont présentées sous de plus humbles apparences. Si l'on ajoute qu'avec une décision d'esprit aussi ferme, R. Simon montra, dans l'exécution de son dessein, assez de modération et de sagesse pour échapper aux censures des Très Sages Maîtres, et leur faire accepter en quelque manière l'abandon de leurs privilèges exégétiques, on comprendra de quel intérêt non seulement historique, mais encore moral, il peut être de donner une attention même rapide à cette partie trop oubliée de l'œuvre de R. Simon.

I

On a peine à imaginer l'effet que dut produire, en tombant dans le monde théologique d'alors, un livre comme l'*Histoire critique du texte du Nouveau Testament*[1]. La Sorbonne, même en fait d'exégèse, en était toujours à son antique méthode d'autrefois ; le syllogisme et l'a priori n'y fleurissaient pas moins qu'aux plus beaux jours du moyen-âge. Ce qu'avait dit Pétrarque au xiv° siècle, que ses docteurs mettaient un logicien, comme Averrhoës, bien au-dessus des Pères et même des Apôtres, ce qu'avait répété Érasme au xvi°, qu'ils ne connaissaient d'autre science que la logique et se bornaient à saluer, du seuil de son temple, la véritable science des choses divines, Leibnitz le répétait dans le siècle même de R.

1. Le chapitre I a pour titre : La Vérité des Livres du Nouveau Testament, défendue en général contre les anciens hérétiques. A la théorie de Bossuet : « que l'Écriture porte des caractères si vifs de son origine qu'il est difficile de ne la reconnaître pas, quand on la lit avec un esprit de soumission et d'humilité », R. Simon oppose la pratique constante des Pères qui ont établi l'autorité des saints Livres en confrontant, avec les Évangiles ou Actes apocryphes produits par les Sectaires, les exemplaires authentiques et reconnus par la Tradition. Après quelques considérations préliminaires sur les Apocryphes (II-V), il aborde l'étude de chacun des Livres (V-XX), puis traite avec détail la difficile question des citations de l'Ancien Testament dans le Nouveau (XX-XXIII). A propos de l'Inspiration, il soutient contre les théologiens de la Faculté, la thèse des Jésuites de Louvain, qui niaient que tous les mots de l'Écriture fussent inspirés, que les vérités mêmes en fussent immédiatement inspirées, et qu'un livre comme le second des Machabées, eût été l'objet d'aucune autre inspiration que de ce témoignage de l'Esprit-Saint qu'il ne contenait rien de faux (XXIII-XXVI). Viennent ensuite trois dissertations sur le style des Évangiles, sur la langue hellénistique, et sur les exemplaires grecs mss. du Nouveau Testament (XXVI-XXXIII).

Simon, en leur reprochant de prendre la « paille des termes pour le grain des choses », et un jésuite célèbre du temps allait bientôt le confirmer en disant, non sans irrévérence : « Nos scolastiques sont de vrais barbouilleurs[1] ». Non seulement l'ignorance de l'hébreu et du syriaque, que l'auteur de l'*Histoire critique* jugeait non sans raison indispensables à la parfaite intelligence du Nouveau Testament, était toujours la même, mais le grec inspirait à peine moins de défiance qu'au temps, peu éloigné d'ailleurs, où Noël Béda, le célèbre syndic de la Faculté, flairait je ne sais quelle odeur de schisme dans les citations grecques du texte sacré[2]. Sans doute, on n'osait plus comme au siècle précédent, interdire l'enseignement de ces langues à quiconque n'avait pas pris la précaution de se munir d'un *billet* d'orthodoxie près des docteurs compétents[3] ; mais le peu de philologie que distribuaient du haut de leurs chaires les professeurs royaux restait sans influence sur l'exégèse des Facultés et tout l'effort scientifique des illustres Maîtres s'y bornait à commenter les Épîtres de saint Paul selon les principes théologiques de saint Augustin et de saint Thomas[4].

A l'exégèse toute scolastique des docteurs de Sorbonne, qu'opposera d'abord R. Simon ? la science scripturaire des Pères jésuites, et tout particulièrement, chaque fois qu'il aura l'occasion de les citer, les travaux d'un Mariana ou d'un Maldonat sur le Nouveau Testament. Assurément, c'est encore là de la théologie, mais combien plus libre et plus pénétrante que celle dont s'inspirent les docteurs de Sorbonne[5] ! S'ils ont, comme tout théologien, pour principe fondamental de n'introduire jamais dans

1. *Mémoires de Saint-Hyacinthe*, p. 424.
2. R. Simon, *Bibliot. critiq.*, II, 376.
3. *Lettres choisies*, II, 33.
4. *Bibliot. crit.*, II, 87.
5. *Lett. ch.*, I, 176.

leur enseignement aucune opinion nouvelle, leur précieux *Ratio studiorum* limite ingénieusement la portée de cette règle en y ajoutant cette heureuse réserve : « à moins que cela ne se fasse du consentement des supérieurs[1]. » C'est encore une de leurs excellentes maximes « de ne s'attacher, en toute question qu'à la doctrine la plus sûre et la plus approuvée, sans désignation d'aucun maître particulier, saint Thomas plutôt que Duns Scot, saint Augustin plutôt que saint Chrysostome[2]. Aussi, tandis que les théologiens de Paris affectent de tenir pour une décision de l'Église tout ce qu'ils lisent dans leur Bréviaire et vont jusqu'à condamner le cardinal Quignon pour avoir distingué dans les récits évangéliques trois Madeleine différentes, commémorées en un seul office, les jésuites, Bellarmin et Maldonat à leur tête, ne craignent pas de revendiquer la liberté en ces matières, déclarant, par une formule aussi neuve que spirituelle que « ce que croit l'Église, elle ne le croit pas toujours comme étant de foi »[3]. Mieux encore, on a vu parmi eux Maldonat, la gloire de leur ordre, faire profession d'avoir égard en exégèse, non pas au nombre ni à l'autorité des commentateurs, mais simplement à la vérité elle-même[4]. Principe si admirable aux yeux de R. Simon, qu'il se l'approprie en toute circonstance, et qu'il en fait comme l'épigraphe de son œuvre tout entière, en même temps que la devise du véritable critique[5]. Pourquoi faut-il seulement que ces précieux commentaires de Maldonat n'aient pu paraître, sans avoir reçu de ses confrères de Pont-à-Mousson plus d'une fâcheuse retouche, plus d'une regrettable mutilation[6]? et comment se con-

1. *Histoire du Texte*, p. 284.
2. *Bibliot. crit.*, III, 80.
3. *Lett. ch.*, I, 274.
4. *Hist. critiq. des commentateurs*, art. Maldonat.
5. *Hist. crit. du V. T.*, préf.
6. *Lett. ch.*, I, 283.

soler, ajoute R. Simon, qu'après avoir fait paraître jadis tant d'ardeur pour l'étude de l'Écriture sainte, les jésuites l'aient presque complétement abandonnée [1] ?

Mais il ne lui suffit pas d'opposer aux docteurs de Paris ou de Louvain l'excellente école exégétique de la compagnie de Jésus. Quelque éloge, en effet, qu'il accorde à ses représentants, il suit lui-même une ligne sensiblement différente, et c'est par l'exposé de sa propre méthode que, d'un bout à l'autre de son livre, il combat ses adversaires.

Un docteur de la Faculté de Paris avait enseigné naguère qu'il faut éviter par-dessus tout de conférer ensemble les leçons des différents exemplaires de l'Écriture, car leur diversité, quand elle n'engendre pas le doute, fait obstacle à la découverte de la vérité. R. Simon pense, au contraire, que rien n'est plus utile que l'étude des différents manuscrits pour démontrer l'authenticité, la vérité, l'origine divine des Livres Saints [2]. Sans doute on puisera dans cette étude une conception un peu différente de celle qui a cours en Sorbonne sur la teneur même et les vicissitudes sur texte sacré. On apprendra par exemple que si le canon du Nouveau Testament est une règle, ce n'a pas toujours été une règle absolument inflexible et qu'en diverses rencontres le catalogue a pu comprendre tantôt plus et tantôt moins d'ouvrages reconnus et approuvés [3].

On verra encore que si les attributions actuelles des livres sacrés sont dignes du plus profond respect, elles ne constituent pas toutes au même titre des vérités de foi, et un trop grand nombre de catholiques éclairés ont par exemple contesté à saint Paul la paternité directe de l'Épitre aux Hébreux pour que la Faculté de Paris ait

1. *Lett. ch.*, I, 41.
2. *Hist. crit. des commentateurs*, p. 79, art. Pierre Sutor.
3. *Hist. crit. du Texte*, tout le chapitre I.
4. *Hist. crit. du Texte*, p. 231.

véritablement droit de les qualifier de mauvais chrétiens [1]. On apprendra enfin que le texte même a beau être dans son ensemble d'une admirable fixité : plusieurs passages, non sans importance, témoignent d'un certain flottement des formes de la Révélation, et qui peut nier, entre mille autres points, que l'épisode de la femme adultère n'ait longtemps erré d'un Évangile à l'autre, avant de prendre pied au huitième chapitre de saint Jean [2], que la sueur de sang et le message de l'Ange consolateur ne manquent dans quelques-uns des plus anciens manuscrits de saint Luc [3], et que le passage des trois témoins célestes ne fasse défaut dans tout ce qu'il y a de bons et valables exemplaires [4]? Que les Docteurs de Faculté, pour ne pas toucher aux vénérables cahiers transmis par leurs prédécesseurs, s'opiniâtrent à maintenir ce passage dans leurs démonstrations contre les sociniens qui le rejettent, à la bonne heure ! et voilà qui prouve leur excellent esprit de corps. Mais quel est, au fond, ce prétendu respect de l'Écriture qui redoute si fort de remonter aux originaux ? Quelle est la valeur de cette théologie soi-disant apodictique et comment ne pas être ici de l'avis de Richelieu qui déclarait toutes ces lumières de l'École incapables de faire le moindre honneur à l'Église dans une controverse où leurs adversaires ne fussent pas des êtres de raison ?

1. *Hist. crit. du Texte*, p. 183.
2. *Ibid*, p. 144.
3. *Ibid.*, p. 134. Les Grecs, dit-il, avaient pris la liberté d'ôter de leurs exemplaires ces deux versets, comme celui où il est dit que Jésus a pleuré, ne pouvant croire qu'il fut tombé dans une si grande faiblesse.
4. *Ibid.* ch. XVIII. Après une longue énumération des anciens manuscrits où ne se trouve point ce célèbre passage, et des Pères grecs et latins qui ne l'ont pas connu, R. Simon conclut en ces termes : « Il n'y a que l'autorité de l'Église qui nous fasse aujourd'hui recevoir ce verset comme authentique ». Un décret du Saint-Office a naguère, comme l'on sait, condamné la thèse de R. Simon comme une doctrine peu sûre (*tuto doceri non potest*) : l'*autorité* lui eût sans doute cette fois encore paru plus décisive que les raisons.

Mais il est, au contraire, un genre de controverse que R. Simon recommande par-dessus tout aux exégètes du Nouveau-Testament, pour développer leur sens historique et critique : c'est la controverse avec les Juifs [1]. Il n'est pas, s'il faut l'en croire, de moyen plus efficace pour acquérir une claire vue de l'état des questions, pour apprendre à poser nettement les problèmes, pour se fournir enfin à soi-même la vérification et comme la contre-épreuve des solutions. Il l'a, du reste, pratiquée lui-même et rien n'est plus instructif que la relation des débats qu'il eut à soutenir avec quelques rabbins. Les Juifs lui allé-guaient, en effet, l'inexactitude notoire de certaines cita-tions de l'Ancien Testament dans le Nouveau. Comment, disaient-ils, faire annoncer à Isaïe l'enfantement virginal de Marie, à Michée la naissance du Messie à Bethléem, à Jérémie, le massacre des innocents, à Osée la fuite en Égypte, aux prophètes en général le séjour du Christ à Nazareth, au psalmiste la résurrection, alors qu'il n'est question de rien de semblable dans l'Écriture, du consen-tement unanime de tous les interprètes désintéressés? A quoi R. Simon répond en quelques chapitres qu'on peut bien citer comme un chef-d'œuvre d'intelligence histo-rique, non moins que de polémique religieuse. Sans doute, remarque-t-il, les Apôtres ont consulté dans leurs cita-tions non le sens littéral et obvie, mais un certain sens allégorique et quelque peu détourné; mais où donc l'avaient-ils entendu recommander, sinon à l'école même de la Synagogue? Si quelquefois leur méthode d'allégo-rie va jusqu'au jeu de mots, pour ne pas dire jusqu'au calembour, comme par exemple, quand le mot *netser*, fleur, écrit par un *tsadé*, est confondu volontairement avec le mot Nazaréen, écrit par un *zaïn*, que font-ils en cela que de reproduire ce jeu d'allitération qui abonde à

1. *Hist. crit. du Texte*, ch. XX, XXI et XXII.

chaque page dans les commentaires du Talmud? Toutes
leurs applications de l'Ancien Testament au Messie ne
sont-elles pas enfin conformes à ce système particulier
d'interprétation qui, sous le nom de *Déras*, constitue
essentiellement toute la littérature juive? Qu'on lise les
Épitres de saint Paul, qu'on lise surtout l'Épitre aux
Hébreux, à la lumière de cette explication, et, en même
temps que ces écrits se trouveront replacés dans leur
cadre naturel et rattachés à leurs procédés fondamentaux
de composition, toutes les difficultés des Juifs s'éva-
nouiront. R. Simon en a fait lui-même l'expérience.
« Ayant donné, dit-il, cette Épitre à lire à un Juif qui avait
une grande connaissance de ses anciens auteurs, il
m'avoua qu'elle ne pouvait avoir été écrite que par quelque
grand *Mékubal* de sa nation. Bien loin de me dire que
saint Paul avait détourné le véritable sens de l'Écriture
par des allégories faites à plaisir, il louait sa science profonde dans les sens subtils de la Bible, et il revenait toujours à son grand *Mékubal* dont il ne parlait qu'avec admiration [1] ». On a là, en somme, sous une forme aisée et non
sans agrément, un des principes les plus étendus de la
critique simonienne : la Religion, tout le monde en convient, est essentiellement un fait : il faut donc l'éclairer de
toutes les comparaisons que peut fournir la science historique, et la connaissance approfondie de l'histoire du
texte sacré n'y apporte pas de médiocres lumières. Quant
aux subtilités de l'École, bien loin d'en résoudre les difficultés, elles ne font qu'épaissir les ténèbres autour de
ce premier mystère qu'est la Révélation.

1. *Hist. crit. du Texte*, p. 248.

II

Ce qui depuis de longs siècles a fait défaut dans l'étude des *textes* du Nouveau Testament, c'est donc en somme l'esprit scientifique. L'esprit scientifique ne paraît pas à R. Simon moins absent de toutes les innombrables *Versions* qui en ont paru : une seule exception doit être faite, c'est en faveur de l'œuvre de saint Jérôme [1].

Qu'on ne s'imagine pas pourtant qu'en assignant une place à part à la Vulgate latine, R. Simon perde une occasion d'en combattre les aveugles admirateurs, trop nombreux dans les Facultés de Théologie. N'a-t-on pas entendu un docteur de Paris affirmer qu'il n'est pas plus permis de faire une nouvelle traduction de la Bible après saint Jérôme, qu'il ne le serait de changer le style de Cicéron en un autre, comme si réformer le style d'un livre, remarque R. Simon, était la même chose que le traduire ?! Un autre théologien de la même Faculté, Pierre Sutor, n'a-t-il pas soutenu que d'attribuer une erreur à saint Jérôme, ou de supposer même qu'il a pu se tromper, étant homme, c'était manifestement parler en hérétique [3]? N'est-ce pas toujours dans la même Faculté qu'on voit embrasser les opinions les plus immodérées sur le sens qu'il faut donner à l'authenticité de la Vulgate, et qu'on se montre le plus éloigné, pour ne pas dire à l'antipode

---

1. *Histoire critique des Versions du Nouveau Testament.* Il y est traité de l'ancienne Version latine et de la Vulgate actuelle (I-XII), de la Version syriaque (XIII-XV), des autres Versions orientales (XVI-XX), des Versions latines modernes faites sur le grec (XXI-XXVI), des Versions françaises de Guiars des Moulins, de Castalio, de René Benoît, d'Amelotte, de Godeau, de Saci, et enfin des versions modernes en langue vulgaire.

2. *Ibid.*, p. 248.

3. *Ibid.* p. 79.

même de cette théorie si simple de R. Simon, qu'en proclamant l'authenticité de la Vulgate le concile de Trente a prétendu simplement constater sa conformité à l'original, comme on le ferait d'un acte judiciaire ou d'une pièce diplomatique? aux exagérations des docteurs, on serait tenté de répondre par des exagérations contraires; loin de là, ce que R. Simon a le plus à cœur d'établir, c'est la supériorité de la Vulgate sur toute autre version, et il ne reprochera rien tant aux nouveaux traducteurs, tout particulièrement aux exégètes de Port-Royal, que d'avoir en cent endroits méconnu la valeur de la Vulgate et cru mieux lire et comprendre les originaux que saint Jérôme.

On sait quelle bataille acharnée s'était engagée précisément à cette époque autour de l'œuvre la plus célèbre de M. de Saci, le Nouveau Testament de Mons. Du côté de Port-Royal s'étaient rangés non seulement les docteurs de Sorbonne, l'archevêque de Paris, Péréfixe, et Bossuet, mais la plupart des gens du monde, qui croyaient reconnaître dans l'élégante et noble traduction quelques-unes des hautes qualités de goût qui se faisaient alors priser dans nombre de chefs-d'œuvre littéraires. De l'autre côté se trouvaient les Jésuites, « bons chiens de chasse », disait l'un d'eux, le père Maimbourg, contre le gibier hérétique, et le pape Clément IX qui venait de condamner la nouvelle version par un Bref. Dans quels rangs allait se placer R. Simon? Parmi les Jésuites, dont il croyait avoir si fort à se plaindre, depuis la condamnation de son *Histoire Critique*? ou parmi les Messieurs de Port-Royal, portés alors si haut par la faveur publique, d'accord ici avec le suffrage des doctes et l'opinion de la plupart des gens de goût? Il faudrait, pour croire que R. Simon pût hésiter un seul instant, oublier ce qu'il pensait de l'exégèse des théologiens en général, et de celle des théologiens de Port-Royal en particulier.

Sans doute, l'esprit théologique, estime R. Simon, n'est

pas inutile pour traduire le Nouveau Testament : mais n'arrive-t-il pas aussi qu'en plus d'une rencontre il y soit nuisible? Le théologien, malgré qu'il en ait, cherche dans l'Écriture un point d'appui à ses théories dogmatiques; il lui faut étayer à tout prix les constructions ingénieuses de sa pensée; il ferait même tort à l'Esprit saint en ne lui prêtant pas les heureuses précisions de ses propres systèmes : le moyen avec cela qu'une traduction de l'Écriture ne soit pas légèrement faussée ? Or, c'est précisément, d'après R. Simon, ce qui arrive aux traducteurs de Port-Royal. Leur préoccupation constante est de concilier les diverses leçons, si irréductibles qu'elles puissent être, et d'en former une sorte d'harmonistique, conforme à la théologie courante. Un exemple : la Vulgate latine fait répondre par Jésus aux Juifs qui lui demandent qui il est : « Je suis le principe qui vous parle. » D'autre part, le texte grec porte : « Ce que je vous dis depuis le commencement. » Un ingénieux moyen de tout concilier, en réunissant les deux réponses discordantes, sera de faire dire à Jésus : « Je suis dès le commencement, et c'est ce que je vous dis » [1]. Ce n'est pas assez encore : fidèles à leur théologie augustinienne, même dans cet humble travail de traduction, ces Messieurs de Port-Royal ont pris à tâche de faire parler les Apôtres, selon les sentiments de saint Augustin, qu'ils supposent être ceux de toute l'Église; rarement ils omettent d'ajouter le mot efficace quand il s'agit de la grâce, et si saint Paul dit que « le reste sera sauvé », ils ne manquent pas de lui faire dire qu' « il n'y aura qu'un petit reste de sauvé » [2]. N'ont-ils même pas cherché, par un certain choix de leçons, à rendre douteuse ici ou là la primauté de saint Pierre [3]? Voilà au moins de la théologie accommodée au goût du

1. *Histoire critique des Versions du Nouveau Testament*, p. 407.
2. *Ibid.*, p. 461.
3. *Ibid.*, p. 430.

jour, et palpitante d'actualité; mais comme on est loin des
principes d'exégèse dont doit s'inspirer toute traduction!
et combien il s'en faut, conclut R. Simon, qu'un théologien
soit désigné pour donner une bonne version de l'Écriture!

Le théologien qui veut traduire la Bible n'a pas seulement sa science contre lui, il a encore jusqu'à ses propres
qualités intellectuelles. Né pour les hautes spéculations
métaphysiques, le moyen qu'il descende aux humbles et
minutieux détails dont une exacte version exige le soin?
Des théologiens de dons infiniment variés, on en a vu assurément à toutes les époques d'activité religieuse : on en
connaît, même parmi les augustiniens, qui ont exercé
toute la subtilité de leur dialectique dans les distinctions
les plus aiguës, comme un Arnaud ou un Saint-Cyran,
d'autres qui ont élevé hardiment l'étonnant échafaudage
de leurs constructions dogmatiques, comme un Jansénius,
d'autres même qui ont su, parmi tant de raisonneurs mas-
sifs et d'esprits opaques, garder, comme un Du Guet, le
goût des expositions lumineuses et des nobles humanités;
mais un théologien philologue et critique, c'est ce que
R. Simon n'a pas encore découvert, et ce que Port-Royal
ne lui vaudra pas la bonne fortune de rencontrer. Ce n'est
pas à la vérité qu'Arnauld et Saci ne se réfèrent parfois,
dans leur traduction imbue de théologie, au texte hébreu
de l'Écriture; mais l'exégète a tôt fait de démontrer qu'ils
ne l'ont lu que dans les commentateurs; et quand ils
arguent du texte syriaque, comment ne pas s'apercevoir
qu'ils n'en ont jamais eu connaissance que par des intermédiaires de deuxième ou de troisième main [1]. Si seule-

1. Ainsi, ils écrivent, dans leur version d'un texte célèbre de saint
Jacques : « Qu'il appelle les prêtres de l'Église et qu'ils prient *pour*
lui », et non *sur lui*, préféra t, disent-ils, au *super* de la Vulgate
latine, le *pro* de la Version syriaque. Or, la particule syriaque équivaut précisément à *super*.

ment ils avaient étudié le grec, qu'ils tiennent à honneur de citer, ailleurs que dans les références d'un Estius, et si, s'étant mis en tête de corriger d'après l'original les citations bibliques que Jésus-Christ et les Apôtres ont faites d'après les Septante, ils s'étaient donné la peine de saisir la différence entre les Septante et le texte hébreu [1]! Mais sans doute, il n'en faut pas demander tant à ces théologiens, dont il est de mode de célébrer l'érudition, parce qu'on a pris pour du savoir ce qui n'est en somme, d'après R. Simon, qu'une assez médiocre littérature.

On en a fait aussi plus d'une fois la remarque : la théologie n'est pas toujours une école de simplicité, de fine justesse et de netteté dans l'art de dire. Qui se plaît à la savante hiérarchie des conceptions métaphysiques néglige parfois l'humble précision des termes et l'heureuse modestie des plus claires manières de s'exprimer. Il y a dans les théories des grands spéculatifs tant de choses qui ne supportent pas d'être dites simplement! Il ne faut pas trop s'étonner si leurs auteurs prennent l'habitude de forcer un peu la voix, et croient faire oublier, à force d'éloquence, ce qui semble leur manquer parfois de rectitude et de solidité. Passe encore, il est vrai, dans un discours ou dans un traité, mais que dire d'une traduction de l'Écriture où des théologiens font visiblement assaut d'élégance et de rhétorique avec les beaux esprits [2]? Qu'est devenue la simplicité de l'Évangile dans cette prose uniformément solennelle? et comment reconnaître, dans ces nobles périodes aux contours arrondis et mous, « le glaive aigu à deux tranchants » qui, aux mains de l'Apôtre, pénètre d'un coup « jusqu'aux jointures et aux moelles »?

Il est curieux de voir pour une fois R. Simon se rencontrer avec Bossuet et critiquer, presque dans les mêmes

1. *Hist. crit. des Versions du Nouveau Testament*, p. 464.
2. *Ibid.*, p. 472 et préface.

termes que son habituel contradicteur, cette « industrie de
paroles et cette recherche de politesse » qu'ont affectée
les auteurs de la Version de Mons. Mais en essayant de
faire mieux que les traducteurs de Port-Royal, il allait à
son tour s'exposer à des critiques bien autrement acé-
rées. Après avoir exposé ses propres principes en fait de
traduction de l'Écriture, l'auteur de l'*Histoire Critique*,
tenta en effet de les appliquer, et, à la Version de Mons il
opposa la Version dite de Trévoux : on verra plus tard
avec quel succès, et s'il eut finalement à s'applaudir d'avoir,
pour sa sûreté, abandonné la critique de l'Ancien Testament pour celle du Nouveau.

III

S'il ne suffit pas d'être théologien pour donner une
bonne traduction de l'Écriture, l'esprit théologique suffit
encore moins peut-être pour en éclaircir les difficultés
dans un commentaire tel que le conçoit R. Simon, c'est à
savoir grammatical et historique. Ce qu'il faut y apporter,
c'est un esprit avant tout scientifique. En d'autres termes,
l'exégèse est une science, qu'il est non seulement loisible,
mais qu'il est nécessaire de traiter selon les méthodes et
les procédés communs à toute espèce de science. Telle est
l'idée maîtresse que R. Simon a insinuée dans tous les chapitres de son *Histoire Critique des Commentateurs*, mais
qu'il n'a pas craint d'exposer hardiment en plus d'une page
consacrée aux exégètes de la Faculté de Paris [1]. Il n'en

1. A signaler particulièrement : le chapitre I, sur l'exégèse des
Pères apostoliques, héritiers directs de la méthode allégorique d'interprétation suivie par les écrivains sacrés; les chap. II-VI sur l'exégèse alexandrine; les chap. X à XIV sur les Homélies de saint Jean
Chrysostome, dont les explications littérales et même les lieux communs de morale sont jugées bien préférables aux subtilités théolo-

est guère, dans l'ensemble de son œuvre, où il ait montré plus de verve à la fois et plus d'autorité : si quelqu'un en tout cas les a jugés négligeables, ce n'est pas assurément Bossuet qui a, comme l'on sait, consacré à leur réfutation, le dernier et, non le moins travaillé, de ses grands ouvrages.

Quelle idée les théologiens de Sorbonne, pour s'en tenir avec R. Simon à ce type si nettement caractérisé, se forment-ils d'un commentaire de l'Écriture ? On en peut juger par maintes pièces officielles comme les registres de la Faculté de Théologie, que R. Simon ne peut trop se féliciter d'avoir mis à contribution [1]. Qu'on prenne pour exemple la condamnation que les Très Sages Maîtres ont prononcée contre le *Nouveau Testament* de Robert Estienne [2]. Le célèbre lettré de la Renaissance croyant faire œuvre de pur grammairien, avait expliqué le mot *église* par *assemblée publique*. C'est, disent les censeurs, renouveler ouvertement les erreurs des Vaudois et l'hérésie de Wiclef. Ayant à interpréter le texte : « Laissez les morts ensevelir les morts », R. Estienne l'avait entendu en ce sens fort inoffensif, semble-t-il, que « ceux qui suivent Jésus-Christ doivent laisser toutes choses » ; commentaire hérétique, s'écriait tout d'une voix la Sorbonne, et convaincu de favoriser les Vaudois et les Cathares ! A quoi R. Estienne répondait, fort inutilement d'ailleurs, qu'il avait bien plutôt favorisé les Adamites qui font vœu de

giques de certains autres Pères ; les chap. XVII à XXI sur saint Augustin dont il analyse les commentaires avec détail, non sans les trouver, dit-il, bien ennuyeux ; les chap. XXIII à XXXIV sur les compilations exégétiques du moyen-âge ; puis l'étude qui peut être regardée comme la partie centrale de l'ouvrage sur l'exégèse catholique au temps de la Renaissance (XXXIV-XLI), et enfin l'examen approfondi des commentateurs hétérodoxes depuis Wiclef et Luther jusqu'à Socin et Crellius (XL-LVII).

1. Cf. *Lett. ch.*, II, 264.

2. *Hist. critiq. des commentateurs du Nouveau Testament*, p. 566, sq.

marcher sans chemise, puisque la chemise est manifestement comprise parmi toutes les choses qu'il faut laisser.
Explique-t-il les cérémonies du rituel juif, à propos du
calice de bénédiction? le voilà suspect d'adhérer à la
secte des Sacramentaires. Dit-il, traduisant mot pour
mot l'Écriture, « Matthias fut ajouté aux onze par la voix
du suffrage » c'est un fauteur de Macédonius qui nie le
Saint-Esprit, et si, à propos du mot de saint Paul : « Le
feu montrera quel est l'ouvrage de chacun », il néglige de
parler du Purgatoire, il sera établi que le protestantisme
n'a pas de pire adhérent. Aux yeux des théologiens, en
effet, le mal n'est pas dans ce qu'on dit, mais dans ce qu'on
ne dit pas, et tandis que partout ailleurs l'écrivain peut se
flatter que ce qu'il retranche du moins ne sera pas blâmé,
ici c'est précisément ce qu'il supprime qui devient contre
lui le plus irrémissible grief

La condamnation portée contre Érasme par la Sorbonne
n'est pas moins instructive. Le grand humaniste n'avait
pas cru attenter contre la foi en souhaitant aux Docteurs
scolastiques plus de légèreté et moins de solécismes, et en
plaisantant ces théologiens sans lettres dont c'était
comme le privilége de parler un latin barbare[1]. On lui
fit payer cher ses audacieuses ironies. Les censeurs
ne prirent pas la peine de réformer leur style pour
dénoncer les audacieuses nouveautés du commentateur.
Le libellé de la sentence pouvait bien n'être pas correct ;
elle n'en eut pas moins force de loi, et il fut constant
dans toute la chrétienté qu'Érasme, en écrivant Clopas
pour Cléophas, Capernaum pour Capharnaum, en adoptant la leçon : « paix sur la terre, bonne volonté aux
hommes ! » avait entassé dans son Nouveau Testament
les erreurs des Vaudois, des Albigeois et des Hussites,
sans oublier les blasphèmes de Wiclef, d'Œcolampade et

---

1. *Epist. ad Christoph. Fischerum.*

de Balthasar ! Maintenant, si les théologiens de Paris ont lancé contre Érasme les accusations les plus vagues et les moins justifiées, il faut bien avouer qu'il leur avait donné l'exemple de cette détestable polémique par ses lieux communs aussi superficiels que déclamatoires. Pourquoi, par exemple, à propos des phylactères dénoncer « les basses dévotions monacales » ou commenter le fameux *Ipsum audite*, en mettant en note : « non Duns Scot ou Durand, mais Jésus-Christ » ? Pourquoi surtout, en expliquant : *Hic Christus est*, rappeler que c'est précisément, ainsi que parlent les capucins, jacobins, bénédictins, et que, s'il faut en croire tous les moines, le Christ n'est jamais que chez ceux qui portent la cuculle [1] ? La guerre appelle la guerre : Érasme apprit à ses dépens qu'il n'avait pas assez médité le mot de l'Évangile que « quiconque attaque par l'épée périra par l'épée. »

Mais celui que R. Simon plaint de tout son cœur d'être tombé entre les mains des théologiens de Paris, c'est l'illustre cardinal Cajetan. Il n'a servi de rien au savant exégète d'avoir, à lui seul, soutenu la lutte contre le protestantisme naissant. Les docteurs de Sorbonne, Béda en tête, avaient beau déclarer solennellement que la théologie scolastique suffit pour réfuter les hérétiques : où était-elle, répondait Érasme, quand Luther vint arracher à l'Église la moitié de la chrétienté [2] ? Et il faut bien reconnaître qu'à l'exception du seul Cajetan, les docteurs, pris au dépourvu, se trouvèrent incapables non pas même de discuter, mais d'entendre la langue de leurs adversaires. Et encore aujourd'hui, qu'aurait l'apologétique chrétienne à dire d'à peu près satisfaisant sur maint chapitre de l'Écriture, si, avec une heureuse largeur d'esprit, Cajetan n'était pas hardiment rentré dans la voie des explications

1. *Hist. crit. des comm.*, p. 508.
2. *Ibid.*, p. 525.

allégoriques, ouverte jadis par Origène ? Services inappréciables, et que pouvait seul rendre ce savant homme, aussi versé dans les lettres anciennes que dans l'étude des Pères, et moins admirable par sa connaissance approfondie de la scolastique que par l'originale et surprenante compréhension de ses idées. Mais quoi ! il s'était sur plus d'un point montré « contraire non seulement aux Pères, mais à saint Thomas » ! Il avait même douté, sur quoi on le comparait à Julien l'Apostat, qu'il fût indispensable pour un catholique d'attribuer à saint Paul la paternité de l'Épître aux Hébreux ! Il avait enfin prétendu, comme un franc luthérien qu'il était, décidément, que J.-C. ne vivait point de quêtes et que, selon toute vraisemblance, ses apôtres n'avaient jamais mendié ! Fort de tels arguments, Catharin, docteur de la Faculté, n'eut pas de peine à démontrer que Cajetan était le plus infâme des hérétiques, et son réquisitoire, qu'il avait rédigé de concert avec les docteurs de Sorbonne, eut pour première conséquence la défaveur des *Commentaires* du savant cardinal [1]. Plus tard, il resta admis parmi les théologiens de Paris, et c'est Bossuet qui fut ici, comme en maint autre cas, leur interprète, que Cajetan, esprit ardent et impétueux, entendait moins les Saints Livres et les Pères que les subtilités de la dialectique [2].

La rigueur des théologiens pour certains exégètes modernes après tout n'est pas nouvelle : ils rappellent exactement ces honnêtes copistes qui, en transcrivant les commentaires bibliques d'Origène, ne pouvaient se tenir d'écrire dans les marges, à l'adresse du grand alexandrin : *Tu blasphèmes ! Tu mens au Saint-Esprit ! Sois anathème !* Ces âmes simples ignoraient ce que la science de l'Écri-

---

1. *Hist. crit. des comm.*, p. 540.
2. *Vir acris ingenii, argumentandi arte magis quam ecclesiasticæ antiquitatis scientia pollens.* Boss. *Defensio Declar. Cleri Gallic.*, app. II, cap. V.

ture doit à cet Origène tant exécré et aux anciens Pères
qu'il a formés : les Docteurs de Sorbonne ne semblent pas
s'en rendre un compte plus exact, et peut-être per-
draient-ils quelques unes de leurs convictions les plus
intraitables s'ils daignaient apercevoir de quelle liberté
d'interprétation a usé l'antique tradition chrétienne. Or,
c'est précisément ce que l'ouvrage de R. Simon a pour
but d'établir, à l'intention de ces esprits trop dogmatiques. Qu'ils étudient les Pères d'Alexandrie, et ils ver-
ront avec quelle indépendance de vues et quelle hardiesse
de spéculation s'est constitué ce que R. Simon nomme
ingénieusement la *cabale chrétienne*. Origène, pour en
donner une idée, comparait l'exégèse aux clefs nombreuses qui ouvrent les diverses chambres d'un palais, et
qui, tout à fait inutiles quand elles sont appliquées à une
porte étrangère, permettent, entre les mains d'un guide
entendu, de pénétrer successivement dans toutes les parties de l'édifice. Les Docteurs récents ne ressemblent-ils
pas un peu à ces théologiens de jadis qu'Origène accusait
d'avoir confondu toutes les clefs et brouillé toutes les ser-
rures? Les scolastiques se laissent encore entraîner à
certaines explications, qu'ils tiennent pour traditionnelles : qu'ils réfléchissent à l'originalité audacieuse d'un
Tertullien ou d'un Cyprien, quand, s'élevant au-dessus de
la lettre strictement entendue, ils ont lu dans le *Pater*,
non pas ce vœu du texte même : « Ne nous induis pas en
tentation », mais cette autre prière bien différente : « Ne
nous laisse pas induire en tentation », ou lorsqu'ils ont
expliqué de l'Eucharistie le pain quotidien dont un chrétien doit faire la demande. Les Docteurs de Faculté
montrent enfin une horreur souveraine pour les écrits des
hérétiques et affectent de voir un de leurs partisans plus
ou moins déclarés dans quiconque les consulte, les cite

1. *Hist. crit. des comment.*, p. 74.

et même en un besoin s'autorise de leur témoignage,
Qu'ils entendent donc saint Cyrille d'Alexandrie recommander, comme pouvant être utile aux meilleurs chrétiens,
la lecture des écrits des hérétiques sur la Bible [1]; qu'ils
reconnaissent tout ce que l'exégèse de saint Augustin doit
aux penseurs fort peu orthodoxes dont sa jeunesse avait
subi l'influence ; qu'ils lisent enfin dans saint Jérôme
l'aveu cent fois répété du bénéfice scientifique qu'il a tiré
d'une étude très attentive des ouvrages des dissidents.
Les exégètes du moyen âge, presque seuls en honneur
dans les Facultés récentes, ont certes dépensé une énorme
somme de labeur, et leurs écrits, qu'analyse scrupuleusement R. Simon, ne sont pas toujours aussi étrangers
qu'on pourrait le croire aux justes soucis de l'exactitude
et de la critique textuelle : que n'ont-ils cependant montré un peu de cette ouverture d'idées et de cette
indépendance de jugement qui ne font pas moins besoin
à l'exégèse qu'à toute recherche scientifique ?

Telle est, en somme, l'idée maîtresse qui se dégage de
toutes les parties de l'œuvre de R. Simon sur le Nouveau
Testament. L'exégèse est une science, non une science
théorique et abstraite où les considérations à priori
obtiennent la première place, mais une science historique
et fondée sur les réalités les plus concrètes. Tout ce qui
se rattache par une connexion quelconque à l'histoire des
Livres Saints, depuis leurs lointaines origines jusqu'aux
derniers faits intellectuels que provoque leur lecture, formait jusque-là une masse confuse et comme une forêt
inextricable de faits. C'était bien l'ἀμέθοδος ὕλη dont
parlèrent les anciens philosophes. Le premier dans cette
région inexplorée, R. Simon entreprit d'ouvrir des routes,
de percer des avenues, posant des questions toutes nouvelles et trouvant des méthodes non moins originales pour

1. *Hist. crit. des comment.*, préf.

les résoudre. Quelles vicissitudes ont subies les textes sacrés? Quelle interprétation en ont donnée les traducteurs et les commentateurs ? Quelle fortune ont faite ces diverses tentatives d'explication ? Il suffisait de formuler de telles questions et d'y chercher une réponse méthodique pour faire déjà œuvre de savant. N'était-ce pas conquérir à l'investigation rationnelle toute une partie, et combien importante, de la vie du passé ? Ce n'était pas assez pourtant. En même temps qu'il remettait ces faits oubliés en mémoire, il les rapprochait, les rétablissait dans leur ordre et dans leur suite, et, par l'enchaînement des idées qui naissaient spontanément de ces faits, constituait non seulement l'érudition, mais la science de la critique sacrée. Enfin, il faisait mieux encore : tandis que certains métaphysiciens du dogme n'avaient abordé l'étude des Livres saints qu'avec des présomptions systématiques ou doctrinales, il n'osait pas apporter à sa tâche moins d'impartialité que de curiosité d'esprit, ni moins d'indépendance que de pénétration. On ne pouvait, en un mot, créer une science avec un esprit plus nettement scientifique. .

S'ensuit-il néanmoins que ces travaux sur le Nouveau Testament aient échappé aux critiques des savants, et que beaucoup de ceux qui en ont profité se soient désarmés de l'ordinaire rigueur contre les ouvrages auxquels on doit le plus ? R. Simon lui-même n'eût pas cru pouvoir s'en flatter. Certains érudits, par exemple, s'étonnèrent de ne pas trouver dans ses dépouillements la minutieuse exactitude bibliographique dont fit preuve un Père Lelong dans sa *Bibliothèque sacrée*, et il faut bien reconnaître que le critique, fort éloigné d'être complet, n'en a même pas eu l'intention. D'autres, et leur autorité n'est pas sans quelque poids, ont cru constater dans le plan même de son œuvre de regrettables lacunes [1]. Pourquoi s'atta-

---

1. REUSS, art. R. Simon, dans *Herzog's Real-encyclopædie*.

cher plutôt à étudier l'histoire que le contenu même des Livres saints ? D'où vient que son histoire de l'exégèse ne comporte aucune division systématique et que les idées générales y sont si rares ? Comment n'y trouve-t-on aucune trace de l'influence qu'ont dû exercer sur la compréhension des textes sacrés tels événements extérieurs, si gros de conséquences dogmatiques, dans l'histoire de l'Église ? Hautes et captivantes questions, que le prudent critique n'eût pas accueillies peut-être sans son habituel sourire d'ironique bonne humeur. Après tout, il n'avait encore été donné à personne de les éveiller, et ce n'était pas un médiocre honneur de soulever du premier coup tant de problèmes. Quant à prétendre y satisfaire, ce n'était pas trop sans doute de demander pour cela le crédit de quelques siècles.

CHAPITRE XI

L'AFFAIRE DU NOUVEAU TESTAMENT DE TRÉVOUX [1]

Lorsque au printemps de 1702, sortit des presses de Mgr le duc du Maine à Trévoux le *Nouveau Testament traduit en français*, R. Simon put croire un instant qu'il touchait au triomphe de ses idées exégétiques. La suppression de l'*Histoire critique du Vieux Testament*, en un pays où l'orthodoxie même la plus unanime ne manqua jamais de s'assaisonner de quelque grain d'opposition théologique, n'avait fait en somme qu'accroître le nombre de ses lecteurs, et, l'on peut le croire, de ses partisans plus ou moins déclarés. Les trois grands ouvrages qui suivirent sur le Nouveau Testament n'avaient pas eu seulement le mérite d'esquiver les condamnations et de sauver des foudres de la censure leurs prudentes hardiesses et leurs nouveautés savamment calculées : les exégètes officiels des Facultés de théologie, si hardiment attaqués, semblaient, exemple unique, se rendre à la justesse des critiques dirigées contre leur enseignement, et déjà dans les Universités on ne comptait plus les défenseurs de cette philologie naguère encore tenue pour héré-

1. Bibliographie. R. SIMON. *Le Nouveau Testament*, traduit en français, Trévoux, 1702 ; BOSSUET, *Ordonnance et Instructions sur le Nouveau Testament de Trévoux*, édit. Lachat, tome III.

tique. En faut-il un témoignage? Le *Nouveau Testament de Trévoux* portait en tête une approbation signée de Bourret, professeur d'Écriture sainte en Sorbonne. Or l'approbateur ne se contentait pas d'y louer la fidélité de la version nouvelle; il adhérait expressément aux principes de critique toute simonienne qui remplissaient la préface; mieux encore, il félicitait l'auteur de la juste préoccupation qu'il avait montrée pour l'éclaircissement du sens propre, et des lumières que répandaient ses doctes remarques sur les endroits les plus difficiles du texte. C'était introduire, comme on le voit, l'ennemi même dans la place, et sans doute, quelque pieux humaniste de Sorbonne voyant la nouvelle critique entrer avec honneur dans les murs de la sainte maison, dut se répéter tout bas les vers de Virgile sur l'aveuglement des Troyens et l'astuce du traître Sinon : *Scandit fatalis machina muros feta armis!...* Le fait est que jamais adversaire mieux armé, sous couleur d'insinuer ses modestes réflexions grammaticales et critiques, n'avait menacé jusqu'en ses fondements le vieil édifice scolaire construit pièce à pièce par le moyen âge.

Bossuet vit le danger : avec une ardeur que les années, bien loin de l'éteindre, semblaient véritablement accroître, il entreprit de combattre et d'anéantir cette fois au grand jour l'ennemi que l'exécution sommaire et discrètement expéditive de 1678 n'avait pas pleinement réussi à étouffer. Ce nouveau duel théologique, après tant d'autres, sembla même rendre des forces au vieil évêque, et ses soixante-quinze ans retrouvèrent, au moment du combat, une ardeur, une agilité, je ne sais quelle allégresse héroïque et batailleuse, bien dignes de cet adversaire de choix. Certes, les quatorze ans écoulés depuis la suppression de l'*Histoire critique* avaient été vigoureusement employés contre l'hérésie, et la liste serait longue de tous les mal pensants que son zèle avait successive-

ment découverts et confondus : ce n'était pas seulement
Fénelon, dont le quiétisme, entre tant de conséquences
redoutables pour l'Église, offrait encore le grave péril de
distraire ou d'endormir la vigilance des pasteurs sur tant
d'erreurs naissantes ; c'était Launoy, l'insidieux investigateur des pieuses légendes, que Bossuet avait bien forcé
d'interrompre ses funestes conférences d'histoire ; c'était
le pieux Malebranche dont il avait, disait-il, consulté le véritable intérêt, en cherchant de tout son pouvoir à lui enlever
la spécieuse liberté de spéculer sur les matières de théologie [1] ; c'était le théatin Caffaro, imprudent apologiste de
plaisirs soi-disant délicats, mais qui avait dû prendre sa
part du terrible : *Malheur à vous qui riez*, lancé contre
Molière et ses admirateurs ; c'était le cardinal Sfondrate,
dont la théologie pusillanime craignait de condamner à
l'enfer les enfants morts sans baptême et qui avait été convaincu de renverser les principes les plus essentiels de la
religion. Et combien encore d'autres luttes, d'ordre peut-
être secondaire, mais aboutissant en somme à des condamnations non moins démonstratives de son active et toujours
contraignante autorité ! condamnation des religieuses de
l'abbaye de Jouarre, qu'il fallut par les moyens de rigueur
soumettre à l'Obédience de l'ordinaire ; condamnation du
janséniste Quesnel et de ses *Réflexions morales*, par une
ordonnance dont l'infatigable prélat avait lui-même dicté
les termes à l'Archevêque de Paris ; condamnation des
casuistes de la Compagnie de Jésus par l'Assemblée du
Clergé dont il était l'âme et la conscience. Bref pas un
combat qui ne se fût terminé par une victoire. Mais
quelle victoire au prix de celle qui lui restait à remporter contre le téméraire exégète, le père de cette hérésie
cardinale et essentielle qu'on nomme la critique biblique ?
L'affaire de M. de Cambrai avait eu beau être importante,

1. Lettre à l'évêque de Castorie, 23 juin 1683.

et de celles, comme il disait, où il y va de toute l'Église ;
celle de Simon, répétait-il à son secrétaire, était de plus
de conséquence encore[1], et nulle autre n'avait à ce point
alarmé sa vigilance. A partir du mois de mars 1702, le
Journal de l'abbé Le Dieu répétera à toutes les pages la
même mention : Monseigneur travaille contre M. Simon...
il ne cesse de parler de Simon... il veut montrer à tous
le poison qui est caché dans les principes de Simon... Et,
en même temps, le fidèle secrétaire note chaque jour avec
une nuance d'admiration non équivoque pour l'infatigable lutteur : « Le prélat se porte à merveille : il est plein
de force, d'appétit et de santé... tout le monde admire sa
vigueur ». Le moyen aussi, à pareille fête, de ne pas sentir renaître en soi la belle ardeur de disputer et de vaincre
qui l'avait enivré, jeune rival de Condé, aux grands jours
d'argumentation théologique du collège de Navarre !

Il s'est institué depuis peu, comme chacun sait, entre
littérateurs et critiques, une sorte de concours permanent
pour découvrir et célébrer quelque mérite inconnu,
quelque vertu nouvelle en Bossuet : c'est de l'infinie douceur de son caractère qu'il a été plus récemment à la
mode de le louer. L'éloge est au moins inattendu, quand
il s'agit d'un polémiste si véhément et si fécond en qualifications théologiques : qui sait même si, craignant de
paraître mollir, sa conscience n'en eût pas été touchée
comme d'un reproche ? Certains ajoutent même que « si
sa logique était cruelle, c'était à force d'être invincible ».
On verra si de réprouver la critique de R. Simon comme
« licencieuse, ignorante, sans théologie », c'était recourir
à la seule autorité de l'évidence et de la logique. On
jugera si les *Instructions sur la Version de Trévoux* ont
invinciblement démontré que le critique « secret partisan des hérétiques, des schismatiques, des incrédules »,

____

1. Journal de l'abbé Le Dieu, II, 291.

n'a voulu, tout en se donnant l'apparence de les réfuter, que « leur mettre en main des armes contre la doctrine de l'Église ». On décidera enfin si, en condamnant cette « scandaleuse *Version* » que les théologiens de Sorbonne s'obstinaient à défendre, en excommuniant tous ceux qui la liraient, la retiendraient, en conseilleraient ou en permettraient même la lecture, Bossuet n'a pas donné lieu d'admirer en lui toute autre chose que la douceur de ses procédés, pour ne point parler de la largeur de ses vues, ni de l'étendue de son savoir.

I

Dans l'examen critique des versions de l'Ancien et du Nouveau Testament, R. Simon avait eu plus d'une fois l'occasion d'exposer ses idées sur la manière de traduire les Livres Saints. Ce qu'il demandait avant tout au traducteur, c'était de rendre avec une scrupuleuse fidélité le texte officiel de l'Écriture, c'est à savoir la Vulgate latine interprétée avec le secours des originaux grecs. En même temps il voulait une traduction intelligible, et pour cela même dégagée des nombreux idiotismes qui font de la langue de la plupart des versions un idiome si particulier et à la fois si énigmatique. Enfin, pour écarter le dernier obstacle qui s'oppose souvent à la pleine intelligence du texte sacré, il souhaitait de voir les traducteurs reproduire le style même des auteurs inspirés, et, bannissant toute solennité, toute élégance, restituer à l'Écriture sa familière et parfois rude simplicité. La *Version de Trévoux* n'est rien autre chose que l'exécution, généralement aussi fidèle qu'il était possible, de cet intéressant programme.

R. Simon est donc d'abord un grammairien : préoccupé de l'exacte signification des mots, des formes et des tours, ce qu'il se propose avant tout, ce n'est pas de conformer sa traduction aux thèses de l'École, c'est de rendre par un décalque attentif et fidèle jusqu'aux moindres nuances de l'original. Ce sont là, aux yeux de Bossuet, il faut bien le dire, vaines singularités, affectations et minuties grammaticales que la théologie se contenterait de dédaigner, d'ignorer même profondément, si le plus souvent toute cette philologie ne se trouvait en contradiction avec les saines doctrines. R. Simon par exemple fait dire aux envoyés du sanhédrin : « Êtes-vous *le* prophète ? », parce que le mot *prophète* est en grec précédé de l'article. Mais quoi ! Jean-Baptiste fait à cette question une réponse négative, et déclare nettement qu'il n'est pas *le* prophète. Réponse contraire à la théologie, estime Bossuet. « Saint Jean a bien pu nier qu'il fût prophète, au sens de quelqu'un qui doive prédire l'avenir, mais il ne pouvait nier de bonne foi qu'il fût le prophète qu'on devait, comme un autre Élie, attendre avant J.-C., et qui devait lui servir de précurseur. » Et voilà comment, quand la théologie parle, les principes les plus certains de la grammaire ne doivent plus paraître que d'inutiles et obscures subtilités[1]. Ailleurs, voulant traduire exactement le démonstratif latin et grec, le traducteur de Trévoux fait dire à J.-C. pendant la Cène : « C'est là mon corps..., c'est là mon sang ». Pour Bossuet, οὗτος équivaut à τοῦτο et veut dire *ceci* : ce mot n'est-il pas « convenable à la transsubstantiation qui est le sens véritable et naturel à ce passage ?... » Suit une comparaison avec l'eau des noces de Cana, pour prouver que le pronom masculin du texte doit s'entendre comme le pronom neutre dont croient avoir besoin les dialecticiens du dogme[2]. Ailleurs,

1. *2ᵉ Inst.*, 29ᵉ passage.
2. *Ibid.*, 9ᵉ passage.

R. Simon traduit un passage bien connu de saint Jean par ces mots : « Je suis avant qu'Abraham fût né », ἐγένετο. Mais Jésus-Christ doit vouloir dire ici, non seulement que sa génération divine est antérieure à celle d'Abraham, mais qu'elle est d'une autre nature, qu'il *est* en d'autres termes, pendant qu'Abraham *a été fait* : sens inconnu des philologues, mais réclamé par les théologiens, et que Bossuet saura bien imposer au traducteur [1]. Faut-il ajouter qu'en écrivant : « Vous ne pouvez rien faire séparément (χωρίς) d'avec moi », R. Simon est convaincu d'avoir voulu insinuer que c'est l'apostasie et non le péché qui sépare de J.-C. [2]; qu'en entendant par Paraclet, le *défenseur*, comme le veut le mot grec, et non le *consolateur*, comme on le fait d'ordinaire, il a donné une version sèche, sans onction et sans piété [3]; qu'en traduisant : Anathème à cause de J.-C. (ἀπό), sous prétexte d'hébreu et de syriaque, il s'est embarrassé dans de vaines minuties et a donné l'exemple des pires singularités [4]? La grammaire, dit-on, régente jusqu'aux rois : on voit si les théologiens se laissent aisément assujettir à son empire.

La seconde règle que R. Simon s'est imposée dans sa traduction ne les révolte pas moins. Le but d'une traduction étant tout d'abord de se faire entendre, l'interprète, selon lui, ne doit pas hésiter à tout sacrifier à la clarté. Le littéralisme est un leurre; sous apparence d'exactitude, certaines locutions grecques ou hébraïques rendues mot pour mot en français ne sont que de vaines logomachies. A qui veut rendre le sens exact d'une phrase de l'Écriture, un changement de tour, une substitution de mots, une circonlocution explicative ne sont pas seule-

1. *2ⁿ Inst.*, 32ᵉ passage.
2. *1ʳᵉ Inst.*, réponse à la Remontrance, 3ᵉ remarque.
3. *2ⁿ Inst.*, 35ᵉ passage ; cf. préface.
4. *Ibid.*, 47ᵉ passage.

ment permises, elles sont de première et indispensable
nécessité. Qu'on ne s'attende donc pas à trouver dans la
Version de Trévoux de ces expressions soi-disant bibliques, que R. Simon, avec des critiques irrévérencieux,
appellerait volontiers le patois de Canaan : il n'est pas un
idiotisme auquel il ne cherche un équivalent intelligible,
peu en peine de savoir si cette recherche de la clarté ne
paraîtra pas aux théologiens « affectation de singularité »,
« affaiblissement », ou même, objection plus piquante,
« obscurcissement des vérités chrétiennes [1] ». On lit dans
la plupart des versions du Nouveau Testament, et Bossuet
goûte beaucoup cette traduction d'une heureuse conci-
sion littéraire : « Nous étions enfants de colère ».
R. Simon tient en général ces raccourcis d'expression
pour suspects, et traduit platement mais clairement :
« Nous étions naturellement dignes de la colère de Dieu ».
« Retirez-vous de moi, ouvriers d'iniquité », écrivent
le grand nombre de traducteurs. Retirez-vous de moi,
vous qui vivez dans l'iniquité », dira R. Simon, pour
rendre dans toute sa force le terme grec correspondant,
beaucoup plus sans doute que pour favoriser, comme le
croit Bossuet, l'hérésie socinienne qui ne damne que pour
des péchés d'habitude [2]. Les théologiens, s'attachant à la
lettre faisaient dire à saint Paul : « Il n'a pas cru que ce
fut une usurpation, *rapinam*, de s'égaler à Dieu. » Mais
R. Simon remarque qu'il s'agit ici uniquement de l'humilité de J.-C., qui ne s'est point vanté d'égaler son Père, et
il traduit, au grand scandale de Bossuet : « Il ne s'est pas
attribué impérieusement d'être égal à Dieu [3] ». Mais
comment dépeindre l'indignation du censeur, lorsqu'il
lit dans la nouvelle version : « L'homme (et non pas le

---

1. Lettre de Bossuet au cardinal de Noailles en tête des *Instructions*.
2. Ire *Instr.* Remarques générales, III.
3. *Ibid.*, XX.

Fils de l'homme) est maître du sabbat », sous prétexte que cette expression le Fils de l'homme ne s'applique pas nécessairement à J.-C., et qu'on voit dans un passage correspondant des Évangiles : « Le sabbat est fait pour l'homme et non l'homme pour le sabbat [1] ? » R. Simon prévoyait peut-être quelque tempête de ce genre, lorsque dans sa préface il demandait aux critiques de ne pas se scandaliser s'ils ne trouvaient pas dans sa version certains termes consacrés, comme *pains de proposition*, *abomination de la désolation*, etc., mais se rendait-il compte de tout ce qu'avait d'impardonnable un tel grief? et avait-il bien réfléchi quel besoin font aux dialecticiens les mots, ces précieux appuis de tout syllogisme, ces matériaux indispensables de tout système? Gœthe plus tard le lui aurait appris : « Avec des mots on discute à merveille, d'un mot l'on ne saurait retrancher un iota. »

Mais en même temps que des principes d'herméneutique, R. Simon s'est fait certaines règles de style, et sa rhétorique, où il semble prendre à plaisir le contre-pied des idées de son temps, n'est pas ce qui va le moins heurter et causer scandale. On a loué le xvii⁰ siècle d'avoir fait pousser les plus belles fleurs dans le domaine fort aride en général de la théologie : ce sont précisément ces fleurs de noble diction et de savantes élégantes que l'exégète historien ne peut souffrir. La belle ordonnance du style religieux ne satisfait pas son esprit curieux, complexe, avide de précision et de sincérité. Quand il s'agit de traduire par exemple des écrivains d'une originalité aussi caractérisée que saint Marc ou saint Paul, le bien dire est suspect, et la solennité est proprement un contre-sens. Ce n'est pas assez de dire qu'il faut un style simple et familier ; il ne faut pas de style, et si la rudesse et le terre à terre de la phrase viennent çà et là choquer le goût ou

1. *1ʳᵉ Instr.* Remontrance, 2ᵉ Remarque.

l'oreille, tant mieux, c'est une vérité de plus dont l'intelligence devra s'applaudir. Certes Bossuet a parlé, en termes d'une beauté inégalée, de la bassesse du style de l'Apôtre : le moyen cependant qu'avec son goût si pur et si noble il accepte tant de hardiesses d'expression ? Ici le traducteur parle des *avanies* que subirent les apôtres ; là *l'aiguillon*, l'*Ange de Satan* dont nous entretient saint Paul lui rappelle le proverbe : avoir une épine au pied. Le *vir justus*, que l'Écriture applique à Joseph, c'est, à bien entendre le grec correspondant, « un mari bon et commode », les partisans des Juifs (*Act.* xvii, 15) sont des batteurs de pavés, et quand J.-C. interdit à ses disciples les longues prières, c'est sous cette forme qui indigne Bossuet : « Ne rebattez pas des paroles inutiles ». Mais que dire quand il compare l'impénitence de Capharnaüm à « la stupidité d'un cheval qui n'entend rien », quand les expressions « se remarier selon le Seigneur » lui semblent signifier « en tout bien, tout honneur » et lorsque enfin le « trône » des rois de l'Orient, dont il est question dans l'*Apocalypse*, ne lui paraît pouvoir mieux être assimilé qu'à un *sofa*? L'émoi de Bossuet se devine ; ce n'était pas seulement la pureté de la langue, c'était la dignité de l'Écriture qui se trouvait atteinte [1]. Telles sont cependant les révolutions du goût et les vicissitudes de l'histoire littéraire. La passion de vérité qui a fait de Simon un *réaliste* par anticipation ne nous paraît pas moins noble que ses crudités et ses hardiesses ne sont savoureuses : quant à la dignité de l'Écriture, qu'est-ce donc qui peut y porter une plus fâcheuse atteinte que les atténuations ou les embellissements oratoires dont on s'avise parfois de la masquer?

Avouons-le cependant : ce n'est pas au xvii° siècle, cet âge d'or du goût tempéré et de l'érudition moyenne,

____

1. *I*°° *Instr.* Remarque particulière, 12° passage.

qu'il faut demander d'apprécier un tel système de traduction. Ce parti pris d'indépendance et de trivialité, cette hardiesse à braver les conventions littéraires comme les formules consacrées de la théologie, tout cela pouvait paraître d'un attardé, d'un gothique contemporain des érudits de la Réforme. Nous y voyons aujourd'hui l'œuvre d'un novateur, et ce dont nous louons le plus la *Version de Trévoux* c'est d'avoir inauguré une méthode nouvelle, la méthode philologique, en plein règne des *Belles Infidèles*, ou, comme disait Racine, au temps de ces « bourreaux qui donnaient de l'esprit à Démosthène ». Il reste à voir comment, avec l'esprit grammatical, R. Simon a introduit l'esprit historique dans sa traduction. Héritier des Scaliger et des Casaubon, ou mieux encore, précurseur des Bœckh et des Müller, il fonde la connaissance du passé sur l'étude directe et approfondie des premiers textes : il fait, en un mot, la transition entre les grands érudits historiens de la Renaissance et les génies critiques de notre siècle, « qui n'ont pas cru qu'il y eût une autre voie que la philologie pour aborder au seuil de l'histoire ». Il ne sera pas moins intéressant de voir quel jugement Bossuet a porté sur cette partie de son entreprise.

II

On en était communément à croire au xviie siècle que les grammairiens et philologues ne s'occupent que des mots, tandis que les théologiens et philosophes traitent du fond des choses : Bossuet en particulier renvoie en toutes circonstances le traducteur de Trévoux « à son grec et à son hébreu », affirmant qu'il cache sous sa critique « une ignorance profonde de la tradition et de la théologie des Pères [1] ». Il serait difficile pourtant de citer beaucoup

1. 1re *Instr.*, 7e passage.

d'ouvrages théologiques du temps qui supposent et impliquent autant de connaissances positives et de vues historiques que l'humble travail philologique de R. Simon.

Ce fut un principe de l'enseignement scolaire des choses religieuses au moyen âge de ne considérer l'Écriture que comme un simple catalogue d'arguments à l'appui des diverses thèses de la théologie. Trinité et Incarnation, Eucharistie et Pénitence, Communion des Saints et Purgatoire, il faut que tous les articles du dogme trouvent, en nombre fixe, des points d'appui scripturaires en tel lieu précis que la tradition pédagogique a une fois pour toutes déterminé. Ces preuves, soigneusement étiquetées et numérotées, sont passées des cahiers des étudiants dans les Manuels, on devine avec quelle autorité, due sans doute à leur provenance sacrée, mais aussi, on peut le croire, à leur commodité démonstrative. Ce savant édifice apologétique une fois construit, malheur à l'exégète téméraire qui s'aviserait non pas certes d'ébranler, mais d'examiner les étais qui le supportent, et de se demander si telle pièce ne porte pas à faux, si telle autre ne forme pas un vain ou nuisible échafaudage. R. Simon devait l'apprendre à ses dépens. Il avait remarqué par exemple, tout en reconnaissant que la divinité de J.-C. est prouvée par les passages les plus formels et les plus explicites du Nouveau Testament, que certains textes ne sont pas employés sans quelque inexactitude à cette démonstration. Lorsque l'ange dit à Marie : « Ce qui naîtra saint en vous sera nommé Fils de Dieu », il avait cru pouvoir affirmer, après le jésuite Maldonat, « que quand même J.-C. n'aurait point été Dieu, il serait appelé *saint* et même *Fils de Dieu* en ce lieu-ci, parce qu'il a été conçu du Saint-Esprit ». Il avait de même, dans une note sur Mathieu, glissé cette observation toute grammaticale que *l'adoration des mages* ne supposait pas nécessairement qu'ils avaient connu la nature divine de J.-C.,

étant bien certain que le mot *adorer*, dans les langues
grec et latine, ne s'entend que d'un culte d'honneur et de
vénération. Il faut entendre là-dessus Bossuet comparer
R. Simon à Fauste Socin, l'associer aux plus subtils
ennemis de la divinité du Christ, le convaincre de répandre
parmi le peuple chrétien les doctrines les plus fausses et
les plus pernicieuses [1]. Rien ne sert à l'exégète d'avoir
fait ressortir la force de toutes les autres preuves scripturaires de la divinité du Christ.

De même, il ne lui servira pas davantage d'avoir ailleurs mis en lumière la signification théologique de tels
miracles, de telles prophéties, s'il a le tort impardonnable de ne pas s'accorder avec les théologiens sur le
nombre et la portée de toutes ces preuves. Il est dit
dans saint Luc, après la conversion de Zachée : « Aujourd'hui cette maison a été sauvée. » R. Simon, s'appuyant sur ce fait bien connu que chez les anciens le père
de famille représente la maison tout entière, met en note
que J.-C. ne semble ici parler que de Zachée et non de
tous ceux qui habitaient la maison. Sur quoi Bossuet
condamne les critiques qui croient se montrer « plus
déliés observateurs que les autres hommes, et trouvent de
meilleur sens de ne pas croire tant de merveilles, ni que
le monde se convertisse si facilement [2] ». Pourquoi aussi
R. Simon s'avisait-il d'appliquer en exégèse le principe
de moindre action et de faire en quelque manière l'économie des miracles ? Et comment autre part se risquait-il
à porter atteinte à l'inventaire une fois dressé et authen-
tiqué des prophéties messianiques, en paraissant douter
que « la gloire de Dieu » contemplée par Isaïe, fût la personne même de J.-C. ? Quand saint Jean rappelle la vision
d'Isaïe à propos du Sauveur, il semble faire une simple

1. *1re Instr.*, 1er et 2e passages.
2. *Ibid.* Remarques générales, XII.

application ou *déras*, selon les principes communs des Pères de la Synagogue et des écrivains apostoliques. Tel était du moins le sentiment de R. Simon, et il l'appuyait de la leçon concordante de quelques manuscrits. « Leçon digne de mépris », lui sera-t-il hardiment répondu, et qu'on ne peut produire, encore moins approuver « sans se rendre coupable devant l'Église d'avoir voulu, à l'exemple des sociniens, affaibl'r ses preuves les plus convaincantes pour la divinité de J.-C. [1]».

Le critique, se fondant sur l'exégèse si libre et si souple des Pères de l'Église, ne s'était pas cru seulement dispensé de « presser » les textes de l'Écriture selon la méthode chère aux professeurs de l'École et d'en extraire jusqu'aux plus surprenantes précisions de la théologie moderne : il avait tenu pour licite de choisir ses autorités parmi les plus anciens docteurs de la foi, et à saint Augustin, il n'avait pas craint d'opposer, de préférer même parfois saint Jean Chrysostome. Il faut bien l'avouer, R. Simon était moliniste : esprit philosophique au sens le plus moderne du mot, il répugnait aux dures sentences de la prédestination augustinienne ; nourri de la lecture des Pères grecs, il goûtait vivement leur psychologie bienveillante, leur théodicée tempérée, leur morale profondément humaine. A l'école d'Antioche qu'il tenait particulièrement en estime, il n'avait pas emprunté seulement les principes d'une exégèse toute littérale, mais une conception quelque peu hellénique de la liberté de l'homme et de la justice de Dieu. Saint Augustin lisant dans l'Épître aux Romains : « Ceux qu'il a fortifiés, il les a aussi glorifiés, » entend ce dernier mot de la gloire éternelle à laquelle arriveront infailliblement, selon lui, tous les prédestinés. R. Simon, après Chrysostome, préfère l'entendre des dons du Saint-Esprit que reçoivent les baptisés en devenant enfants de

1. *1re Instr.* Remarques particulières, 9e passage.

Dieu. Dans la même Épître, saint Augustin lit : « J'ai aimé Jacob et j'ai haï Esaü » et n'a pas de peine à y appuyer sa théorie de la prédestination. Le disciple de Chrysostome et de Grégoire de Nysse craignant, par une traduction trop littérale, d'intéresser le lecteur à Esaü plus qu'au Dieu de la Bible, croit pouvoir user d'une atténuation et donne cette traduction trop peu conforme, malheureusement, à ses propres principes exégétiques : « J'ai plus aimé Jacob qu'Esaü. » Ailleurs, quand J.-C., s'adressant à Capharnaüm, dit que les miracles dont cette ville a été témoin auraient suffi pour éclairer Sodome et la sauver, l'École s'applaudit de trouver là une belle illustration des doctrines augustiniennes, et montre victorieusement qu'aux uns ont manqué des grâces congrues, comme aux autres des grâces efficaces [1]. R. Simon ne voit pas si loin : pour lui c'est une simple manière de parler qui marque seulement la grande méchanceté des Juifs, et tandis que les thomistes développent à ce propos toute la métaphysique de la grâce, il résume l'apostrophe de Jésus par ce trait fort peu noble du langage populaire : « Si je disais cela à un cheval, il le comprendrait. » L'auteur des Histoires critiques connaissait trop bien l'ordinaire impétuosité du zèle théologique pour se dissimuler le scandale que causeraient les hardiesses molinistes de cette traduction. Avait-il cependant prévu la tempête qui allait s'abattre sur lui ? et, pour essuyer les qualifications les plus véhémentes qu'on eût entendues de mémoire de théologien, lui suffit-il de se dire que ses hérésies, pour notoires et monstrueuses qu'elles étaient, avaient pourtant échappé à l'œil singulièrement éveillé de ses approbateurs de Sorbonne ? Il put du moins se rendre compte une fois de plus qu'un théologien orthodoxe en trouve toujours un plus orthodoxe que lui pour le con-

---

1. 2ᵉ *Inst.*, 6ᵉ passage.

damner. Il eut encore une autre consolation. La Sorbonne
en effet dut prendre sa part des anathèmes du prélat,
quand R. Simon se vit convaincu d'avoir ébranlé les fondements mêmes du christianisme en rejetant la grâce con-
grue et la grâce efficace, en paraissant douter de la réprobation des petits enfants morts sans baptême [1], en com-
mettant et en opposant les Pères entre eux, « au lieu de
les concilier comme il est si facile [2] », en proposant enfin
un système de traduction qui, par une manifeste corruption
de l'Écriture, fait parler l'homme à la place du Saint-
Esprit, et constitue ainsi le plus grand et le plus énorme
des attentats, un attentat inouï jusqu'à présent parmi les
fidèles [3] !

Hérétique, R. Simon l'était donc, sinon aux yeux de la
Sorbonne et des Jésuites, du moins au jugement de
Bossuet, par les propositions que venait d'extraire de son
Nouveau Testament le zélé défenseur de la grâce augustinienne. Il l'était plus encore par son goût déclaré pour une
école d'exégèse que Bossuet ne trouvait jamais de termes
assez forts pour flétrir et réprouver, l'école socinienne. Et
le moyen de le nier en effet? R. Simon, partisan, comme
on sait, de l'exégèse littérale, avait été amené à citer plus
d'une fois avec quelque éloge les interprétations purement grammaticales d'un Grotius ; on l'avait même vu,
d'accord (Bossuet disait : de complicité) avec le protestant
Crellius, expliquer du pouvoir d'*absoudre* du péché ce que
les Pères entendaient de la puissance d'*affermir* dans la
grâce [4]. Son affectation à s'autoriser des hérétiques ne
s'était pas encore arrêtée là : il avait, dans sa préface,
traduit le *Versa est in statuam salis* de la Genèse par :
« Elle devint comme une statue de sel, c'est-à-dire

1. *1re Inst.*, Remontrance, 4e remarque, 2e question
2. *2e Inst.*, 45e passage.
3. *1re Inst.*, Remontrance, 4e remarque, 1re question.
4. *Ibid.*, Remontrance générale, IX.

immobile, » et cela, disait-il, sur la foi d'Aaron, « savant juif de la secte caraïte », comme s'il n'était pas du plus mauvais exemple d'autoriser les règles de la version par le témoignage d'un caraïte, c'est-à-dire d'un hérétique de la loi des Juifs [1]. L'exégète, confus du scandale qu'avait causé son caraïte, fit bien un carton pour supprimer la citation malencontreuse : il n'en resta pas moins à sa charge que la mauvaise curiosité avait pu du moins dans l'intervalle se satisfaire, et le venin s'insinuer dans les âmes.

Évidemment, Bossuet n'était plus au temps où l'étude directe des sources protestantes lui paraissait l'indispensable condition de toute controverse utile avec les dissidents : n'avait-il même pas, dans son beau livre de l'*Exposition de la doctrine catholique*, cherché à multiplier les points d'entente entre les communions si profondément séparées, et l'originalité unique de l'admirable *Histoire des Variations* à quoi se réduisait-elle en définitive, sinon à faire d'une collection savamment rassemblée de confessions de foi hétérodoxes le centre inexpugnable de la démonstration catholique? Avait-il jamais alors hésité à s'appuyer de l'autorité du docte Bullus, ou des aveux du ministre Ferry? et, parce qu'il se rencontrait avec des protestants sur des points de dogme, s'était-il embarrassé le moins du monde de défendre sa conception personnelle du magistère limité du Souverain Pontife ou les théories augustiniennes de la grâce? R. Simon n'avait donc pas besoin d'énumérer longuement tous les Pères de l'Église qui étudièrent les hérétiques, les citèrent souvent, les mirent à profit plus souvent encore : il n'avait qu'à produire l'exemple de Bossuet lui-même. S'il y eut jamais une tentative à la fois irénique et polémique, digne de faire pendant à l'*Exposition* et aux *Variations*, c'est bien

---

1. *1re Inst.*, Remontrance particulière, 3e passage.

la conception d'un *Nouveau Testament* à l'usage de toutes
les communions chrétiennes, ayant la valeur d'une pièce
diplomatique dans toutes les controverses, et s'il y avait
lieu, dans les futurs traités de paix. Ce projet-là, si, de
l'aveu de tous, Bossuet n'était pas l'homme qu'il fallait
pour l'exécuter, pourquoi faire un crime à R. Simon de
l'avoir conçu, et d'en avoir donné du moins une non méprisable ébauche ?

Un La Rochefoucault, pour juger un adversaire dont
l'âge apparemment n'avait pu épargner tout le génie, eût
fait remarquer peut-être que le jugement baisse avec le
mérite, ou que la sévérité des vieillards les console parfois de leur impuissance. R. Simon, plus brutal, traduisit
une impression qui ne paraît pas avoir été seulement la
sienne, par cette boutade quelque peu irrévérencieuse :
« Il faut le laisser mourir, il n'ira pas loin, » et l'abbé
Le Dieu, qui nous rapporte le mot [1], non sans scandale,
est bien obligé de reconnaître que l'évêque de Meaux,
dans cette affaire, a contre lui tout le monde [2]. Comme
on était loin du temps où Bossuet n'avait qu'un mot à dire
à Le Tellier pour supprimer l'*Histoire Critique !* C'était
aujourd'hui le chancelier de la modeste principauté de
Dombes, M. de Malézieu, qui se permettait de prendre
publiquement la défense de R. Simon, et, tandis que jadis
on entendait La Reynie répéter docilement sur la foi de
l'évêque que les critiques de l'espèce de Simon sont les
fléaux de l'État, la dénonciation de ce nouvel « amas
d'impiétés » n'était plus accueillie cette fois que d'une
oreille quelque peu défiante, avec des respects passable-
ment ironiques.

« ... Je vois clairement, lui écrivait Malézieux, qu'il eût
été à souhaiter que vous eussiez fait votre examen avant

1. Journal de Le Dieu, II, 347.
2. *Ibid.*, II, 353.

notre édition ; mais après tout, Monseigneur, que pouvaient faire de mieux le souverain de Dombes et son chancelier que de prendre des examinateurs de votre main et de celle de M. le cardinal de Noailles ? Et quels examinateurs encore ! des professeurs de théologie, que vous nous avez indiqués par distinction, qui après avoir lu cet ouvrage pendant une année entière, nous ont dit et fait dire vingt fois, avant qu'on l'imprimât, que c'était un livre excellent, et qu'ils le soutiendraient comme leur propre ouvrage [1]. »

Pontchartrain, le chancelier de France, allait plus loin encore : il refusait de laisser paraître les écrits de Bossuet contre R. Simon sans l'approbation des censeurs, et le docteur qu'il avait commis à cet effet se trouvait être, par un singulier retour des vicissitudes théologiques, ce même Pirot que Bossuet avait si énergiquement fait repentir de l'approbation donnée à l'*Histoire Critique!* Quant aux docteurs, ils ne le cédaient pas en audace aux magistrats. L'examinateur du *Nouveau Testament de Trévoux*, Bourret, est un type accompli de Sorbonniste grave, éclairé, scrupuleux : dans ses lettres aux amis de Bossuet, il se défend de toutes ses forces de prétendre se mesurer avec l'évêque qu'il regarde « comme le plus fort théologien du siècle ». Mais il ne se cache pas d'éprouver pour R. Simon des sentiments bien différents des siens ; il se refuse nettement à agir contre la fidélité qu'il lui doit, et déclare qu'il n'y a pas d'autre moyen de terminer le différend que de faire examiner le livre par quelque autre docteur « agréable, ajoute-t-il, d'un ton de révérence quasi plaisante, à mondit Seigneur, d'où résultera le bien de l'Église, comme je l'espère » [2]. Un autre, avec toutes les marques de la plus profonde déférence, fait parvenir à

1. 25 mai, 1702, Bossuet, Lettres diverses.
2. 30 juillet, 1702, *ibid.*

Bossuet des remarques de simple grammaire qui vont contre quelques-unes de ses thèses théologiques les plus chères [1]. Mais celui qu'il importe le plus d'entendre dans cette consultation de théologiens de Sorbonne, c'est Bertin, un ami de Bossuet, qui ne craint pas de plaider en face de l'évêque prêt à lancer la foudre et l'anathème « la bonne foi » du malheureux critique : « J'ai même de la peine à croire qu'il se soit jamais formé aucun système suspect, et qu'il l'ait voulu établir dans ses écrits. Je croirais plutôt qu'il n'a pensé qu'à faire des recherches et des remarques dont il laissait le jugement au lecteur [2]. » Puis, d'un air en apparence fort détaché, il en vient au grand grief de Bossuet, l'interprétation nouvelle de tels passages du Nouveau Testament. Oui, il faut interpréter l'Écriture selon le consentement unanime des théologiens : cette règle est l'unique fondement de la bonne théologie. Mais alors, voilà le bon docteur pris de soudains scrupules : « Cette règle étant si constante, comment est-il arrivé dans l'Église qu'on n'ait point fait difficulté de quitter sur le péché originel une tradition unanime de treize siècles pour embrasser la nouvelle opinion de l'Immaculée Conception? » La question eût pu déjà paraître assez malencontreuse; mais est-ce que l'ingénu docteur de Sorbonne ne s'avisait pas de la compliquer d'un cas de conscience autrement embarrassant? Après avoir rappelé à Bossuet que l'entrée de la Faculté de théologie est interdite à quiconque ne jure pas de soutenir la thèse de l'Immaculée Conception, il déclare que plusieurs jeunes théologiens, se fondant sur la doctrine du *consentement unanime* chère à Bossuet, n'osent prendre des degrés en Sorbonne à cause de ce serment. « Depuis huit jours, ajoute-t-il, il y en a un qui m'est venu demander

1. Lettre de M. Capperonier, licencié en théologie, sur le sens du verbe γίγνομαι, *ibid.*
2. 3 mai, 1702, *ibid.*

confidemment ce que je pensais sur ce sujet… Je n'ai su que lui répondre ; et si j'osais, Monseigneur, je vous supplierais de m'aider à déterminer ce jeune écolier, qui, au jugement de ses maîtres, n'est pas un des moindres sujets qui pourraient entrer dans la Faculté. » R. Simon, qui avait le goût des vives ripostes et des savantes parades, ne dut pas médiocrement apprécier l'escrime théologique de cet imprévu défenseur, et le moyen de croire que la galerie, déjà si peu favorable à l'évêque vieillissant, ne se soit pas rangée du côté de ces subtils jouteurs ? Le grand orateur avait eu certes ses jours de triomphe et de domination inconstestés, et l'on aime à se rappeler par quelle coïncidence heureuse ces années de gloire se rencontrèrent avec les moments éclatants d'un règne dout il fut l'ornement le plus pur. Restaient maintenant à traverser les années mélancoliques de la fin, et l'indifférence, pour ne pas dire l'hostilité, de la haute société religieuse, se trouvait annoncer, à peine quelques années d'avance, l'isolement des derniers jours du grand roi, et le morne silence de la fin sur la route funèbre de Saint-Denis.

Pour nous, plus heureux que ces contemporains qu'a pu fatiguer une si longue et si souveraine domination, nous sommes placés à une juste distance pour apprécier en Bossuet les plus beaux dons du caractère et du génie. L'esprit critique, acquis à l'école de R. Simon, n'y est peut-être pas, tout compte fait, moins favorable. Aussi bien, si rien ne discrédite plus sûrement une œuvre qu'une admiration confuse et imprécise, rien n'en sert mieux les intérêts que l'exact départ de ses défauts et de ses mérites, le sentiment des conditions très complexes qui l'entourent et la déterminent, la critique, en un mot, avec tout ce qu'elle peut comporter de distinctions, de nuances et de réserves. Quand une certaine sévérité de goût n'aiguiserait pas nos jouissances esthétiques, l'admiration n'a-t-elle pas aussi sa probité? Et puis, le moyen de ne pas voir que c'est à de certains manques que tiennent précisément certaines qualités? et le grand avantage de substituer quelque éblouissant et vague halo à une si nette et si vivante physionomie? Quand on sait goûter à son prix cette *imperatoria virtus* qui fait la théologie de Bossuet si combative, sa polémique si véhémente, ses anathèmes si foudroyants, on ne songe pas à lui demander cette bénignité d'humeur que comportent mal, il faut bien l'avouer, de si ardentes et si impétueuses convictions. Pour peu qu'on sache jouir de cette imagination lyrique et de cette maîtrise de la langue, qui font l'artiste proprement incomparable, on ne se met pas en peine de rechercher dans son œuvre et cette variété de connaissances, et cette étendue d'idées, et cette pénétration de regard qu'ont pu revendiquer tant d'esprits d'un rang littéraire infiniment moins élevé. On n'a même pas la force de regretter les emportements d'une orthodoxie quelque peu étroite et soupçonneuse, quand on sait y voir la rançon de si uniques beautés : le génie théologique a eu si rarement la bonne fortune de rencontrer l'éloquence dans ses qualifications doctrinales que R. Simon lui-même, à l'excommunication près, eût été fâché sans doute d'inspirer un moins imposant réquisitoire. Peu de causes, après tout, méritaient mieux un tel honneur, et la critique elle-même, son fondateur s'en doutait bien sans doute, devait si peu souffrir de ces retentissants anathèmes !

CHAPITRE XII

LES DERNIERS TRAVAUX DE R. SIMON
ET LA DÉFENSE DE LA TRADITION ET DES SAINTS PÈRES

Un des sujets préférés de R. Simon dans ces doctes et libres causeries que furent ses derniers ouvrages [1], était la mésaventure, ou plaisante, ou tragique, des savants qui se fourvoient dans le domaine de la théologie. Chez les Juifs, tel rabbin, comme Manassé, s'aventurant hors du terrain de la grammaire, et s'exposant de gaîté de cœur, aux anathèmes des Pères de la Synagogue pour avoir prétendu distinguer entre « la moëlle et l'écorce » de la loi ; chez les protestants, l'érudit Cappel attirant sur sa tête comme à plaisir toutes les foudres du dogmatisme calviniste par ses téméraires atteintes à l'incorruptibilité du texte biblique ; chez les catholiques, un Reuchlin quittant les calmes retraites de la philologie orientale pour se commettre avec les scolastiques de Cologne ou un Naudé expiant, par combien d'années de querelles ! le tort insigne d'avoir, dans un mouvement de colère érudite, qualifié de « rabougri » un vénérable théologien de l'ordre de Saint-Benoît : autant de cas ou d'espèces qui pouvaient paraître au critique vieillissant d'assez plaisantes illustrations de sa propre histoire. D'un certain ton à la fois sérieux et moqueur il ne se lassait pas d'y revenir : c'est

1. *Lettres choisies*, Amsterdam, 1708 ; *Bibliothèque critique* (sous le nom de Saint-Jorg), *ibid.*, 1708-1710 ; *Nouvelle bibliothèque choisie* (sous le nom de Barat), *ibid.*, 1714 : *Critique de la Bibliothèque des auteurs ecclésiastiques de Du Pin*, Paris, 1730.

précisément de ce ton que l'on se dit plus d'une vérité à soi-même. Sous d'autres noms, c'était son propre passé qu'il racontait. Tout jeune encore, ayant cru apercevoir que la fameuse *Perpétuité de la Foi* de Messieurs de Port-Royal ne reposait pas sur une analyse fort exacte des anciens textes orientaux, il avait débuté par cette première témérité de le dire tout haut, au risque de se faire des ennemis dans le parti théologique alors le plus en crédit. Laissant alors la théologie de côté, il s'était livré à l'exégèse biblique : on sait comment le « plus grand théologien du siècle » devait accueillir ses vues sur l'authenticité des livres communément attribués à Moïse. La Bible hébraïque lui paraissant désormais d'une interprétation trop périlleuse, il avait renoncé, comme il disait, au rabbinage, et s'était tourné vers le Nouveau Testament : nouvelle école, où il lui avait fallu entendre, de la bouche de son habituel censeur, les plus rigoureuses des qualifications théologiques. Il ne lui restait plus, pour finir une carrière à la fois si pleine et si tourmentée, qu'à s'enfermer dans la paisible enceinte de l'histoire ecclésiastique : pour plus de sûreté, il s'interdirait tout système, toute vue d'ensemble; ses livres, depuis la *Bibliothèque critique* jusqu'à sa *Critique de la Bibliothèque ecclésiastique de Du Pin*, ne seraient plus que les heures amusées d'un savant au repos, les derniers loisirs d'un septuagénaire érudit qui se déride et se fait de fête. Quel danger pouvait-il désormais courir, ici, à défiler le chapelet des mille anecdotes scientifiques recueillies au cours de ses grands travaux, là, à égrener remarques, notules et cavillations au cours de la lecture du prolixe et indigeste Du Pin? L'histoire de l'Église ne devait cependant pas lui ménager meilleure fortune que l'exégèse ou la théologie : on n'a, pour s'en convaincre, qu'à lire la *Défense de la Tradition et des Saints Pères*. Il est vrai qu'en 1743, quand parut cet ouvrage doublement posthume, Bossuet

était mort depuis trente ans environ. Mais telle était la
vigueur du réquisitoire, resté d'ailleurs forcément sans
réponse, que la mémoire de l'accusé devait en subir une
atteinte pour jamais irréparable. Ce qu'aucune censure,
portée du vivant de l'exégète, contre ses plus hardis
ouvrages n'avait pu faire, la *Défense de la Tradition*, en
dénonçant après coup les premiers essais de l'histoire du
dogme, réussit sans bruit, sans protestation à l'accomplir.
Aussi bien entre l'éloquence de Bossuet et toute la
critique de R. Simon, la victoire devant le grand public
ne pouvait être un instant douteuse.

Aussi, quand il ne se distinguerait pas par les plus
éminentes qualités de style, le dernier écrit de Bossuet
mériterait de sortir de l'oubli où dorment tant d'œuvres
de controverse théologique : l'histoire religieuse doit un
regard au moins rapide à l'œuvre qui a su attacher au
nom de R. Simon, à ses travaux, sinon même à la science
qu'il a fondée, une suspicion si persistante. On ne saurait
du reste mieux conclure une étude sur l'entreprise scientifique du grand exégète qu'en mettant en regard les
écrits de la vieillesse des deux combattants. Ce ne sont
pas seulement comme leurs testaments intellectuels. On
y trouve le genre d'intérêt qu'on a plus d'une fois signalé
dans les ouvrages faits par des vieillards. On y goûte,
selon le mot de Joubert, toute l'originalité des caractères,
et nulle part, semble-t-il, le théologien et le critique ne
se sont plus complètement décelés que dans leurs der-
nières paroles, et, si l'on peut dire, dans leur dernier
geste. Ajoutons qu'à étudier les travaux historiques de
R. Simon concurremment avec l'acte d'accusation qu'en
a dressé Bossuet, nous aurons l'avantage d'en mieux pénétrer la portée : la meilleure manière de comprendre les
idées du grand critique, c'est de les soumettre elles-
mêmes perpétuellement à la critique, et ce qu'il a pensé
de la méthode théologique, de la valeur relative des

organes de la tradition, de la transformation des idées et des institutions historiques, il n'eût pu souhaiter qu'on l'étudiât mieux que par une perpétuelle comparaison avec les principes de son illustre adversaire.

I

Les procédés de discussion théologique sont en général d'une inépuisable variété. « Les théologiens ont réponse à tout », dit-on souvent des ouvrages de polémique religieuse que nous a laissés ce double moyen âge qui s'étend avant et après la Réforme. Mais de qui est-ce plus vrai que de celui que les Sorbonnistes déclaraient tout d'une voix « le plus grand théologien de l'époque » ? Non seulement rien n'arrête Bossuet, rien ne le prend au dépourvu, mais la souplesse de ses attaques n'a d'égale que la fertilité de ses moyens de défense. C'est un exemple sans prix dans l'histoire de la dialectique humaine, et il ne faut pas regretter les longs siècles de scolastique qui ont préparé l'éclosion finale de ce génie de l'argumentation. Ce n'est pas cependant que ses procédés logiques si variés ne se réduisent à quelques types bien définis. L'auteur de la *Défense de la Tradition* a beau déployer une admirable abondance de ressources démonstratives : il n'est pas impossible de les ranger sous quelques rubriques de nombre restreint. Quelques pages des *Analytiques* ont suffi à classer tout le travail de l'imagination dialectique en Grèce, depuis Gorgas jusqu'à Platon. Peut-être le dernier écrit de Bossuet ne se laissera-t-il pas réduire en catégories moins distinctes ni moins instructives.

R. Simon, dans son *Histoire critique des Commenta-*

teurs[1] et, depuis, dans ses miscellanées historiques, avait noté la remarquable interprétation donnée dans les premiers siècles de l'Église au célèbre verset de saint Jean : « Si vous ne mangez la chair du Fils de l'homme, vous n'aurez point la vie en vous ». Saint Augustin, d'accord avec nombre de Pères, en avait déduit, d'après R. Simon, la nécessité de donner la communion aux petits enfants, et bientôt, cet usage n'était pas devenu moins général que celui du baptême : témoignage assez curieux, remarquait R. Simon, de la liberté qu'a toujours eue l'Église de modifier ses propres règles au cours des temps. Mais que la tradition ait pu varier sur un point de cette importance, c'est ce que Bossuet ne saurait admettre un seul moment : on lui oppose des textes précis : il s'agit de les interpréter. Saint Augustin, dit-on, affirme que les enfants doivent recevoir l'Eucharistie : c'est une simple manière d'affirmer qu'ils doivent recevoir le baptême, car les théologiens affirment que par le baptême ils deviennent « membres mystiques du corps de J.-C., et qu'ainsi ils participent sur quelque manière au Sacrement de l'Eucharistie[2] ». R. Simon, qui avait déjà lu cette ingénieuse interprétation des textes dans le théologien Tolet, n'avait pas craint de la traiter de chicane et de subtilité. Mais quoi ! Bossuet cite, depuis saint Fulgence jusqu'à Bellarmin, tant d'autorités en faveur de cette méthode d'argumentation qu'il faut bien reconnaître avec lui qu'elle est de tout temps constitutive de la théologie.

Le procédé de la distinction n'est pas moins fondamental dans les discussions théologiques que la ressource si expédiente de l'interprétation. La *Défense* en fournit des exemples également topiques. R. Simon avait observé que les premiers siècles de l'Église ne semblaient pas

1. P. 287.
2. *Défense de la Tradition et des saints Pères*, I, i, 14.

avoir connu, au moins sous la forme rigoureuse et précise que lui a donnée saint Augustin, la doctrine du péché originel, et il avait cité nombre de passages des Pères grecs qui semblent attester une certaine indétermination du dogme en cette importante matière [1]. Telle est, sans parler des textes nombreux de Clément d'Alexandrie, de Grégoire de Nazianze et de Grégoire de Nysse, la déclaration si formelle, semble-t-il, de saint Jean Chrysostôme : « Nous baptisons les enfants, quoiqu'ils n'aient point de péchés ». Bossuet, qui ne peut admettre entre deux aussi grands docteurs qu'Augustin et Chrysostome, la moindre divergence, non seulement de vues, mais d'expressions, se tire le plus aisément du monde de cette difficulté à l'aide d'une distinction, empruntée d'ailleurs à saint Augustin lui-même : « Saint Chrysostome prétend que les enfants n'ont point de péchés, c'est-à-dire propres, et c'est pourquoi nous les appelons innocents, au sens où saint Paul a dit de Jacob et d'Esaü qu'ils n'avaient fait ni bien ni mal, et non au sens où il a dit qu'on est pécheur dans un seul, par le péché d'autrui ». Et Bossuet, estimant cette distinction de la dernière évidence, conclut victorieusement contre Simon que « c'est vouloir embrouiller la chose la plus claire du monde que de chercher ici de l'embarras [2] ». Procédé lumineux en effet, que les Pères grecs ont pu trop négliger ; mais dont les théologies à partir de saint Augustin n'oublieront plus la précieuse ressource.

Mais pas n'est besoin d'introduire de distinctions dans les textes souvent trop peu explicites des premiers âges. Il suffit de les lire simplement à la clarté des idées nouvelles, et il n'est pas une seule des obscurités de l'ancienne tradition que la seule évidence ne réussisse à

1. *Histoire Critique des Commentateurs de N. T.*, ch. X à XIV.
2. *Défense*, II, ix, 3.

démêler. Dans ses travaux sur le Nouveau Testament, R. Simon avait eu plus d'une fois l'occasion de noter l'indistiction primitive de certains ordres ecclésiastiques, et, plus tard, dans ses recherches sur l'histoire du dogme, il avait noté, depuis les Pères apostoliques jusqu'à saint Jérôme, la fréquente confusion des termes de *prêtre* et d'*évêque* [1]. « Cette distinction, dit saint Jérôme, dans son *Commentaire sur l'épître à Tite* n'a été introduite que depuis qu'il y eut différents partis, qui donnèrent occasion à établir d'entre les prêtres un chef qui fût au-dessus d'eux, au lieu qu'ils gouvernaient auparavant tous ensemble les Églises. » Bossuet n'est pas de ceux qui pensent que, pour établir des faits, l'appel au bon sens est de peu d'usage. « Tous les écoliers, dit-il, savent par cœur ce passage de saint Jérôme, et on évite de le proposer sur les bancs tant il est commun. » Ce passage « si trivial, ajoute-t-il même, n'a mérité de trouver sa place dans le curieux ouvrage de M. Simon qu'à cause que les protestants s'en sont appuyés contre l'Église » [2]. Le moyen en effet de ne pas découvrir le présent dans le passé, quand on l'étudie avec l'idée bien arrêtée qu'il le contient tout entier? et avec quelle facilité les écoliers, en particulier, ne retrouveront-ils pas au moindre mot, même dans les textes les plus énigmatiques, les institutions actuelles, les seules qu'il leur ait jamais été donné de connaître? L'histoire ainsi étudiée ne saurait, on le voit, causer le moindre embarras au théologien : les témoignages contraires à l'une quelconque de ses thèses sont soumis au simple sens commun et les faits anciens, interprétés à la lumière des institutions présentes, viennent docilement se ranger sous les partitions logiques de ses démonstrations.

1. *N. T. de Trévoux*, note sur *Actes*, 20, 28, et *Hist. Crit. des Commentateurs*, p. 234, sq.
2. *Défense*, I, iv, 1.

On voit avec quelle aisance Bossuet tranche par un appel à l'évidence un point d'histoire des plus litigieux que l'on connaisse : il ne lui paraît pas moins légitime de décider par un appel à l'autorité une question de pure philologie ou, si l'on veut, de simple exégèse grammaticale. Rien n'est plus connu que le passage où saint Paul met en parallèle dans l'*Épitre aux Romains* (V, 12) le développement du Péché qui vient de l'homme et le développement de la Justice qui vient de Dieu : « Par un seul homme, dit-il, le péché est entré dans le monde, et par le péché, la mort, et ainsi, la mort a passé sur tous les hommes — εφ'ῷ πάντες ἥμαρτον, *in quo omnes peccaverunt*, traduit la Vulgate. Faut-il, avec saint Augustin, qui se réfère à la seule Vulgate, entendre ici : en qui tous ont péché ? » Ou doit-on, avec Théodoret qui ne connaît que l'original, comprendre : « parce que tous ont péché ? » R. Simon, remarquant que la plupart des Pères grecs ont commenté ce texte sans y faire la moindre allusion au péché originel, et s'en rapportant d'ailleurs, comme Photius et Érasme l'ont fait avant lui, à la simple grammaire pour l'intelligence d'une locution si familière, ne craint pas de se ranger du côté de Théodoret, et se refuse à voir ici le *péché commis en Adam*, selon l'expression chère aux augustiniens [1]. L'indignation de Bossuet en présence d'une pareille audace ne se peut décrire : il faut lire les douze chapitres où, d'un ton de scandale à la fois et de triomphe, il oppose à « l'ignorant écrivain, à l'homme de mauvaise foi », l'autorité de tous les excellents théologiens de l'École, celle de quatre conciles, dont l'un œcuménique, celle enfin de l'Église catholique tout entière et du Saint-Esprit qui a visiblement parlé par la bouche de saint Augustin [2] ? On sait du reste qu'aux yeux

1. *Commentateurs*, p. 661.
2. *Défense*, II, vii, 12.

de Bossuet, il n'y a de tradition valable que celle qui est conforme à la doctrine de l'adversaire de Pélage. Mais qui n'admirerait l'art avec lequel il s'empare d'une question qu'on avait à dessein laissée exclusivement sur le terrain de la philologie et la soumet à la seule décision des théologiens? Qui ne s'étonnerait surtout de son intrépidité à faire dépendre la doctrine catholique d'un contresens et à vouloir revendiquer pour les traducteurs et commentateurs de l'Église jusqu'à l'infaillibilité du solécisme?

Mais il est un procédé de discussion que Bossuet prise encore bien davantage et qu'avant de s'en servir pour son propre compte il avait vivement recommandé dans l'un des plus remarquables chapitres de sa *Logique* : « C'est une belle manière de prouver la vérité, que de marquer les inconvénients où tombent ceux qui la nient[1]. » Cet argument « qui jette dans l'inconvénient », comme il dit encore, cette *deductio ad incommodum*, ce sera son arme favorite contre l'œuvre du critique. R. Simon, parlant en pur historien de certaines vicissitudes de la tradition, montre-t-il par exemple que les doctrines trinitaires n'ont pas eu toujours la précision et la fixité que le long travail de la théologie leur a depuis assurées? Il poursuit un dessein pernicieux à l'Église, et ses écrits, contraires au bon esprit et à l'édification sont suffisamment réfutés par l'indifférence religieuse qui en est la conséquence[2]. Cherche-t-il, en érudit curieux et fureteur, à reconstituer certains systèmes peu connus, comme par exemple la doctrine si célèbre à la fois et si mal éclaircie de l'hérétique Michel Servet[3]? Bossuet demande victorieusement au critique quel fruit les lecteurs pourront tirer de la connaissance des arguments de cet impie, et

1. *Logique*, III, 14.
2. *Défense*, I, ii, 17.
3. *Commentateurs*, p. 822.

s'indigne de le voir rendre inutile « le seul bien que Calvin eût fait, qui était la suppression des ouvrages de cet hérésiarque [1] ». Ailleurs, R. Simon, en spirituel émule d'Érasme, nous conte-t-il en passant sur la foi du docteur d'Expense, les propos de ce gentilhomme romain « qui disait souvent que ses compatriotes avaient un grand éloignement de la théologie de peur de devenir hérétiques, et qu'ils s'appliquaient seulement au droit pour s'ouvrir un chemin dans la Rote et parvenir aux plus hautes dignités de l'Église [2] » ? Bossuet se récrie sur cette « sanglante et insolente satire » qui enveloppe dans un même sarcasme Rome et la théologie, la religion et l'Église [3]. Et il faut bien avouer qu'en toutes ces analyses d'anciens auteurs, en tous ces dépouillements de vieux textes, le critique s'est moins préoccupé d'édifier ses lecteurs que de les instruire, et que le seul genre de piété dont témoignent ses recherches c'est celui qu'inspire à un historien scrupuleux la vérité des faits. Il faut avouer encore qu'il parle des dogmes avec une certaine « simplicité », disons même, une certaine familiarité qui semble à Bossuet dépouiller la religion de ce qu'elle a de plus auguste, et qu'on ne trouve jamais dans ses écrits « cette sublime théologie qui nous élève au-dessus des sens et nous introduit plus avant dans le cellier de l'Époux [4] ». Reconnaissons même que le moqueur n'eût pas accueilli pareille critique sans un sourire, mais ajoutons tout de suite à sa décharge que, des deux méthodes en présence ce n'était pas la sienne qui lui paraissait la plus nuisible aux intérêts bien entendus de l'Église. Et qui donc osera dire que l'évènement ne lui a pas donné raison ?

1. *Défense*, I, iii, 3.
2. *Commentateurs*, p. 593.
3. *Défense*, I, iii, 18.
4. *Défense*, I, iii, 15.

Quand Voltaire et les encyclopédistes lanceront contre l'Église ces mille pamphlets insolents ou perfides dont les traces ne sont pas aussi complètement effacées qu'on se l'imagine, à quelle conception du christianisme iront-ils s'attaquer ? Ce qu'ils croiront pouvoir aisément couvrir de sarcasmes et de ridicule sera-ce l'idée d'une tradition religieuse susceptible d'éclaircissements successifs et de progrès, ou le système d'une révélation absolue et complète dès le premier jour, aussi parfaite à ses débuts qu'à son achèvement ? Qu'on lise l'*Essai sur les Mœurs*, ou l'*Examen* de Bolingbroke et qu'on dise si ce qu'on y trouve, mais honni et bafoué, ce n'est pas précisément le concept fondamental du *Discours sur l'Histoire Universelle*. L'idée d'une tradition absolument fixe et que l'on conçoit immobile en la proclamant immuable, Voltaire l'a précieusement empruntée à Bossuet, mais pour montrer que, juive ou chrétienne, elle n'était qu'un monotone tissu d'absurdités et d'erreurs. Et, bien loin qu'on puisse reprocher à R. Simon d'avoir fourni aux ennemis de l'Église de pareils arguments, c'est dans ses histoires critiques de la tradition religieuse qu'il faut aujourd'hui même encore en chercher la seule réfutation.

II

On vient de voir par quels procédés courants de dialectique Bossuet défend contre R. Simon l'immutabilité de la tradition. Il est cependant un argument qui mérite d'être distingué d'entre les autres, tant il a d'importance dans la pensée du théologien, tant il reparaît avec insistance à presque toutes les pages de la *Défense de la Tradition et des Saints Pères* : si les idées religieuses ont aux yeux de Bossuet une constante fixité, c'est en effet que leur diversité apparente se réduit à une unité réelle et profonde dans la doctrine et l'œuvre de saint Augustin. La tradition, quels qu'en soient les organes, a toujours une valeur absolue; mais le Père de l'Église d'Afrique en est la plus pleine expression, et c'est en lui qu'elle prend en quelque manière conscience de son unité indéfectible et immuable. Opposer à R. Simon un témoignage théologique d'une telle valeur, c'est, on le comprend, ruiner par la base, sa conception tout historique de l'enseignement des Pères et sa théorie de l'exégèse toujours relative des interprètes.

Certes, ce n'est pas R. Simon qui, dans une argumentation théologique, eût, comme tel moliniste de son temps, lancé, à la face des augustiniens scandalisés, ce *Transeat Augustinus*, la plus dédaigneuse et la plus cinglante des impertinences scolastiques. Il n'eût pas même, comme son ami le Père de la Chaise, pris sur lui de faire passer pour un auteur dangereux le plus considérable des Pères de l'Église. Il laissait aux uns d'en faire fi, aux autres de s'en alarmer, et se contentait, en scrupuleux érudit qu'il fut toujours, de noter les lacunes de son génie ou pour mieux dire de son savoir. Là-dessus à la vérité il ne tarissait pas. Comment en effet un Docteur aussi vanté avait-il pu en mille endroits se montrer si mal instruit de cette Tradition religieuse qu'il prétendait défendre ? Assez au courant des ouvrages de l'antiquité profane, et encore à la condition qu'ils fussent en latin, comment un professeur de rhétorique si estimé s'était-il donné le tort impardonnable d'ignorer, en même temps que la langue grecque, à peu près toute la littérature chrétienne des quatre premiers siècles? Et qu'on ne vînt pas dire que, grâce à son génie théologique, il avait pu reconstituer tout le travail des grands spéculatifs de l'Église d'Orient, depuis Clément d'Alexandrie jusqu'à Jean Chrysostôme : comme si rien pouvait racheter chez un théologien l'ignorance absolue des premiers monuments historiques de la tradition chrétienne, alors si nombreux encore et si précieux à aborder directement ! Sa sublime théologie, il l'avait en somme tirée de lui-même ; mais est-ce un théologien, est-ce un poète, qu'on a le droit de louer de ne connaître que son âme ?

Et le fait est que ce que nous reconnaissons aujourd'hui, avec R. Simon, dans l'œuvre de saint Augustin, c'est d'abord et par-dessus tout saint Augustin lui-même. Romain d'Afrique, il ne faut pas s'attendre à le voir bannir de sa théologie les subtiles antithèses, ni les paradoxes véhéments, et la Cité de Dieu n'est pas plus étroitement fermée à l'immense majorité des enfants d'Adam que la Cité antique, fondée sur la prédestination de la naissance, n'est fermée aux étrangers et aux esclaves : *humanum paucis vivit genus.* Gagné de bonne heure à l'apparente simplicité des doctrines manichéennes, il restera toute sa vie sous l'influence du pessimisme métaphysique qui gît au fond de ce système, et jamais la conception orientale de la nécessité et de l'éternité du mal n'aura un plus zélé défenseur que cet évêque. Curieux de science et de médecine entendues à la manière de l'antiquité, il apprendra à l'école des physiologistes de son temps, que l'âme se transmet avec la vie du générateur à l'engendré et, sans se prononcer absolument, il aimera à croire que du premier homme jusqu'au dernier de ses descendants elle va se multipliant à l'infini sans cesser d'être jamais identique à elle-même, et c'est ainsi que la plus matérialiste des théories scientifiques lui fournira les données fondamentales de la plus métaphysique des conceptions, celle du péché originel. Converti par une force mystérieuse qui, l'arrachant tout à coup à ses fautes et brisant son orgueil, le jeta, vaincu et désarmé, au pied de la croix, il n'opposera rien en somme au stoïcisme chrétien du moine breton Pélage que

les expériences d'un cœur fragile, l'histoire de ses intimes
et inévitables défaites. Qu'on ajoute à ces événements
intellectuels, aux diverses circonstances de son éducation, les faits de sa vie extérieure, et en particulier les
grandes catastrophes sociales dont il a été le témoin et
qui lui sont apparues comme les irrésistibles coups
d'État d'une toute-puissance supérieure aux volontés
humaines, et l'on aura les principaux éléments de la théologie la plus étrangère à l'idée de liberté qui fut jamais.
Quant à la tradition chrétienne des premiers siècles, qu'on
n'en cherche pas ici, affirme R. Simon, la moindre trace :
sa doctrine, comme celle précisément des premiers fondateurs du christianisme, c'est sa vie. Plus la substance
étrangère y faisait défaut, plus il y a mis de son âme, de
ses nerfs, et de son sang, et qui donc le regretterait de
compte fait, en songeant à tout ce qu'enveloppait de
génie une si complète ignorance de tout ce qui n'était pas
sa propre personnalité ?

Pour Bossuet, il en va, bien entendu, tout autrement.
Saint Augustin, il ne cesse de le répéter, c'est la tradition. Ce que l'enseignement de l'Église peut avoir de
plus général et de plus constant, c'est à saint Augustin,
oracle impersonnel de la foi, qu'il faut le demander. *La
Défense de la Tradition et des Saints Pères* n'est pour
la plus grande part consacrée qu'au développement de
cette thèse. Saint Augustin dit-il, par exemple, que
l'humanité, depuis la faute d'Adam, est devenue masse de
boue et de péché, *massa luti, peccati*, et qu'elle pourrait
être damnée très justement si Dieu ne devait y trouver la
matière de ses vases d'honneur [1] ? R. Simon cherche en
vain les fondements d'une doctrine aussi terrible dans les
théologiens grecs, et même dans la tradition latine [2] :

1. *Épist.* 190, *Optato, cap.* 3.
2. *Commentateurs*, 238, sq. 202, sq.

Bossuet emploie tout un livre à établir qu'il n'est pas possible que l'Orient ait cru tout autre chose que l'Occident et que l'Occident n'a pas pu croire autre chose que l'évêque d'Hippone [1]. Saint Augustin prononce-t-il encore, au grand étonnement de R. Simon, qu'il y a un nombre fixe de prédestinés, *certus numerus prædestinatorum*, et parle-t-il de l'*immobilité de la prédestination*, indépendante de toute volonté humaine [2]? Bossuet estime que le fait indéniable de la damnation des enfants morts sans baptême suffit à montrer sur ce point l'accord de saint Augustin avec toute la tradition [3]. L'évêque d'Hippone s'efforce-t-il de tourner par toute espèce de subtilités ce passage bien connu que « Dieu veut sauver tous les hommes », disant par exemple qu'il s'agit de *tous* ceux que Dieu a prédestinés [4]? Bossuet fait assaut de dialectique avec son Docteur préféré pour montrer qu'il n'y a rien là qui ne soit conforme à l'enseignement général [5]. Et qu'on ne lui objecte pas que saint Augustin ignorait le grec. Certes, il pouvait s'en passer : « Saint Augustin, dit-il quelque part, sans hébreu et avec assez peu de grec, est devenu le plus grand théologien de l'Occident [6]. » Aussi bien, la connaissance des sources et le raisonnement théologique ne sont-elles pas choses fort différentes?

Mais que R. Simon ne s'imagine pas profiter d'un tel aveu, et qu'il n'aille pas s'aviser de relever des contresens dans les commentaires exégétiques de saint Augustin. Si le Docteur de la grâce a lui-même avoué son ignorance, Bossuet n'hésitera pas à démontrer contre lui-même qu'il savait parfaitement les langues sacrées et

1. *Défense*, II, v.
2. *Epist. ad Vital.*, 5.
3. *Défense*, II, ix, 21.
4. *Epist. ad Vital*, 6; *de Covr. et gr.*, 14, 44.
5. *Défense*, II, xiii, 0 sq.
6. *Ibid.*, I, iv, 18; cf. *1e Instruct. sur la Version de Trévoux*, remarque particulière, 7.

qu'il en a tiré tout le parti possible contre les pélagiens. Il faut là-dessus l'entendre en effet admirer avec quelle exactitude philologique saint Augustin a su distinguer πολλούς de πλείστους, et confondre ainsi Julien, le disciple de Pélage. Mieux encore, le docteur de la grâce a montré avec une précision admirable que les *perizomata* dont se couvrirent nos premiers parents n'étaient point, d'après l'étymologie, des vêtements quelconques, mais des ceintures dont l'usage très spécial entraînait les conséquences dogmatiques les plus considérables [1]. Quand Bossuet ajoute, sur la foi du même Père, que le mot *pathos* désigne très justement dans saint Paul la concupiscence, parce qu'il signifie en grec « une maladie habituelle, c'est-à-dire le plus mauvais genre de maladie », il semble bien révéler lui-même à sa manière qu'on peut être fort grand théologien sans être un philologue bien renseigné. Mais qu'importe en définitive si là où saint Augustin n'eut pas assez de savoir pour connaître toutes les doctrines traditionnelles, il eût assez de génie pour les deviner ! C'est là sa gloire, selon Bossuet ; par étude ou par divination, il s'est assimilé à ce point le système chrétien, qu'il le représente et en quelque manière le personnifie. Saint Augustin, en un mot, ce n'est pas un organe, même le plus autorisé, de la tradition, c'est la tradition elle-même, dans ce qu'elle a de plus impersonnel et de plus abstrait.

Que les défenseurs du molinisme aient été fort loin de souscrire à ces conclusions, c'est ce qui n'étonnera personne. De ce côté, en dépit de Bossuet, la théorie augustinienne de la grâce continua à garder la valeur que peut conférer à une théorie l'autorité d'un aussi grand docteur ; or, s'il n'en faut pas plus pour asseoir une *probabilité* morale, tout le monde sait bien que ce n'est pas assez pour fonder une doctrine théologique. Mais du côté

1. *Défense*, II, vii, 5.

opposé, Bossuet, chose surprenante, rencontra une opposition encore plus formelle. C'était en effet une idée chère à Jansénius et à ses disciples que le mérite incomparable de saint Augustin n'était pas d'avoir suivi la tradition, mais de l'avoir hardiment négligée pour retrouver le pur esprit de l'Écriture. « Augustin, disait l'auteur de l'*Augustinus*, est le premier qui, s'attachant à l'Écriture, sans considérer la Tradition, ait renversé par la force de ses raisons le fondement de l'hérésie arienne [1]. » C'est précisément le contre-pied de la thèse de Bossuet. Et ainsi la *Défense*, en prétendant concilier saint Augustin avec la Tradition, se trouvait avoir contre elle les théologiens de tout bord. Esprit de juste milieu, ce n'était pas la première fois que Bossuet échouait dans la difficile entreprise de faire accepter à tous ses thèses de tiers-parti. Il est du moins une tâche où il devait réussir, et ce n'était peut-être pas la moins importante à ses yeux, celle d'inspirer à tous les partis théologiques une commune défiance pour l'historien de leurs systèmes. Si l'accord devait jamais s'établir, R. Simon en ferait les frais : ce ne fut pas en effet le moins clair résultat de son ouvrage.

III

Il est à peine besoin de signaler le dernier caractère de la méthode de discussion théologique dans Bossuet : il résulte aussi bien de tout ce qui précède. Le grand théologien s'est fait une certaine idée de cette *tradition* dont il a entrepris la défense; il accumule, pour prouver qu'elle

1. *Critique de Du Pin*, I, 147. Augustinus, adversus constantem praecedentium sententiam: magno ausu, majore conscientia subnixus, scripturarum pondere et rationum gravissimarum ac textura, primus, pansis velis, in libris de Trinitate demonstravit... Cité p. R. Simon, *ibid*.

est légitime, des prodiges de dialectique, qui font de son dernier écrit, comme disait R. Simon d'après Montaigne, le triomphe de la faculté ratiocinante. Mais il n'a nulle part la pensée de se demander si ce qu'il défend sous le nom révéré de tradition correspond à ce qu'entend par là le critique qu'il combat et anathématise. On a vu qu'ils n'étaient pas plus près de se mettre d'accord sur les hommes que sur les méthodes : ils sont plus éloignés peut-être encore de s'entendre sur les choses mêmes qui font l'objet de leur débat. Bossuet fait remarquer dans sa *Logique* qu'il en est de la discussion comme d'un champ à qui la définition donne de justes bornes » : il serait piquant que, selon son expression, il eût été chercher son adversaire bien loin du lieu où il l'attendait réellement.

Pour Bossuet, la Tradition, en effet, est l'enseignement actuel ou immédiatement antérieur des écoles théologiques. Ce qui la caractérise essentiellement, c'est le degré de complexité et de richesse qu'offrent toutes les notions dogmatiques, à les prendre, soit dans les définitions de tel concile récent, comme le concile de Trente, soit dans les développements de tels théologiens en crédit, comme ceux qu'il appelle « les fortes têtes de la Faculté de Paris ». A leur origine première, les concepts théologiques, encore pauvres de nuances et dépourvus de précision font-ils proprement partie de la Tradition ? On peut en douter, à voir avec quelle véhémence il met en garde les lecteurs de R. Simon contre une certaine *simplicité* que l'exégète, « d'accord avec les sociniens », veut, dit-il, mettre à la mode [1]. En tout cas, ces obscurs rudiments de la tradition restent habituellement hors de son regard : il ne connaît les théories théologiques qu'à leur état de complet développement, et à nulle époque il ne conçoit le dogme religieux que comme un système lié et

---

1. *Défense*, I, iii, 14.

défini en toutes ses parties, comme un cycle entièrement
et à jamais fermé.

Ce que cette théorie soutenait de rapports intimes et
nécessaires avec l'*Histoire des Variations*, il n'est personne
qui ne l'aperçoive au premier coup d'œil. Le polémiste
qui avait si adroitement triomphé contre les protestants
des vicissitudes de leurs symboles et des discords de leurs
théologiens ne pouvait, de gaîté de cœur, voir R. Simon
signaler les fluctuations incessantes de la théologie traditionnelle. Ce n'était pas seulement l'honneur du controversiste qui se trouvait engagé ; c'étaient plus encore les
intérêts de la cause même qu'il avait si passionnément
servie, en consacrant près de cinquante ans de sa vie à la
réfutation du protestantisme. L'adversaire de son œuvre
la plus chère, ce n'était en définitive, ni Claude, ni Jurieu,
ni Basnage, ni enfin aucun des protestants qu'il avait
combattus et qu'il pouvait se flatter d'avoir réduits au
silence, c'était un religieux catholique. Richard Simon,
dont il croyait, trente ans plus tôt, avoir étouffé en germe
le système si redoutable. On conçoit de quelle ardeur
Bossuet s'est porté à la défense des principes essentiels
sur lesquels reposait tout son plan de controverse. Si l'on
ajoute que rien n'est en général favorable à l'éloquence
et ne sourit aux génies oratoires comme les grands partis-
pris d'une doctrine très hardiment tranchée, on devinera
tout ce qu'a pu éveiller, même chez l'écrivain septuagénaire, de passion, de vivacité et de flamme la cause
toujours si âprement défendue de l'immutabilité de la
tradition.

Sera-t-il permis d'ajouter que l'activité théologique de
Bossuet n'a pas été sans se ressentir de cette conception
particulière de l'enseignement doctrinal dans l'Église ? Du
moment que la Tradition se présente au théologien comme
un total fixe de vérités, ou si l'on veut, comme un bloc de
contour défini et de masse immobile, le moyen qu'une

initiative dogmatique originale ne paraisse pas la plus chimérique des entreprises ? Aussi d'autres docteurs ont pu introduire dans l'enseignement traditionnel telle théorie religieuse qui porte leur empreinte propre ; saint Athanase a pu frapper d'une effigie à jamais reconnaissable les spéculations trinitaires ; saint Cyprien a pu mettre quelque chose de son génie théologique dans le chapitre de l'organisation de l'Église ; saint Augustin a gravé d'une marque si personnelle les théories de la grâce et du péché originel, qu'on l'y retrouve tout entier. Quant à Bossuet, il faut bien avouer qu'on cherche vainement sa part dans l'immense travail de la pensée religieuse : la théologie n'a pas plus que la philosophie de chapitre à inscrire sous son nom. Et c'est pourquoi des littérateurs, comme La Bruyère, pourront bien le saluer du titre de Père de l'Église : l'hommage n'a rien de trop flatteur quand on songe à tant de merveilles de style qui laissent bien loin derrière elles les plus belles inspirations de l'ancienne éloquence religieuse. Il paraît cependant douteux que les historiens de la théologie le ratifient jamais. R. Simon en particulier n'eût pas hésité à trouver que si pareil hommage ne faisait que peu d'honneur à l'orateur et à l'écrivain, il en faisait infiniment trop au docteur et au controversiste.

L'historien des *Commentateurs*, comme on le voit, se rendait un compte assez exact de la conception que Bossuet s'était formée de la Tradition. Il n'est peut-être pas aussi sûr que Bossuet ait embrassé dans toute leur étendue les idées si nouvelles que l'étude des Pères et des exégètes avait inspirées au philologue-historien. Pour celui-ci, en effet, la Tradition forme un ensemble de doctrines singulièrement vaste et diversifié : l'enseignement actuel y rentre assurément, avec toutes ses définitions et ses précisions nouvelles, avec ses théories élaborées, limées et arrondies par des générations d'habiles théologiens ; mais ce qu'il faut y chercher surtout, c'est l'enseignement primitif avec ses manques, ses à-coups et ses heurts, ce sont les doctrines accréditées jadis et depuis tombées dans l'oubli, les ébauches premières plus ou moins heureuses, plus ou moins susceptibles de vitalité, les malformations et les déformations accidentelles si instructives par leurs irrégularités mêmes, enfin tout ce qu'a pu produire au cours des siècles le travail infatigable de la pensée religieuse toujours en éveil et en voie de production. C'est dans ce monde quelque peu chaotique et confus des premiers âges théologiques que fréquentait avec prédilection la curiosité de l'ingénieux chercheur; on conçoit aisément que la belle imagination oratoire de Bossuet, si éprise d'ordonnance et de perfection, y ait habité avec moins de complaisance, si même elle daigna jamais l'explorer.

R. Simon, qui n'avait jamais eu le goût de l'alignement théologique, avait, en 1684, composé sur l'*Origine et le progrès des revenus ecclésiastiques* un petit livre farci des contrastes historiques les plus piquants. De l'église de Jérusalem, vivant misérablement de collectes et d'aumônes comme les plus pauvres des synagogues, il conduisait le lecteur jusqu'à cette Église du xvii° siècle, où le roi d'Espagne se trouvait être, après le pape, le plus haut prélat de la chrétienté, le supérieur légal du plus grand nombre de couvents, le bénéficiaire le mieux pourvu de canonicats, de prieurés et de prébendes. De saint Augustin, refusant d'accepter des héritages ou d'acheter des terres pour son église, on passait à Richard Ier réunissant les évêques de son royaume pour leur exposer en pleurant qu'il n'avait plus aucune ressource en propre et que tous les biens de son royaume étaient tombés aux mains des Moines blancs, des Moines noirs et des chanoines de tous les ordres. Après avoir commenté les lettres si curieuses de saint Jérôme contre les clercs vagabonds et quémandeurs, il en venait à ces non moins surprenants cartulaires du

moyen âge où les biens du monastère sont divisés en deux
sections : les propriétés légitimes et les biens mal acquis.
Ce que R. Simon avait fait pour l'histoire des institutions,
il aurait pu le faire tout aussi bien pour l'histoire des
idées. Il préféra, pour nombre de raisons qu'on devine,
laisser les matériaux de ce nouveau livre épars dans ses
Lettres critiques et ses notules de bibliothécaire. Mais on
découvre aisément les grandes lignes, très souples et
très fuyantes, du tableau historique qu'il aurait pu tracer :
là où d'autres ne voyaient qu'uniformité et fixité absolues,
il nous en a dit assez pour nous suggérer quelles transformations profondes pouvaient à ses yeux se concilier
avec l'unité générale du développement chrétien. Son
Histoire des Commentateurs n'avait pas été sans atteindre
quelques-unes des grandes réputations acquises, comme
il disait, dans la nation scolastique : il ne voulut pas
porter le dernier coup aux idées qu'elle représentait, et
l'histoire de l'origine et du progrès de la théologie alla
rejoindre tant d'autres projets que la théologie elle-même
ne lui avait pas permis d'exécuter.

Retiré de sa cure de Bolleville, où il s'était réfugié
après sa sortie de l'Oratoire, il avait fini, après quelques
séjours intermittents à Rouen et à Paris, par se fixer à
Dieppe, sa ville natale. Il y vivait dans la solitude et le
travail, ajoutant chaque jour à l'énorme amas de ses observations sur la Bible et l'histoire de l'Église. Un jour, il
fut à l'improviste mandé par l'Intendant du Roi, qui, sur
un rapport des Pères Jésuites, crut devoir s'informer du
but de ses recherches et de l'état de ses manuscrits.
Troublé, inquiet, redoutant qu'après sa mort on ne s'em-
parât de ces papiers pour en faire un usage contraire à ses
vues, il ne fut pas plus tôt rentré chez lui que, remplissant
plusieurs tonneaux de notes et d'écrits de tout genre, il
alla les brûler hors des portes de la ville [1]. Le regret,

1. Bruzen de la Martinière, *Vie de R. Simon*, en tête des *Lettres*

l'agitation, la crainte, mille sentiments que son heureuse et calme nature n'avait jamais connus, lui causèrent bientôt une fièvre violente, dont il prévit sur-le-champ les suites. Il reçut les derniers sacrements et mourut en avril 1712, à l'âge de soixante-quatorze ans. Par sa manière de vivre, aussi bien que par la tournure habituelle de ses idées, il paraissait déjà même à ses contemporains un homme antique. On le loue aujourd'hui de la nouveauté de ses idées. Il eût préféré pour son compte la louange qu'Eusèbe de Césarée donnait au vieil historien Hégésippe, quand il l'appelait un homme ancien, ἀρχαῖος ἀνήρ. Il était en effet, lui aussi, un homme d'autrefois, un homme d'avant le concile de Trente, d'avant la scolastique, peut-être même d'avant la théologie, quoiqu'il la connût assez bien. Il avait la coquetterie peu ordinaire de remonter par-delà bien des choses déjà respectablement âgées. Il est vrai, comme l'étude prochaine essayera de le montrer, que ce n'est pas toujours, au regard de la postérité, une raison pour avoir moins d'avenir, ni même pour paraître moins jeune.

choisies. Il était, dit par manière de conclusion, son biographe et parent, d'humeur gaie et de mœurs simples. Sa plus grande dépense était en port de lettres qu'il ne ménageait pas pour se tenir en correspondance avec tous les savants et recevoir d'eux force renseignements et nouvelles.

CHAPITRE XIII

L'INFLUENCE DE R. SIMON

On parle volontiers aujourd'hui de l'école critique de
R. Simon. On s'imagine découvrir dans son œuvre comme
le programme d'une nouvelle exégèse, que l'auteur des
Histoires critiques aurait eu nettement conscience de fonder. Un certain esprit de hardiesse et d'indépendance
scientifiques circule, en effet, à travers ces pages et
semble consommer la rupture de la critique sacrée avec
la tradition du moyen âge : apparemment que le dix-huitième siècle s'est, sur-le-champ, reconnu là, et comment
croire que, jusqu'à ces derniers temps, en passant par un
siècle de si libre et si ardente recherche, les disciples
aient pu manquer à un tel maître ? Bossuet avait autour
de lui un *petit concile*, composé de respectables exégètes
qui lisaient la Bible avec la même piété et l'interprétaient
selon les mêmes principes qu'il avait hérités lui-même de
ses professeurs de Navarre : comment supposer que celui
qui avait, en définitive, réussi à conquérir, au moins pour
une bonne part, les docteurs de l'antique Sorbonne à ses
idées exégétiques, n'ait pas trouvé quelque continuateur
de son œuvre, bien autrement initiatrice et suggestive?

Il faut bien le reconnaître pourtant : si R. Simon a fondé
la critique biblique, il n'a pas proprement créé d'école.
De même qu'il n'avait pas eu de maîtres, il n'a laissé après

lui aucun disciple. Son œuvre est un monument isolé, qui, même dans les époques en apparence si favorables qui suivirent, ne devait susciter aucune imitation. C'est ce qui en fait l'originalité si attachante, mais en même temps aussi, à plus d'un égard, la regrettable faiblesse. La voix du maître n'a pas été doublée, comme il arrive, de la voix parfois plus sonore des disciples, et ce n'est pas une des moindres raisons pour lesquelles, devant l'opinion du monde religieux, Bossuet a paru décidément avoir cause gagnée. Inconvénient aujourd'hui bien minime, estimeront quelques-uns, si, en perdant des auxiliaires et des appuis, R. Simon n'en apparaît qu'avec plus d'éclat dans la libre et singulière individualité de son génie! Et puis, qu'on songe aux dommages, souvent irréparables, aux invisibles, mais sûres déformations que subissent, dans toute école, les plus heureuses vues d'une pensée originale, on sera bien à l'aise pour admirer les éloquents anathèmes de Bossuet, sans trop en déplorer les lointaines conséquences.

Mais, si R. Simon n'a pas laissé d'école, n'a-t-il pas, du moins, exercé une influence appréciable sur les exégètes qui l'ont suivi ? C'est ce qu'il convient d'examiner par le détail, en passant en revue les principaux représentants de la critique sacrée, depuis la fin du xviie siècle. L'exégèse est restée immédiatement après lui ce qu'elle était auparavant, une science théologique : on cherchera si cette théologie porte trace de son influence. Vers 1750, s'est constituée, avec Lessing, une forme d'exégèse qu'on a coutume de désigner du nom de rationaliste : on verra si R. Simon a eu sur cette école l'ascendant qu'il est assez d'usage de lui attribuer. Il semble enfin que certaines tentatives d'exégèse tout historique se soient produites ici et là, surtout à la fin d'un siècle qu'on a pu nommer le siècle de l'histoire : il ne sera pas sans intérêt de démêler quelle part l'influence du précurseur a eue dans ce mouvement, ou, pour mieux dire, quelle conformité ses idées se trouvent avoir avec les nôtres. R. Simon a conduit l'histoire de l'exégèse jusqu'en 1700 ; ce serait une ambition trop haute de prétendre la continuer jusqu'à ce jour. Qu'il suffise d'en esquisser rapidement un chapitre additionnel, simple épilogue de sa vie et de son œuvre, le seul, malheureusement, où, cessant de l'avoir pour guide, il soit malaisé de ne point parler trop indignement de lui.

I

On sait quels éloges Voltaire s'est plu, en maintes circonstance, à décerner à l'œuvre exégétique de dom Calmet. L'hommage n'est peut-être pas désintéressé ; plus le scoliaste passait pour instruit et diligent, plus il devait ressortir que « les bourdes ou les horreurs » du texte sacré sont bien le fait de l'original, et non du commentateur. En tout cas les louanges sont à peine atténuées de quelque légère épigramme :

> Des oracles sacrés que Dieu daigna nous rendre,
> Son travail assidu perça l'obscurité ;
> Il fit plus, il les crut avec simplicité,
> Et fut, par ses vertus, digne de les entendre.

R. Simon, qui connut les premiers travaux du bénédictin de Saint-Vannes, n'avait été ni si hyperbolique, ni si insidieux dans l'éloge[1]. Certes, il ne pouvait trop approuver l'entreprise encore si nouvelle d'un commentaire littéral de l'Écriture ; il ne pouvait surtout se dissimuler l'influence qu'avaient eue ses propres ouvrages sur la con-

---

1. *Commentaire critique de la Bibliothèque ecclésiastique de Du Pin,* tome II, p. 450 sq.

ception, sinon sur l'exécution d'une semblable tentative.
Mais il lui fallait bien reconnaître qu'aucune de ses leçons
n'avait encore porté de fruits. Il avait recommandé,
par-dessus tout, l'étude des langues originales : il
voyait dom Calmet affecter le mépris des rabbins,
sans doute pour se dispenser de les étudier, et ne
chercher, dans les auteurs juifs que de ridicules fadaises,
comme la fable d'Adam, créé assez grand pour toucher
la terre d'une extrémité à l'autre, puis raccourci par Dieu
en punition de son péché. Il avait insisté sur la nécessité
de bannir, ou, tout au moins, de ne citer qu'à titre de
curiosité historique, l'exégèse allégorique et accommoda-
trice des anciens interprètes. Et voilà qu'il rencontrait,
au début de la *Genèse*, l'*in principio* appliqué à la personne
du Verbe, quand il avait établi que le mot hébreu correspondant ne signifiait pas même *au commencement*, mais
avait une simple valeur conjonctive : « *Quand* Dieu com-
mença à faire le ciel et la terre... » Voilà qu'il retrouvait
tant de vieilles traductions démontrées fausses, *bara*, au
sens philosophique de création *ex nihilo*, l'Esprit de Dieu
porté sur les eaux, la femme (et non sa postérité) écrasant
la tête du serpent. Ce qu'il avait enfin combattu de toutes
ses forces, c'était l'emploi, non pas même des arguments
théologiques, mais des généralités oratoires, dans les
questions purement critiques d'authenticité et d'intégrité
scripturaires. Or, c'était bien à se demander, au style
près, s'il ne rencontrait pas une page de Bossuet, quelque
supplément de la seconde partie du *Discours sur l'histoire universelle*, quand il lisait dans le *Discours* de
Calmet sur la composition du *Pentateuque*[1] : « Le *Pentateuque* porte ses preuves contre tout autre auteur que
Moïse, il n'a pu être écrit ni par un imposteur ni par un

---

1. Dom Calmet, *Discours et Dissertations sur tous les livres de l'A.-T.*,
I, p. 3.

homme de bonne foi. La fourberie est trop visible, si c'est un imposteur ; et il est contradictoire qu'un homme de bonne foi cherche à tromper ; il n'y a que le sentiment qui donne cet ouvrage à Moïse inspiré de Dieu qu'on puisse suivre. » Qu'on mette en regard les chapitres de l'*Histoire critique* où de l'analyse du texte lui-même, R. Simon concluait en termes irréfutables à la composition des livres historiques par des scribes anonymes et successifs ; on verra la différence que l'exégète oratorien avait tant de fois signalée entre les raisonnements de la critique et les spéculations des théologiens. On verra surtout, non sans quelque mélancolie, l'inutilité des plus évidentes démonstrations en de certains débats, et combien, en définitive, la victoire de Bossuet était complète. Si l'œuvre de dom Calmet est, comme il semble bien, le dernier ouvrage que R. Simon ait lu et étudié, il a pu, avec son ordinaire gaîté, protester avant de mourir, qu'une nouvelle preuve qu'il n'était pas prophète, comme le voulait Jurieu, c'est qu'il n'avait trouvé personne pour accepter l'héritage de son manteau.

Au surplus, ce ne fut pas la Bible telle que l'avait conçue et définie R. Simon, ce fut la Bible de dom Calmet, avec tout ce que l'érudit mais timide bénédictin y avait introduit des idées théologiques de Bossuet et de l'École, qui fit fortune au xviiie siècle. Voltaire n'en connut pas d'autre : ce fut l'arsenal inépuisable de ses quolibets ou de ses invectives ; c'est là qu'il alimenta toute sa vie sa verve intarissable d'historien satirique et de pamphlétaire. Il était si commode pour lui d'avoir affaire à un texte intangible, qu'on donnait pour une Révélation toujours parfaite, absolue dans toutes ses parties et divine à la plus haute puissance ! L'ingénuité du candide exégète lui fournissait des armes sans prix. Il lui suffisait de suivre pas à pas le commentaire du bon moine, et, pour écraser d'un coup l'odieuse superstition de montrer

dans le Livre de Dieu ce qu'il appelait un tissu d'absurdités, de contradictions ou d'horreurs.

La Bible de Calmet avait fourni les attaques; ce fut
elle encore qui inspira aux apologistes leurs réponses.
L'abbé Guénée, le plus célèbre d'entre eux, n'eut pas
besoin de consulter d'autres sources. Voltaire avait
pris à tâche de prouver que tout, dans l'histoire d'Israël,
était atroce ou ridicule. Guénée entreprit de montrer
que tout y était édifiant et admirable. Voltaire s'in-
digne-t-il que le peuple de Dieu ait, comme les pires
sauvages, pratiqué des sacrifices humains? Guénée affirme
que rien n'est plus légitime que ces exécutions d'hommes
ou d'animaux, attendu qu'elles résultent d'un anathème
solennel et public [1]. Voltaire fait-il, après Bolingbroke,
le compte de tous ceux qui, Israélites, Bethsamites
ou Chananéens, ont été massacrés sur l'ordre de Dieu?
Guénée reprend les additions de Voltaire, trouve le
moyen, par d'habiles jeux de textes, de défalquer plusieurs milliers de victimes et démontre que tout le reste
a été très justement puni d'un regard téméraire jeté sur
l'arche ou d'une danse sacrilège en l'honneur de Belphé-
gor [2]. De même, comment Voltaire peut-il soutenir que les
Juifs étaient une peuplade ignorante et grossière, quand
il est reconnu que Salomon n'ignorait rien depuis le cèdre
jusqu'à l'hysope, et quand les seules visions d'Ézéchiel
témoignent d'une géométrie aussi savante que les écrits
les plus réputés sur la matière [3]? Ou bien encore, est-ce à
un philosophe qui croit n'avoir point d'âme qu'il convient
d'accuser le peuple hébreu d'avoir ignoré la spiritualité
et les sanctions postérieures au tombeau [4]? Arguments *ad*

1. ANTOINE GUÉNÉE, *Lettres de quelques Juifs...*, édit de 1772, t. I,
p. 70.
2. *Ibid.*, p. 132, 179.
3. *Ibid.*, p. 28, p. 117.
4. *Ibid.*, II, p. 90.

hominem, atténuations habiles, adresse surprenante à triompher d'une erreur de détail pour faire oublier les difficultés d'importance, stratagèmes toujours imprévus de bon avocat procédurier et retors qui excelle à tirer d'un dossier plus de ressources qu'il n'en contient et à faire profiter l'accusé des charges mêmes qui pèsent sur lui, autant de procédés de polémique qui arracheront à Voltaire même des applaudissements, vaudront à l'abbé Guénée la réputation de grand exégète dans le siècle de l'esprit, et paraîtront enfin assez solides pour passer, sous formes de notes et de commentaires dans la Bible la plus célèbre du commencement de ce siècle, la Bible de l'abbé de Genoude. L'abbé Guénée se moquait agréablement de Voltaire, en lui reprochant de jeter de l'hébreu à la tête de ses lecteurs avec la même assurance que si c'était du bas-breton. R. Simon n'eût pas manqué de remarquer qu'il n'était pas moins hasardeux de compter, pour défendre la Bible, sur l'effet d'une rhétorique brillante et spirituelle, et de donner, pour de l'exégèse, des artifices oratoires ou des traits d'esprit, avec autant de confiance que si c'était de l'hébreu.

Une deuxième forme de l'exégèse théologique n'a pas eu moins de succès de notre temps que la dialectique piquante de l'abbé Guénée au dernier siècle. Il s'agit de ces commentaires apologétiques qu'a inaugurés et inspirés le cardinal Wiseman dans les fameux *Discours sur l'accord entre la science et la foi*. L'appareil scientifique a beau en être imposant, la méthode critique a beau y être sans cesse invoquée, on a peine à croire que R. Simon y eût reconnu l'esprit de ses propres recherches. Il n'est pas même difficile de reconstituer de toutes pièces le jugement qu'il en eût porté. Quand, à propos des aventures de Joseph ou des guerres des rois de Juda, Wiseman et les savants apologistes de son école s'en vont fouiller les nécropoles de l'Égypte, en exhumer les momies, en commenter les inscriptions et les peintures sur la foi des égyptologues de profession[1], lorsqu'encore, pour commenter le récit de la tour de Babel, ils dressent, d'après les travaux les plus récents de la linguistique, l'arbre généalogique des langues humaines[2], ou bien quand ils illustrent le premier chapitre de la *Genèse* d'animaux fossiles et antédiluviens, de soulèvements volcaniques et de stratifications neptuniennes, le tout emprunté aux traités de géologie les plus autorisés[3], que font-ils, en définitive, et quelle est cette exégèse si moderne qu'ils prétendent inaugurer ? Ils recommencent, R. Simon le leur eût dit, l'œuvre du bon Samuel Bochart ; ils refont, au goût du jour, cette zoologie, cette géographie sacrée dont l'*Histoire critique* avait raillé si plaisamment la très encombrante et très inutile érudition ; ils composent, en un mot, de l'apologétique à coup de dictionnaires, et mettent leur suprême ambition à prouver que la Bible est, en archéologie et en histoire naturelle, un guide aussi sûr que des Manuels qu'on aura oubliés demain. R. Simon encore une fois, n'eût été nullement étonné de leur entreprise. Mais, ce qui l'eût surpris sans doute, c'eût été de voir cette exégèse à la Bochart célébrée par les catholiques qui, jadis, la décriaient si fort, tandis que les protestants, qui en revendiquaient autrefois toute la gloire, en viendraient à considérer ces essais de conciliation entre la Bible et la science, comme des tentatives, tantôt louches et tantôt maladroites, de « subornation de témoins »[4] ?

---

1. WISEMAN, *Discours sur les rapports entre la Science et la Religion révélée*, 5ᵉ discours, fin.

2. *Ibid.*, 1ᵉʳ discours, 2ᵉ partie.

3. *Ibid.*, 3ᵉ discours. C'est là qu'on trouvera les figures schématiques de la théorie des soulèvements pour commenter le verset du Psaume 104 : « Les montagnes s'élèvent et les vallées s'abaissent dans le lieu que le Seigneur leur a destiné. »

4. *Le Semeur*, 18 mai 1842.

Mais si R. Simon n'eût vraisemblablement témoigné nulle indulgence pour les théologiens exégètes qui l'ont suivi, on sait que ceux-ci ne l'ont pas, de leur côté, traité avec plus de faveur. Il eût raillé, comme il l'avait fait à propos des commentateurs du xvie siècle, et leur conception si bornée de la tradition, et leurs étroites préoccupations d'apologistes et leurs prétentions encyclopédiques. Ceux-ci, il faut bien le dire, ne se sont pas gênés davantage pour le taxer plus ou moins ouvertement de témérité, sinon même d'hérésie. Certains, à la vérité, ont bien voulu paraître l'ignorer, mais n'en ont pas moins fondé leur exégèse sur des principes diamétralement opposés aux siens : quand l'abbé Le Hir, par exemple, pose comme maxime que l'exégète doit se pénétrer de la théologie de l'Incarnation, avant d'aborder l'étude du chapitre VII d'Isaïe, ou quand il établit que l'authenticité du verset des trois témoins est prouvée par l'accord de ce passage avec les doctrines bien connues de S. Jean sur la Trinité, qui ne voit qu'i! prend exactement le contre-pied de la critique simonienne [1]? D'autres enfin, en ces derniers temps [2], n'ont pas refusé à l'*Histoire Critique* certains éloges qui eussent scandalisé Bossuet. Mais, comme l'auteur de la *Défense de la Tradition* se serait bientôt rassuré, en constatant combien la théologie qui lui fut chère se conciliait aisément avec les formules les plus admiratives pour « le père de la critique » ! et comme il eût, non sans raison, triomphé de l'insignifiante place occupée, jusque dans nos Bibles « les plus savantes » par cette libre exégèse historique, qu'il considérait comme sa plus belle œuvre d'avoir pour jamais expulsée de l'Eglise?

Bossuet aurait-il le droit de s'applaudir d'un nouveau genre de triomphe, en prétendant, avec maints théolo-

---

1. LE HIR, *Études bibliques*, I, p. 65 sq.

2. CORNÉLY, S. J. *Introductio in S. S.*, p. 692 ; P. LAGARDE, *Revue biblique*, nov. 1898, etc.

gions de ce jour, retrouver dans l'exégèse rationaliste et protestante les doctrines de celui qu'il a tant de fois accusé d'être le fauteur presque déclaré de Fauste et de Socin ? Nul reproche n'a été plus fréquemment adressé à R. Simon par les écrivains catholiques ; il importe de voir ce qu'il contient de fondé et quelle influence l'*Histoire Critique* a exercée sur la grande école d'exégèse qui va de Lessing à Strauss et à Renan.

II

On a vu quel accueil hostile ou dédaigneux les protestants, contemporains de R. Simon, firent à ses travaux d'exégèse. L'Église Réformée traversait alors une période de scolastique scripturaire et théologique qui n'avait rien à envier aux plus beaux jours du moyen âge. Les Petau, les Maldonat, les Launoy étaient des prodiges de savoir et de liberté d'esprit au regard de l'orthodoxie dogmatisante dont les Buxtorf, les Vossius, les Spanheim étaient alors de si purs représentants. Leur formalisme épineux et stérile est bien ce qu'on peut imaginer de plus antipathique au génie de R. Simon : il ne s'est pas donné la peine, au surplus, de leur dissimuler ses sentiments, et ils n'ont rien fait, d'autre part, pour lui cacher leur mauvais vouloir. Vers 1760, cinquante ans environ après la mort de R. Simon, l'exégèse protestante entre dans une phase nouvelle. Les fragments de Reimarus, enrichis des notes de Lessing, ouvrent une ère exégétique dont l'activité prodigieuse reste dans l'histoire littéraire sans rivale, comme sans précédents. Qu'on en repasse maintenant en mémoire les principaux caractères, et il sera facile de décider si c'est bien de R. Simon et de ses *Histoires Critiques* que part ce grand mouvement rationaliste.

Le premier caractère de l'exégète rationaliste, c'est d'être, avant toutes choses un théoricien, et de subordonner à telle conception philosophique de son goût l'interprétation de l'Écriture. On l'a remarqué déjà, il n'est pas un seul de ces théologiens allemands qui ne soit en même temps, le disciple avéré de quelque illustre métaphysicien. Il est trop clair, en effet, que Paulus, par exemple, ne fait qu'appliquer les théories de la *Critique de la Raison Pure*, lorsque, en fidèle sectateur de Kant, il se plaît à distinguer, dans tous les miracles, le fait objectif, réalisé par Moïse ou par Jésus, et le fait subjectif, fourni par les témoins plus ou moins hallucinés du premier. De même, si Baur retrouve partout l'opposition, puis la conciliation de deux tendances contradictoires, le pétrinisme des Juifs charnels et le paulinisme des libres esprits, c'est, on le sent bien, parce qu'il est hanté par ce grand principe de son maître Hégel que tout fait donné est la résultante de deux forces contraires, ou, selon la scolastique allemande, que toute synthèse provient d'une thèse et d'une antithèse. Mais, qu'on ne croie pas que là se borne la philosophie des exégètes rationalistes. Les plus indépendants de l'influence de Kant ou de Hégel n'en sont pas moins encore des spéculatifs. Quand Lessing affirme que la Révélation ne contient rien que la raison n'enseigne sous une autre forme, croit-on que ce soit là une conséquence tirée de l'examen des textes bibliques, et n'est-ce pas plutôt le principe qui, plus ou moins expressément, a présidé à toute son exégèse et, en particulier, au départ qu'il se plaît à faire entre les vérités religieuses, avouées de la raison, et les données proprement bibliques, celles-ci étrangères, sinon contraires à la raison, et, par suite, à la religion véritable ? Schleiermacher n'est-il pas, de son côté, un pur platonicien, ou, pour mieux dire, un réaliste du moyen âge, quand il fait du concept de la sainteté absolue de Jésus-Christ et de l'union idéale de l'humain et du divin dans sa personne le principe de solution de tous les problèmes exégétiques ? Et chez Strauss enfin, la critique si minutieuse et, en apparence, si objective des Évangiles ne dépend-elle pas manifestement de ce principe tout abstrait que le surnaturel se résout en un mythe, œuvre inconsciente, mais divine, de ce véritable Homme-Dieu, de ce thaumaturge incomparable qu'est l'humanité ? Sans doute, il faut rendre hommage à l'immense labeur philologique dont s'est montrée capable la patience allemande, mais il ne faut pas oublier que cette ardente investigation des textes était dominée par des idées spéculatives, qui, seules, après tout, l'ont rendue possible.

Or, ce que R. Simon pensait des *a priori* philosophiques en exégèse, on l'a vu dans sa lutte contre Jean Le Clerc, et il n'y a pas lieu d'y revenir. Loin de reconnaître les exégètes modernes pour les disciples de sa méthode, il n'hésiterait assurément pas à leur préférer les théologiens de l'École. Ceux-ci étaient également, sans doute, des rationalistes épris d'Aristote et férus de syllogisme ; mais ils avaient, du moins, le sens de la Tradition. Or, cette Tradition, que R. Simon avait recommandée si hautement, qu'il avait même exaltée au-dessus de l'Écriture, au point de scandaliser Bossuet, c'est précisément ce qu'ont ignoré le plus les présomptueux idéalistes de l'exégèse. Ils ont pu fonder ainsi le rationalisme biblique, mais sont restés bien loin de cette méthode rationnelle. qui, selon les principes de l'*Histoire critique*, suppose, avant tout, l'intelligence et le respect du passé.

Un second caractère de l'exégèse rationaliste, c'est la préoccupation morale, commune à presque tous ses représentants. Ce n'est pas une révélation religieuse que Lessing va chercher dans la Bible, c'est une ébauche de la morale définitive et universelle de l'humanité : « Juifs et chrétiens, s'écrie Nathan, ne trouverai-je donc parmi vous personne qui se contente d'être un homme ? » Qu'on ne demande pas au mystique et pénétrant Herder une analyse du christianisme positif, à défaut d'adhésion expresse à ses croyances : il est moins le ministre d'une religion révélée que le grand-prêtre de l'humanité, et son enseignement, selon le mot de Schiller, n'est pas moins approprié à l'auditoire d'une mosquée qu'à celui d'une église chrétienne [1]. Mieux encore, c'est en pur moraliste que Schleiermacher finira par trancher jusqu'à la question du surnaturel, en n'admettant, dans l'Évangile, que des miracles de bonté [2], en réduisant toute la révélation à l'expérience personnelle du divin. On croira, du moins, les disciples de Hégel entièrement livrés à l'étude des textes pour en faire jaillir les contradictions, les incohérences, les impossibilités. Erreur, car il s'agit pour eux de préparer la religion toute morale de l'avenir, et, parmi les déblais de la critique, de conserver, comme ils disent, assez de marbre pour en élever un autel à la conscience humaine.

Que rien ne soit aussi étranger à R. Simon que ce moralisme protestant et humanitaire, rien n'est plus évident pour quiconque a étudié les Histoires critiques. Si la Révélation n'y est nulle part considérée comme un ensemble de connaissances scientifiques et profanes, elle y est encore moins assimilée à une morale. Ce qu'y voit R. Simon, on ne saurait trop le redire, c'est une religion positive, c'est à savoir une certaine conception de Dieu et des relations qu'il a avec l'homme. La grande *prophétie* qu'est la Bible n'a pas de contenu plus certain, et encore n'est-ce pas de cette vue générale, mais de l'examen philologique et historique des documents qu'il convient de faire le point de départ de toute exégèse. Quant à partir

1. Lettre à Kœrner, 1776.
2. On ne s'étonnera pas que cette présomption morale soit déjà sensible chez les déistes anglais du xviiᵉ siècle. Les miracles qu'ils n'appellent pas « des actes de bonté surhumaine », ils les considèrent comme de simples interpolations d'un Évangile primitif. C'est en ce sens que Tindal cite le mot bien connu de Scaliger : *Omnia quae putabant Christianis conducere Bibliis interserebant* (*Christianity as old as the Creation*, p. 161).

d'une théorie morale quelconque pour aboutir à des conclusions de caractère historique, il faut bien ignorer l'esprit de sa méthode pour s'imaginer que l'exégète oratorien n'aurait pas condamné sans réserve un tel renversement d'idées.

Enfin, si surprenante que puisse paraître cette qualification, les exégètes rationalistes, de Lessing à Strauss, ont été éminemment des théologiens. En vain se déclarent-ils les champions de cette *Aufklärung*, que nous faisons synonyme de libre-pensée et d'émancipation religieuse : ils sont bien moins les disciples de Voltaire que les fils spirituels du mystique Spinoza. Kant, par exemple, a beau, avec toute la hardiesse de son esprit, réduire, dans son *Traité de la Religion*, le christianisme à une collection de symboles moraux. Il faut voir avec quelle docilité, digne d'un aristotélicien du moyen âge, il accepte telles données de l'exégèse traditionnelle, comme la tentation de la femme, non par le plus rusé des animaux, mais par le démon caché sous l'apparence d'un serpent, selon les formules mêmes du catéchisme [1]. Toutes les audaces de Schleiermacher contre le surnaturel et les miracles ne sauraient de même donner le change à personne : l'auteur des *Discours aux contempteurs éclairés de la Religion* n'est ni plus ni moins qu'un gnostique et son Christ est un Éon qui ne le cède en rien aux Archées de ces romans théogoniques qu'ont élaborés les Basilide et les Valentin. Quant à Hégel et aux plus aventureux de ses disciples, il faudrait les bien mal connaître pour s'imaginer qu'au dépouillement des textes et à la collation des manuscrits, ils ne préfèrent pas de beaucoup tant de sublimes spéculations sur la divinité, l'Homme-Dieu ou la Rédemption qui font d'eux les dignes descendants des grands spéculatifs alexandrins. Or, R. Simon n'a pas rendu une assez

1. *Die Religion*, édit. Reclam, p. 45.

large justice aux gnostiques et aux chrétiens platonisants
des premiers siècles pour qu'on puisse croire qu'il eût
jamais consenti à se reconnaître dans cette prétendue
postérité. Et, d'autre part, son aversion pour les théologiens et les assembleurs d'abstractions était, grâce à
Bossuet, depuis longtemps trop connue, pour qu'ils lui
aient jamais témoigné la moindre faveur. Dédain fort précieux au jugement de R. Simon, qui ne trouvait pas grand
ragoût à la métaphysique, et eût été fort de cet avis qu'une
religion sans surnaturel a juste autant de bouquet que du
vin sans raisin.

Mais, si les rationalistes allemands ont, en général,
ignoré R. Simon, il n'en est pas de même de celui qui, en
France, a condensé et popularisé les résultats de leurs
travaux. On sait quels hommages répétés E. Renan a rendus à l'auteur de l'*Histoire critique*. C'est peu de louer
« sa raison pénétrante aidée par une immense érudition [1] » ;
il fait de lui le père de la critique moderne, un véritable
Homère de l'exégèse, en qui prennent leur source les
fleuves et les ruisseaux de l'érudition biblique. Sans doute
qu'il tenait surtout à faire remonter jusqu'à lui l'origine
de ce brillant et large courant d'exégèse sacrée qui s'est
épanché si magnifiquement dans ses propres ouvrages. La
probité de la critique simonienne n'était pas, de fait, pour
son œuvre une garantie méprisable. Et cependant le moyen
de ne pas voir que c'est, non pas dans R. Simon, mais parmi
les maîtres de l'exégèse rationaliste, en pleine terre allemande, qu'il faut en chercher le point de départ? Renan a
raillé avec bien de l'esprit l'éclectisme de Victor Cousin :
il ne se doutait pas jusqu'à quel point il était lui-même
un éclectique. Qui veut trouver une synthèse facile et
lumineuse, à la Victor Cousin en un mot, des systèmes
exégétiques de l'Allemagne, n'a qu'à lire les *Origines du*

____

1. Préface de l'*Histoire Critique* de l'A.-T., par Kuenen.

Christianisme et l'*Histoire d'Israël*. Veut-on des théories préconçues comme en ont trop souvent les rationalistes? qu'on se rappelle le grand principe sur lequel est fondée toute sa critique du judaïsme et du christianisme, c'est à savoir que toutes les religions sont les produits de l'ignorance et de la fraude, et que l'analyse des faits surnaturels ne saurait jamais donner pour résidus que l'illusion et l'imposture. Est-ce de la morale à la manière de Lessing ou de Kant, est-ce de la théologie même, selon la formule de Schleiermacher ou de Hegel, qu'on demande? Qu'on lise tant de pages, d'ailleurs éblouissantes, sur la religion de la beauté ou l'efficacité morale de la science, sur la caducité de l'œuvre religieuse des Juifs comparée à l'œuvre rationnelle des Grecs, sur l'avenir du socialisme ou la désillusion finale qui suit toute recherche scientifique. L'idéalisme allemand ne saura jamais tout ce qu'il doit de reconnaissance à Renan pour l'avoir traduit avec un art si exquis et une forme si poétique et, à la fois, si achevée. Mais des humbles et patientes méthodes de la critique simonienne, que pouvait-il se vanter d'avoir retrouvé lui-même et remis en honneur? et qu'est-ce que R. Simon lui aurait accordé de plus, en fait d'éloges, qu'à ce Jean Le Clerc et à ce Baruch Spinoza pour qui l'on n'a pas oublié son peu de goût? Le vieux critique, après tout, ne se trompait pas : Le Clerc et Spinoza étaient d'une tout autre lignée que la sienne, et si leurs disciples, en Allemagne ou en France, ont rien de commun avec lui, c'est ce qu'un même objet d'études, abordé avec une curiosité aussi intense, mais, selon des méthodes bien différentes, peut instituer de rapports entre des esprits venus des points les plus extrêmes de l'horizon.

III

Si l'exégèse rationaliste, aussi bien, d'ailleurs, que l'exégèse des théologiens proprement dits, ne doit rien aux idées et aux méthodes de R. Simon, il ne s'ensuit nullement que celles-ci soient restées sans influence. Peu de nouveautés scientifiques ont eu, au moins à la longue, une plus riche fécondité, une portée plus considérable et, en même temps, plus imprévue.

Ce que R. Simon léguait d'abord, en effet, aux exégètes de l'avenir, c'était cette idée si originale et si grosse de conséquences de toute nature, que les livres de l'Écriture sont, en général, des écrits composés à la manière des livres de l'Orient, et qu'ils résultent de compilations et de remaniements successifs, dont les ratures, les divergences, les contradictions même portent témoignage. Le premier qui s'emparera de cette vue hardie sera le médecin français Jean Astruc[1]. A la preuve que R. Simon avait donnée de la double rédaction de certains récits de la *Genèse* composés de redites et de doublets manifestes, Astruc ajoutera une nouvelle preuve : la différence des noms divins qu'emploient, au cours de la *Genèse*, les deux rédacteurs inconnus, l'un désignant Dieu sous le nom d'Élohim, l'autre y joignant celui de Jéhovah. Sans doute, il n'ira pas jusqu'à contester, pour cela, l'attribution du *Pentateuque* à Moïse[2]. Celui-ci, selon Astruc, a recueilli des Mémoires

1. J. ASTRUC, *Conjectures sur les Mémoires originaux dont il paraît que Moïse s'est servi pour composer le livre de la « Genèse »*. Sa première thèse, que Moïse n'a composé la *Genèse* que sur des mémoires plus anciens, s'appuie sur des arguments empruntés manifestement à l'*Histoire critique*, V. p. 7 et sq. et cf. *H. C.*, ch. V et sq. Comme R. Simon, il maintient que le problème de la composition des Livres Saints est une question de pure critique, p. 21.

2. Sur ce point, non content de se séparer de R. Simon, Astruc tient à s'appuyer de l'autorité de son adversaire, J. Le Clerc. Quelque

qu'il a rangés sur douze colonnes distinctes. Les copistes ont tout brouillé. Les répétitions et les négligences sont leur œuvre ; quant à Moïse, il est, en même temps que le plus sage des législateurs, le plus exact et le plus vrai des historiens [1]. Était-ce là une conviction arrêtée du génial exégète, ou faut-il y voir une concession de forme aux idées encore dominantes, même en cette fin du dix-huitième siècle ? On serait tenté de le croire en lisant ce qu'il dit des préjugés théologiques et de l'hygiène, qu'en bon médecin, il juge nécessaire de leur appliquer : « Quand on veut se défaire d'un préjugé dans lequel on a été nourri, il faut s'accoutumer peu à peu avec l'opinion contraire, et donner le temps d'agir aux raisons qu'on a de l'embrasser, parce que la prévention ne cède jamais qu'avec peine et contrebalance longtemps les plus fortes preuves [2]. » R. Simon eût à peine aussi bien dit, et le moyen de douter que pour le coup il n'eût reconnu un vrai fils de sa pensée et de son cœur ? Mais Astruc avait-il bien le droit d'écrire en tête de son œuvre : *Avia Pieridum peragro loca nullius ante Trita solo ?* Ce sont là des prétentions que, sans nul retour personnel, son initiateur et son maître lui eût instamment conseillé de laisser aux poètes, à moins que ce ne fût encore aux métaphysiciens.

Ce que l'auteur de l'*Histoire critique* avait encore mis en lumière, c'était ce principe, jusqu'alors à peu près inconnu, que l'exégèse est une science autonome, absolument distincte de la théologie dogmatique ou de la métaphysique spéculative, qu'elle est, avant tout, affaire de philologie exacte et de bonne méthode grammaticale, et que rien enfin n'expose à plus d'erreurs et de chimères

temps après sa *Défense des théologiens de Hollande*, celui-ci avait, en effet, rétracté sa première adhésion aux doctrines simoniennes (*De Scriptura Pentateuchi.* 1693).

1. *Conjectures*, p. 438.

2. *Ibid.*, p. 24.

que de prétendre, en vertu du plus nuisible des principes,
appliquer aux textes sacrés un autre traitement qu'à tous
les autres documents grecs, latins ou orientaux. Le premier qui hérita de cette vue féconde et la développa avec
toutes les conséquences qu'elle comporte, fut le savant
Ernesti. Son *Institutio interpretis Novi Testamenti* est
bien, en effet, l'un des livres imbus du plus pur esprit de
la méthode simonienne qu'on puisse citer. « Il n'y a, dit-
il, qu'une seule et même méthode d'interprétation ; elle
est commune à tous les livres, quels qu'en soient l'objet
ou le caractère [1]. » Et, d'un bout à l'autre de l'élégant et
ingénieux manuel d'exégèse, ce sont d'heureux souvenirs
du maître, tantôt les citations les plus explicites, tantôt
les plus fines applications des principes généraux qu'il a
posés. Quand il le salue comme le guide le plus exact, le
plus utile et le plus sûr, on sent que ce n'est pas un vain
hommage [2]. Il n'en est pas, d'ailleurs, de plus précieux,
si l'on songe qu'en Allemagne c'est ce disciple de R.
Simon qui a, en somme, ouvert la voie à tous les représentants de la philologie biblique, depuis Gesenius et
Winer jusqu'à Delitzsch.

C'était encore une idée fondamentale des *Histoires critiques* que les Livres sacrés doivent être, comme tout autre
livre, étudiés à la lumière de la critique historique, et
que, étant fonctions de mille circonstances de lieu, de
temps, de tradition et de race, ils ne peuvent être compris
qu'à la condition d'être replacés dans le milieu dont ils
font partie. De même que les plus anciens livres du Canon
ont été composés selon des procédés littéraires communs à
tous les écrits de l'Orient, les plus récents sont manifestement imprégnés de cet esprit qui règne en même temps, soit

---

1. ERNESTI, *Institutio interpretatis*, II, 2 : « Una eademque ratio
interpretandi communis est omnibus libris in quocumque argumento
occupatis ».

2. *Ibid.*, II, 9.

parmi les maîtres de l'exégèse rabbinique, soit parmi les représentants alexandrins ou asiatiques de la pensée grecque. Ce n'est donc pas à cet égard, selon le mot du philosophe, un empire dans un empire, c'est proprement une partie dans un tout que la littérature sacrée, et l'on ne saurait, sans la mutiler en quelque manière, la couper de ses attaches et l'isoler de ses origines Or quelle fortune a faite, en cette dernière moitié de notre siècle, cette conception tout historique de l'étude des Livres Saints, c'est ce qui n'est ignoré de personne. Qu'on dise, si l'on veut, que l'influence directe de R. Simon a été étrangère à ce grand mouvement, qu'il tient au progrès général des études historiques depuis Herder et Chateaubriand, ces vagues, mais puissants initiateurs, rien n'est plus juste, sans doute. Mais il n'en reste pas moins que tous les grands critiques contemporains se sont rencontrés avec R. Simon, et qu'un long siècle avant leurs travaux, il avait eu la gloire d'entrevoir les plus essentielles de leurs découvertes.

C'est enfin une idée non moins féconde de l'historien des *Commentateurs* que les spéculations de la théologie ou de l'exégèse ont aussi leurs vicissitudes, et qu'elles sont, comme la forme même des Livres Saints, subordonnées à maintes circonstances qui n'en diminuent pas le prix parce qu'elles en font la relativité et la contingence. Si l'exégèse grammaticale est la seule valable aux yeux du critique, l'exégèse allégorique a eu, dans la formation du dogme, une importance qui n'échappe pas à R. Simon, et celle-ci elle-même, sous combien de formes distinctes ne s'est-elle pas présentée selon qu'elle a été maniée par les Pères de la Synagogue ou par les docteurs de l'Église d'Orient, par un Alexandrin, comme Origène, ou par un Latin, comme l'évêque d'Hippone! Quelle variété innombrable de conceptions et de théories, égale à l'infinie diversité des facteurs dont elles dépendent! Et voilà du coup le chemin tracé aux modernes historiens du dogme. Entre le dogmatisme théologique de Bossuet qui considère la tradition exégétique comme immuable et le dogmatisme incrédule qui, après Voltaire, ne voit dans les dogmes « que des poisons qui se détruisent l'un l'autre et auxquels le mépris seul sert d'antidote », il y aura place désormais pour la libre et respectueuse investigation des idées du passé. C'est l'heureux milieu que sauront garder les purs esprits critiques, et, s'ils ont la justice de reconnaître leurs obligations envers le Père Petau, il ne peut davantage leur échapper dans quelle mesure ils sont endettés envers R. Simon.

Un dernier trait manquerait encore à cette physionomie si originale, si l'on n'ajoutait pas que, tout en émettant les opinions les plus hardies et les plus déconcertantes pour les théologiens de son temps, il n'entendait pas moins rester catholique, fidèlement attaché à la communion romaine. On l'accusait de porter atteinte aux Livres sacrés et à l'idée qu'on s'en est toujours formée dans l'Église. Il montrait que c'était de la seule Église protestante, fondée sur la divinisation de la Bible, non de l'Église catholique forte de la prééminence d'une Tradition vivante, que pouvait lui venir ce reproche. On le condamnait au nom de la Tradition actuelle, représentée par quelques théologiens du jour; il faisait appel à cette tradition totale et permanente qui n'exclut pas l'enseignement des Premiers Docteurs et a constitué, depuis les plus lointaines origines, le catholicisme. On lui faisait un crime de renverser les fondements de l'apologétique, telle que l'avaient instituée tels illustres défenseurs de l'Église; il protestait qu'à cette apologétique ruineuse il fallait, de toute nécessité, substituer un système de défense véritablement scientifique, et il ne croyait pas, en se comparant à ses censeurs, avoir montré moins de dévouement ni rendu moins de services effectifs à l'Église. Situation singulière et bien peu enviable, semble-t-il : elle n'a pas cependant découragé les plus directs et les plus fidèles héritiers de la pensée de R. Simon. Quand Newman, reprenant et transformant avec une originalité puissante, un principe des *Histoires critiques*, traçait la loi du développement chrétien, il ne croyait pas, en dépit de certaines insinuations, pouvoir donner une meilleure preuve de son admiration de néophyte pour l'Église catholique. C'est dans la pensée de témoigner aussi leur attachement à la communion romaine que tels exégètes de notre temps ont, en conformité de vues avec R. Simon, repris l'Histoire du texte et du canon des livres saints, ou démêlé la diversité des sources et des documents primitifs qui ont constitué l'histoire sacrée. Il n'est pas téméraire de penser que c'est dans cette ligne d'exégèse traditionnelle et scientifique, et non pas, comme on l'a parfois prétendu, dans l'école toujours suspecte à ses yeux du rationalisme protestant, que R. Simon eût cherché ses véritables disciples, ou, pour mieux dire, ses émules et ses continuateurs.

Par ces développements inattendus, l'œuvre du grand exégète semble, en quelque sorte, dater d'hier. Elle n'est pas moins jeune par l'influence générale qu'elle a exercée sur des esprits de tout ordre et qui semble encore bien loin d'être épuisée. Inventeur génial d'hypothèses hardies et, à la fois, de patientes méthodes, l'un des fondateurs de la critique moderne, il a sa part dans tous les heureux résultats qu'ont atteints, depuis lors les études historiques. Si l'on songe à tout ce que l'histoire et la philosophie doivent aux travaux de Wolf, et si, d'autre part, l'on se rend compte de l'étroite similitude qu'offrent l'*Histoire critique* et les *Prolégomènes* avec leurs vues si fécondes sur l'origine et la composition des poèmes d'Homère, on ne croira pas qu'il soit possible d'exagérer l'influence de ce grand précurseur. Peu de découvertes, en même temps qu'elles ont été plus riches en résultats directs, ont agi à la manière d'un ferment plus actif sur les intelligences. Peu de vies, par les épreuves même et par les persécutions qui l'ont remplie, ont été un plus généreux stimulant de recherche opiniâtre et sans peur de la vérité.

C'est ce qui fera longtemps encore la nouveauté de ses travaux. Certes, il est permis d'admirer ce que l'œuvre d'art recèle, selon le mot des anciens, de « florissante jeunesse », et l'on aime, en particulier, à reconnaître dans telles pages éclatantes de Bossuet, précisément dirigées contre son humble mais savant adversaire, « cet esprit toujours rajeunissant et cette âme non jamais vieillissantes » qui est le privilège des chefs-d'œuvre de l'éloquence. Mais l'œuvre du savant garde aussi sa jeunesse et sa nouveauté durables. Aussi bien, si la vérité est toujours, comme disait Pascal, plus ancienne que les opinions qu'on en a, elle est toujours aussi plus neuve que les erreurs qu'on lui oppose. R. Simon n'eût pu souhaiter pour son nom une gloire meilleure. Garanti contre l'oubli par d'immortels chefs-d'œuvre qui n'avaient cependant pas pour but de le célébrer, il se trouve associé à la victoire que finit toujours par remporter sur les illusions, même les plus respectables, cette Vérité qu'il avait uniquement aimée et servie.

APPENDICE

De quelques ouvrages relatifs a R. Simon. — La vie et l'œuvre de
R. Simon semblaient faites pour provoquer la curiosité des érudits. C'est à
peine cependant si quelques rares travaux, généralement sans proportion
avec l'importance du sujet, lui ont été consacrés. Le fondateur de l'exégèse
moderne n'a pas encore eu lui-même son exégète.

Après Bruzen la Martinière, dont l'*Eloge Historique de Richard Simon*,
placé en tête des *Lettres choisies*, a été plus d'une fois mentionné, on peut
citer : K. H. Graf, *R. Simon*, dans Beitraege zu den theologischen Wissens-
chaften, Iéna, 1849 ; J. Denis, *R. Simon et Bossuet*, dans les Mémoires de
l'Académie de Caen, 1870. Une place toute particulière doit être faite aux travaux de M. A. Bernus. Citons d'abord sa thèse intitulée *R. Simon* et parue en
1869 à Lausanne (in-8°, 144 pages). C'est une dissertation très savamment docu-
mentée et aussi solide que nourrie sur l'*Histoire critique du Vieux Testament*,
les travaux qui l'ont précédée, le milieu où elle parut, les polémiques qu'elle
a soulevées : l'auteur du présent essai ne s'est jamais écarté qu'à son vif
regret *des* jugements et des conclusions d'un si excellent guide. Joignons à
ce premier ouvrage une *Notice bibliographique* du même auteur sur les
œuvres de R. Simon. On ne craint pas de dire que c'est un des plus parfaits
modèles de l'érudition littéraire en ce genre difficile. Quand on connaît un
peu l'activité scientifique de R. Simon, on n'est pas tenté d'admirer médiocrement la diligence et la sagacité qu'il a fallu pour dresser le catalogue exact
de cette œuvre immense et compliquée où fourmillent les pseudonymes et
les anonymes, les cartons et les faux titres, mille précautions prises, semble-
t-il, moins encore pour dépister les théologiens du temps que pour égarer les
bibliographes de l'avenir. Peu de travaux d'érudition, en somme, méritent
mieux l'éloge qu'on a fait des *Mémoires* de Tillemont : l'auteur, en prenant
pour lui toutes les difficultés de la recherche et de la préparation des matériaux, n'a voulu laisser à ceux qui viendront après lui que le plaisir d'en composer un ouvrage.

R. Simon et le Discours sur l'Histoire universelle. — On a beaucoup
loué, dans ces derniers temps, la solidité des arguments que Bossuet, dans
la seconde partie de son *Discours sur l'Histoire Universelle*, a opposés à la
théorie la plus connue, sinon la plus importante de l'*Histoire Critique*. Il ne
paraîtra donc pas inutile d'y revenir brièvement.

1° Bossuet (*H. U.*, II, 28), après avoir commencé par faire à R. Simon
cette concession fort compromettante pour sa propre thèse, que des explications et des additions ont pu se glisser après coup dans le texte de Moïse,
allègue en faveur de l'authenticité mosaïque du Pentateuque l'antiquité de
l'édition samaritaine du même ouvrage. L'argument pourrait paraître en lui-
même de peu de poids. On ajoute donc que M. Münk, prédécesseur de
M. Renan au Collège de France, n'a pas cru que cet argument fût indigne d'un
honnête homme (Brunetière, *Ét. crit.*, V, 53). Et, en effet, s'autoriser
d'un témoignage postérieur d'environ onze siècles à l'existence de Moïse pour
lui attribuer la composition du Pentateuque, c'est exactement comme de
démontrer l'authenticité des œuvres de saint Denis l'Aréopagite par quelque
texte du douzième siècle, ou encore, dans l'ordre profane, d'arguer d'une

citation de Denis d'Halicarnasse, pour prouver qu'Homère est l'auteur de l'*Iliade*, toutes choses qui n'ont, en somme, rien d'incompatible avec le caractère d'honnête homme. R. Simon lui-même, qui ne connaissait pas moins bien les professeurs royaux que les illustres maîtres de Sorbonne, aurait pu témoigner que, longtemps avant M. Münck, la chaire d'hébreu du Collège de France en avait entendu bien d'autres.

2º Bossuet en appelle ensuite « à l'autorité de tant de siècles », et l'on voit bien qu'il invoque par là, en faveur de l'origine mosaïque du *Pentateuque*, la tradition juive et la tradition chrétienne. La première, si elle remonte encore beaucoup moins haut que le Pentateuque samaritain, a, du moins, l'avantage d'être un témoignage plus explicite, et l'on sait avec quelle unanimité presque absolue les rabbins affirment que le Pentateuque fut dicté mot pour mot à Moïse par Dieu lui-même sur le Sinaï : pourquoi Bossuet, malgré l'autorité de tant de témoignages, ne l'a-t-il pas acceptée? Quant à la tradition chrétienne, elle est loin d'avoir la précision que semble lui prêter Bossuet. Les Pères de l'Église n'ont jamais posé, comme nous le faisons aujourd'hui, et ont encore moins résolu la question de la composition littéraire du Pentateuque. Elle paraît même indifférente à saint Jérôme : *Sive Mosem auctorem dicere volueris, sive Esdram instauratorem operis, non recuso* (Cont. *Helv.* 4). Quant aux docteurs scolastiques, on sait que leurs préoccupations allaient à un tout autre ordre de questions. Lorsque, au temps de la Renaissance, la question s'est enfin posée, il s'est trouvé plus d'un catholique, comme l'évêque espagnol Tostat (1491), et le jésuite Pererius (1589) pour la trancher dans un sens négatif (Cf. R. Simon, *Lett. ch.*, III, l. 29 et 30).

Mais, à la même époque, le jurisconsulte catholique André Maes était condamné par le Saint-Office pour avoir, dans son livre (*Josuæ imperatoris historia*, Anvers, 1574, p. 2 et 301), soutenu la même thèse. Mais, dans le siècle suivant, le bizarre ouvrage des *Préadamites* (1655), où La Peyrère appuyait cette même théorie sur des preuves positives comme les répétitions et l'incohérence de la narration biblique, n'échappait pas davantage aux foudres de l'Index. Mais le *Léviathan*, où Hobbes prétend que, de tout le Pentateuque, Moïse n'a écrit que les chapitres 11 à 27 du Deutéronome, qui lui sont formellement attribués, et le *Traité théologico-politique* où Spinoza dresse la liste des passages du *Pentateuque* évidemment postérieurs à Moïse, étaient des livres fort légitimement suspects aux défenseurs de l'orthodoxie. Est-il téméraire de penser que ce furent là les véritables raisons qui, en vertu de son grand principe dialectique de la *deductio ad incommodum* (V. chap XII), déterminèrent la conviction de Bossuet? et, puisque l'on se plaît à regarder la seconde partie du *Discours sur l'H. U.* comme une œuvre d'actualité, n'est-il pas permis de remarquer que ce sont là, en effet, des arguments de circonstance, mais que ce n'est peut-être pas assez pour réfuter, aussi solidement qu'on l'affirme, l'*Histoire Critique du Vieux Testament* ?

On répondra peut-être que des arguments de ce genre ne pouvaient, après tout, être interdits à un théologien, surtout en un temps où ces questions étaient loin d'avoir reçu leur dernier degré de clarté, puisque aussi bien R. Simon n'avait fait rien de plus que d'indiquer, par une première vue de génie, la méthode à suivre et les principaux résultats. Sans doute, et l'on en convient bien volontiers, Bossuet a pu ignorer de très bonne foi que le schisme samaritain, constitué après Néhémie, vers la fin du vᵉ siècle, ne jetait aucune espèce de lumière sur la composition du Pentateuque, que les témoignages des rabbins et des Pères manquaient de signification et de portée, que le Pentateuque, scrupuleusement étudié, contenait en lui-même de très suffisantes révélations sur son origine. Aujourd'hui, le doute même en ces matières n'est plus possible, et tout ce qu'on peut permettre à l'honnête homme, c'est à savoir, n'est-il pas vrai ? à celui qui « ne se pique de rien », pas même de son ignorance, c'est de se taire sur des questions qui, manifestement, lui sont étrangères.

L'EXÉGÈSE DU N.-T. ET LES ORIGINES DE LA LITURGIE (p. 291). — On serait tenté, d'après ce passage de l'*Histoire critique des Commentateurs*, de croire que R. Simon, comme plusieurs de ses contemporains, a expliqué par les idées dogmatiques ou exégétiques des Pères, l'origine de telle pratique religieuse, comme les cérémonies du baptême ou les rites de l'Eucharistie. Il suffit de se reporter à son livre des *Cérémonies et Coutumes des Juifs*, pour se convaincre qu'il n'a pu tomber dans cette erreur. Nul, en effet, à l'encontre des théologiens de son temps, n'a établi plus fortement l'antériorité des institutions sur les conceptions dogmatiques, de la liturgie sur la métaphysique, de la chose vécue sur la théorie savante. On a démontré, depuis lors, qu'en art, ce qu'il y a de plus permanent, c'est la pratique. R. Simon avait vu, longtemps auparavant, qu'il n'en va pas autrement en religion, et que, si les idées passent et se renouvellent, l'institution, plus ancienne, subsiste encore après elles.

DE QUELQUES RÉCENTS TRAVAUX D'EXÉGÈSE (p. 332). — Les exégètes contemporains auxquels on a pris la liberté de faire allusion en cet endroit sont bien connus du monde savant, et, parmi les critiques qui semblent représenter avec le plus de fidélité l'esprit de la méthode simonienne, il est à peine besoin de citer M. le baron de Hügel qui, dans ses études sur les documents de l'Hexateuque, se trouve avoir défendu quelques-unes des thèses de l'*Histoire critique* avec une si riche et si neuve fécondité d'arguments, M. l'abbé Loisy, dont les travaux sur le Canon de l'Ancien et du Nouveau Testament, sur le Texte et les Versions de la Bible, sur les Évangiles Synoptiques et le quatrième Évangile, viennent se ranger tout à côté des ouvrages similaires de R. Simon qu'ils continuent de la seule façon qu'eût souhaitée le maître, en les renouvelant et en les dépassant, M. le Dr Bickell, qui a, par ses ingénieuses recherches sur la poésie hébraïque, attaché son nom à une extension si heureuse de la critique simonienne, et valu aux minuties de la métrique les mêmes reproches qu'on adressa jadis aux curiosités de la grammaire et aux subtilités de la syntaxe, etc., etc.

Quant aux représentants contemporains de l'exégèse dissidente ou rationaliste, si les Wellhausen et les Stade, les Driver et les Holtzman se rencontrent sur plus d'un point d'importance avec l'auteur des *Histoires critiques*, il faut bien le reconnaître, c'est moins comme disciples de sa méthode que comme héritiers du grand mouvement historique dont il n'a été que le hardi précurseur. Mais tout en déclinant, comme bien l'on suppose, la responsabilité de ce développement inattendu de *sa* critique, peut-être n'en eût-il pas moins admiré ce renouveau du vieux tronc exégétique, enté ainsi d'une greffe étrangère, et sans doute il n'eût pu se défendre, en excellent lettré qu'il était, d'appliquer à son œuvre le vers célèbre d'un ancien : *Miraturque novas frondes et non sua poma.*

MACON, PROTAT FRÈRES, IMPRIMEURS